현대중국정치와 경제계획관료

Chinese Politics and Planning Economic Bureaucracy

아연동북아 총서 _ 36

현대중국정치와 경제계획관료

국가발전계획위원회 기구변화와 정책행위자

| 서상민 지음 |

아연출판부
고려대학교 아세아문제연구소

| 2부 | 계획경제 시기 중국의 계획기구와 경제 관료

| 3부 | 시장경제체제하 계획기구 경제 관료

| Introduction |

The Origins State Capacity of China

| Part 1 |

China's Road to a Developmental State

| Part 2 |

China's Planning Organization and Economic Bureaucrats in Era of Planning Economic

| Part 3 |

China's Planning Organization and Economic Bureaucracy in Era of Market Economic

아연동북아총서 발간에 부쳐

탈냉전 이후 동아시아의 역동적 발전은 역내의 정치-외교, 경제 질서뿐만 아니라 문화, 사상, 종교 등의 제 영역에서 새로운 변화를 추동하고 있다. 이런 변화는 일국적 차원의 고찰로는 해명될 수 없는 복잡하고도 민감한 초국가적(transnational) 현상을 낳고 있다. 특히 동북아시아는 지리적 인접성, 공통의 역사-문화적 경험, 협력과 공존의 필요성 등으로부터 연유하는 초국가적 사고와 움직임이 활성화되고 있다. 이런 동북아에 대한 이해를 심화, 확대하고 새로운 해석과 전망을 제공하기 위해서는 국가별 연구나 학문 분과의 분절적 연구를 넘어 동북아시아를 분석의 단위로 삼는 다학문적·학제적 연구가 요청된다.

동북아시아 연구가 갖는 실천적 의미는 매우 중요하다. 주지하듯이 동북아시아는 세계의 어느 지역보다도 급속한 변화와 발전상을 보여주고 있음에도 불구하고, 여전히 근대성의 문제와 냉전의 구도에 얽매여 있는 곳이다. 20세기 전반기의 제국주의 침략과 식민 경험은 오늘에도 국가적·민중적 기억을 지배하고 있다. 냉전의 산물인 남북 분단과 북한의 핵위협은 동북아시아의 커다란 불안 요소가 되고 있다. 국가 간 역사 및 영토 분쟁 또한 동북아의 평화로운 발전에 장애로 남아 있다. 그러나 우리는 불편한 역사적 경험과 현재의 불안정이 다른 한편으로 동북아시아의 여러 구성 요소들을 상호 긴밀히 연결시키고, 그로부터 문제 해결을 위한 공통의 기반이 마련될 수 있음에 주목한다. 동북아시아는 대립과 갈등의 무대이기도 하지만 평화와 공존의 모색을 위한 토대이기도 하다. 이제 동북아 연구는 동북아가 처한 현실을 객관적으로 진단하고, 평화로운 미래를 건설하는 시대의 요청에 부응하지 않으면 안 된다.

고려대학교 아세아문제연구소(이하 아연)는 대표적인 동북아시아 지역 종합 연구소로서 학제 간 연구를 통한 동북아 지역 연구를 이끌어왔다. 1957년 설립된 이래 아연은 구한국 외교문서와 공산권 연구 총서 및 동아시아 연구 총서, 중국 연구 총서, 한일 공동 연구 총서, 민주주의 총서 등 연구 성과의 체계적 집성을 통해 학문적 차원에서 현실을 진단하고 바람직한 미래의 방향을 전망하는 대학 연구소의 역할을 충실히 수행해왔다. 2008년부터는 한국연구재단의 '인문 한국'(HK) 사업 해외지역학 분야의 지원 기관으로 선정되어, '동북아시아의 초국가적 공간: 사상·사회·문화·제도의 교류와 재구성'이라는 연구 어젠다를 중심으로 10년 기간의 대규모 프로젝트를 진행하고 있다. 이제 아연은 지난 50여 년 동안 축적된 연구 경험과 현재 진행 중인 '인문 한국' 사업의 성과, 각종 동북아 지역 연구 지원, 국내외 소장 학자 교류 지원 프로그램 등을 기반으로 해 〈아연동북아총서〉를 발간한다. 이 총서의 성과가 동북아 공동의 문제를 해결하고 조율하며 바람직한 미래를 모색하는 장이 될 수 있기를 기대하면서, 관심 있는 분들의 격려와 질정을 바란다.

아세아문제연구소장 이종화

책머리에

중국공산당은 "두 개의 백 년"(兩個百年)을 맞이하여 '중국의 꿈'을 실현하려는 목표를 삼고 있다. 첫 번째 꿈은 중국공산당 창당 100주년이 되는 2021년에 온전한 소강사회(小康社會)을 건설한다는 것이며, 두 번째 꿈은 중화인민민주주의공화국 성립 100주년이 되는 2049년까지 이른바 사회주의 현대화 국가를 건설한다는 것이다. 물론 여기에는 중국공산당의 지속적인 집권이 전제되어 있으며, 공산당이 이끄는 국가기구에 의해 이를 실현하고자 한다. 지난 2015년 10월 29일 중국공산당은 제18기 중앙위원회 제5차 전체회의를 개최하였다. 2016년부터 시작되는 '국민경제사회발전 제13차 5개년 계획 제정에 관한 중공 중앙의 건의'(中共中央關於制定國民經濟和社會發展第十三個五年規劃的建議)를 심의하고 채택하는 자리였다. 제13차 5개년 계획이 종결되는 시점은 중국공산당이 목표로 삼았던 첫 번째 꿈을 실현하는 해이기도 하다. 여기에서 필자가 주목하는 바는 개혁개방이 시작되고 시장경제를 도입한 지 40여 년이 흘렀지만 여전히 중국은 계획에 입각한 국가 주도의 발전전략을 추구하고 있다는 점이다.

"중국의 국가 성격을 무엇으로 규정할 것인가?" 하는 것은 지난 20여 년 중국정치를 연구하는 연구자들에게 많은 관심을 받는 연구주제였다. 중국은 과연 '여전히 사회주의 국가인가 아니면 자본주의 국가의 변형인가?', "'약탈 국가"(predatory state)의 성격을 지닌 국가인가 발전 도상 국가들에서 흔히 관찰되는 "발전 국가"(developmental state)인가?'와 같은 질문을 던져왔다(Naughton 2007). 최근에 와서는 "중국 모델"(China's model)과 관련된 중국 내외부의 논쟁이 진행되면서 중국을 자본주의 국가의 보편성을 담지하고 있는 하나의 개체로 볼 것인지 아니면 서구 자본주의적 발전경로와 전혀 다른 길을 걷고 있는 국가로 이해할 것인지에 대한 논쟁이 뜨거워지고 있다(Fewsmith, 2011, 1-7; Evans 2008, 1-22).

이 책에서 던지는 질문 역시 현재 진행되고 있는 논쟁의 흐름과 맥락을 같이한다. 왜 중국을 "동아시아적 발전 국가"라는 틀 내에서 분석해야 할 것인가에 대해 다루고 있기 때문이다. 물론 "발전 국가란 무엇인가?"에 대한 정확한 정의는 연구자들 간 논란의 여지가 많다(Beeson, 2009, 5-39). 찰머스 존슨(Johnson 1982), 앨리스 암스덴(Amsden 1989), 로버트 웨이드(Wade, 2004), 피터 에반스(Evans, 1995)와 같이 발전 국가를 국가 주도형 산업화 전략을 추구하는 국가로 정의하거나, 최근 논의를 이끌고 있는 존 나이트(John B. Knight 2014, 1335-1347)처럼 국가 목표를 달성하기 위해 제도 배열(institutional arrangement)과 유인 구조(incentive structure)를 적용하고 있는 국가를 발전 국가로 정의하기도 한다. 이들의 논의들이 가지고 있는 장점을 충분히 인정하면서도 이 책에서는 국가 목표를 달성하기 위해 취한 국가의 적극적인 정책인 산업정책의 전개가 "발전 국가"를 정의하는 중요한 지표가 될 수 있다고 본다. 산업정책을 '정부의 선별적 개입을 통해 국가의 목표를 실현하는 것'이라고 정의하고자 한다. 이 정의는 발전 국가의 특징을 담지하고 있을 뿐만 아니라 발전 국가를 약탈 국가와 구별하는 특징을 담고 있기 때문이다.

경제계획과 산업정책은 경제발전과정에서의 국가의 성격을 결정하는 중요한 구성요소 중 하나이다. 따라서 경제계획과 산업정책이 존재하느냐 그렇지 않으냐 하는 것은 그 국가가 국가 주도형 발전 국가인가 그렇지 않은가를 보여주는 중요한 잣대로 작용한다. 그런 의미에서 동아시아 발전 국가의 고도성장을 논의할 때는 언제나 그 중심에는 경제계획과 산업정책이 있다고 해도 과언이 아니다. 즉 산업정책이 수립되어 있다는 것은 국가가 경제에 대해 전략적인 입장에 서 있는 것을 의미하고, 경제에 대한 목표 지향적인 접근을 하는 것은 그 국가는 발전 국가적 성격을 갖는다는 것을 말하는 것이다.

발전 국가에서의 산업정책은 국가가 특정 산업이나 기업을 선별하고 이에 대해 제한된 자원을 집중적으로 지원하기 때문에 정책적 효율성을 가능하게 할뿐더러 그 전략적 성격으로 인하여 경제 성장의 원동력을 창출할 수 있는 장점을 내포하고 있어 적극적으로 활용되는 정책이라고 할 수 있다. 그러나 같은 동아시아 발전 국가라 할지라도 각 나라의 산업정책은 그 나라가 처한 사회 경제적 조건에 따라 달라질 수 있고 산업정책 수단 또한 국가마다 차별적으로 사용되어진다. 중국의 경우 이미 1970년대 후반 일본으로부터 산업정책의 핵심 메커니즘을 학습하였다. 그리고 1980년 중반 이후 동아시아의 발전 국가 모델을 계획경제 체제 이후 국가의 역할을 정하는 틀로 삼았다고 할 수 있다. 본 연구가 국가계획위의 기능과 역할의 변화를 연구 대상으로 하고 있기 때문에 대상 시기 또한 1949년 사회주의 중국 성립 이후부터 현재까지 비교적 긴 기간일 수밖에 없는데, 이는 국가계획위의 성립이 신중국의 성립과 함께 설립되어 현재까지 유지되어 오고 있기 때문이다. 이 책의 대상이 되는 국가계획위에 대한 중국의 공식적 자료가 체계적으로 정리되어 있지 않아 개혁개방 이전의 국가계획위 기능과 역할과 인적 구성을 파악하는데 많은 현실적인 어려움이 있을 수밖에 없다.

연구 주요 자료

특히 본 연구에 어려웠던 부분은 개혁개방 이전의 자료였다. 이 시기의 국가계획위의 기능과 역할과 관련된 각종 법령과 조례 등은 전국인민대표대회 상무위원회 법제공작위원회(全國人民代表大會常任委員會法制工作委員會)가 심의하고 중국민주법제출판사(中國民主法制出版社)와 지린인민출판사(吉林人民出版社)가 공동으로 펴낸 『중화인민공화국 주석령(中華人民共和國主席令, 第一册~第四册)』과 『중화인민공화국국무원령(中華人民共和國國務院令, 第一册~第四册)』 등을 주요 자료로 삼았다. 이와 함께 국가계획위원회의 구체적인 활동과 역할에 대해서는 국가계획위원회 부주임이었던 팡웨이중(房維中)과 꾸이스융(桂世鏞)이 1987년에 펴낸 『중화인민공화국 국민경제사회발전계획대사집요(中華人民共和國國民經濟和社會發展計劃大事輯要 1949~1985)』를 보완자료로 활용하였다. 최근 '중국공산당신문(中國共産黨新聞; http://cpc.people.com.cn/)' 홈페이지에 과거 자료들이 대거 수록되면서 본 연구를 수정, 보완하는데 있어 큰 도움을 받았다. 몇 년 전까지 찾지 못해 애태웠던 신중국 초기 원문 자료들을 수월하게 찾게 된 것은 이 책 출간을 주저했던 필자에게 큰 용기를 주었다.

이런 자료가 있음에도 불구하고 이 시기 국가계획위원회의 기구와 인적 구성을 파악하는데 적지 않은 어려움이 있었다. 이러한 자료 부족을 극복하는 데에는 2003년에 출간된 『중화인민공화국직관지(中華人民共和國職官誌)』가 큰 도움이 되었다. 이 자료는 1949년부터 2003년까지 중국공산당, 국무원(정무원 포함), 전국인민대표대회, 정치협상회의 그리고 각 성의 성장과 서기 등 거의 모든 국가 주요 관직과 기구의 주요 책임자들의 목록을 제공하고 있는데, 국가계획위의 최초의 인적 구성 등을 파악할 수 있게 하는 중요한 자료라 할 수 있다. 이와 더불어 개혁개방 이전 국가계획위원회 업무에 깊은 관여를 했던 천윈(陳雲)의 『천윈문선(陳雲文選)』과 1991년과 1993년 나온 보이보(薄一波)의 회고록인 『약간의 중대 문제 결정과 사건에 관한 회고(若幹重大問題決策與事件的回顧(上, 下)』 그리고 리푸춘(李富春)의 『리푸춘선집(李富春選集)』 등을 통해 이를 보완하는 보조자료로 활용할 수 있었다. 또한 랴오카이룽(廖蓋隆)·장핀싱(張品興)·류여우성(劉佑生)이 편찬한 『현대 중국정계요인의 간략한 전기대전(現代中國政界要人傳略大全)』이나 왕젠잉(王健英)이 펴낸 『중국공산당 조직사 자료회편: 영도기구연혁과 구성원 명록(中國共產黨組織史資料准編: 領導機構沿革和成員名錄)』 등은 조직변화와 구성원의 이동을 파악할 수 있는 소중한 자료였다.

개혁개방 이후 국가계획위원회의 기능과 역할을 규정하고 있는 자료로는 앞에서 언급한 『主席令』과 『國務院令』 이외에 1988년과 1993년 국무원의 개편 이후 국무원의 판공청비서국(國務院辦公廳秘書局)과 중앙기구편제위원회 판공실 종합사(中央機構編制委辦公室綜合司)가 공동으로 펴낸 『중국정부기구(中國政府機構)』를 참고할 수 있었다. 이 자료는 중국 국무원 개편과 관련된 결정 사항을 정리하여 펴낸 것이다. 그러나 이 자료만 가지고 국가계획위원회의 구체적인 활동을 파악하는 데 한계가 있었다. 그래서 국가계획위원회의 경제 영역과 관련된 역할을 분석하는데 있어 국가계획위원회를 중심으로 개혁개방 이후 경제 관련 사건을 정리하고 관련된 주요문건 등을 요약해 놓은 『중화인민공화국경제대사집요 1978~2001(中華人民共和國經濟大事輯要(1978~2001)』를 참고하였다. 이 자료는 개혁개방 이후 2001년까지 국무원과 경제 분야 부처 그리고 당의 결정 사항에 이르기까지 연도별 그리고 날짜순으로 꼼꼼하게 정리되어 있다는 점에서 국가계획위원회의 구체적인 경제적 역할과 활동을 전체적으로 파악하는 데 도움이 되었다.

다음으로는 인적 구성과 변동 관련 자료이다. 설립 이후부터 그 명칭을 사용하지 않게 되었던 2003년까지 국가계획위원회 주임과 부주임의 구성을 파악하기 위해서 『중화인민공화국직관지(中華人民共和國職官誌)』를 중심으로 『중국인민대사전(中國人物大詞典)』, 『중공 제1기~15기 중앙위원(中共第一屆至十五屆中央委員)』, 『중공당사 사건 인물록(中共黨史事件人物錄)』, 『중국조직별인명부(中國組織別人名簿)』, 『역대부총리 간략전기(歷屆副總理傳略)』 등을 참고하였다. 특히 『중화인민공화국직관지(中華人民共和國職官誌)」와 『중국공산당 조직사 자료회편: 영도기구 연혁과 성원명부(中國共産黨組織史資料淮編: 領導機構沿革和成員名錄)』로는 인적인 변동을 추적할 수 없다는 한계가 있어, 각 연도마다 발간되는 『중국조직별인명부(中國組織別人名簿)』를 통해 매년 인사변동을 추적하면서 국가계획위원회의 주임과 부주임의 승진과 전보 그리고 중국공산당 중앙과의 관계를 파악하려고 하였다. 위의 자료들로도 확인할 수 없었던 부주임들에 대해서는 《중국정부망(中国政府网)》, 《신화사(新華社)》, 《인민일보(人民日報)》 등의 인사 변동과 부고(訃告) 기사를 참고하였다. 그리고 인물과 관련된 2차 자료로 《서진영 교수의 중국정치연구실」, 《China Vitae》, 《바이두바이커(百度百科)》, 《중국공산당 신문망(中國共産黨網)》 〈당사인물(黨史人物)〉 페이지 등에 과거 중국공산당 엘리트 인물 자료를·참고하였다. 국가계획위원회의 후신이라고 할 수 있는 국가발전개혁위원회(國家發展計畫委員會)와 국가발전개혁위원회(國家發展和改革委員會)의 조직편재와 기능이나 각 부주임이 담당하고 있는 분야를 파악하기 위해 《국가발전개혁위원회(www.ndrc.gov.cn)》 〈문건자원중심(文件資源中心)〉 등을 활용하였다. 본 연구를 시작할 시점에서는 인터넷을 통한 자료 수집이 제한되어 있었으나, 최근 몇 년간 본 연구와 관련되어 찾아볼 수 있는 인터넷 자료들이 많아져 본서를 수정하고 보완하는데 있어 큰 도움을 받았다.

책의 구성

이 책은 3부 총 12장으로 구성되어 있다. 본서가 주로 국가계획위의 역할 변화과정을 다루지만 현대 중국의 체제변화 과정은 중국의 정치 경제적 그리고 국제적인 환경이라는 제도 외적 변화와 밀접히 연관되어 있다. 반면 국가계획위의 기능과 역할의 변화와 관련하여 내부 구성원 내의 유지와 변화를 둘러싼 갈등이 존재한다. 따라서 제도 내외의 변화 요인을 정리하고 이러한 요인들이 제도 변화에 어떤 영향을 미치게 되는지가 주요 연구의 과제였다. 특히 사회주의 계획경제체제 하 중국의 국가와 경제 관리제도가 개혁개방을 통해 사회주의 시장경제로 전환하는 과정에서 경제관리 기제를 둘러싼 '계획과 시장' 간 끊임없는 갈등이 국가의 역할과 종합경제관리 부문 기구에 어떤 영향을 주었으며, 그 결과 국가의 성격과 역할은 어떻게 변화되었는지를 규명할 수 있는 틀을 제공하기 때문에 필요하다고 할 수 있다. 참고로 본서는 필자의 박사학위논문인 「중국식 발전국가와 국가계획위원회의 기능과 역할에 관한 연구」을 수년간에 걸쳐 수정하고 보완한 것임을 밝힌다. 논문을 수정하고 보완한 결과가 몇 개의 학술저널에 이미 소개되었고, 그 글들은 본서에 자리를 잡고 있다. 그렇지만 국가계획위원회의 변천과정을 밝혀내고자 했던 원래 필자의 의도에 충실하여 본서를 구성하였다.

제1부는 중국의 국가 성격과 그 변화과정을 어떻게 파악할 것인가 하는 문제를 다루고자 하였다. 중국과 같이 발전과정을 겪었던 동아시아 발

전 국가들이 유사한 기구와 정책을 통해 경제발전을 이루었다는 점에 주목하면서 동아시아 발전 국가 모델을 구성하는 요소들을 추출하고 이것들이 중국의 상황과 어떻게 결합되고 있는지를 살펴보고자 하였다. 제1장에서는 중국의 국가 성격을 규명하려고 했던 그동안 국내외의 연구 성과를 필자 나름대로 정리하였다. 그리고 오랜 기간 중국의 국가 성격과 관련된 논쟁의 대상이었던 '발전 국가론'에 입각하여 개혁개방 이후 중국의 경제발전과 발전 전략을 분석해 보고자 하였다.

제2장에서는 '발전 국가론'을 구성하는 주요 개념 중 하나인 발전을 선도하는 정부 기구에 대한 분석이다. 이른바 '선도기구'는 경제발전과정에서 발전 전략과 계획을 종합적으로 관리 운영하는 주체이기 때문에 이러한 기구의 정책 활동을 통해 발전 국가의 발전노선과 전략을 간취할 수 있다. 본 연구에서 시장경제 초기 중국의 국가 성격을 발전 국가라고 규정하고 있기에 중국식 '선도기구'는 어떤 부처였으며, 그 중국에서의 선도기구는 어떤 특징을 가지고 있는가에 대해 기존 연구들을 참고해 가면서 분석하고자 하였다. 주지하다시피 중국의 국가 성격은 계획경제에서 시장 경제 체제로 정치 경제 체제의 중대한 전환과정을 겪게 되면서 근본적인 변환을 맞게 된다. 그런데 여기서 주목할 점은 체제 변환은 이루어졌으나, 변환 이후에도 여전히 '계획'의 성격(計劃性)은 강하게 남아 유지되어오고 있고, 동시에 새로운 체제 성격인 '시장의 성격'(市場性)은 가시화되고 있으나 급속하게 전환되지 않고, 두 가지의 규범과 제도가 병존하고 경합하는 과정을 겪으며 점진적으로 전환되어 갔다. 제3장에서는 이러한 제도간 병존적 상황을 "병행발전론"을 통해 이해할 필요가 있음을 제기하면서 현대 중국의 정치경제체제 하 제도 간 '경로 의존'과 '병존' 그리고 '전환' 과정에서 관찰되는 '지속성'과 '단절성'을 파악하고 있다. 이 장의 내용은

2015년에 『한국동북아논총』(20:1)에 발표한 바 있는 「대약진운동 시기 중국 계획경제제도의 동학과 경제 관료 :역사적 제도주의 시각을 중심으로」에서 역사적 신제도주의의 '병행 발생' 이론과 관련한 내용을 발췌하여 재구성하였다.

제2부는 제4장에서 제6장까지 세 개의 장으로 구성되어 있다. 개혁개방 이전의 사회주의 체제하에서 중국의 종합적 경제관리 기구인 국가계획위의 성립과 발전과정을 살펴보고자 하였다. 제4장에서는 사회주의 경제는 '계획 하 경제관리'라는 원칙에 따라 설립된 국가계획위의 설립배경과 함께 신중국 건설 이후 경제 회복기와 제1차 5개년 계획의 입안 과정에서의 역할을 짚어보면서 어떻게 사회주의 중국의 경제관리의 중추 기관으로 자리매김을 하고 있는지를 추적했다. 이 장의 논의는 「중국 경제 관료 네트워크의 형성 과정 연구: 1950년대 국가계획위원회를 중심으로」, 『중국과 중국학』22(2014)을 수정하여 여기에 실었다.

한편 제5장에서 대약진운동 기간과 문화대혁명 동안 국가계획위의 역할과 위상 변화가 중국경제에 어떤 영향을 미쳤으며, 이를 회복하는 과정에서 국가계획위는 어떤 역할을 했으며, 이 과정에서 중국공산당 내부에서 벌어진 사회주의의 성격과 발전전략과 관련된 마오쩌둥을 비롯한 급진 좌파와 류사오치와 덩샤오핑 등과의 갈등이 국가계획위의 기능과 역할에 미친 영향에 대해서 다루고 있다. 이 장의 내용은 『한국동북아논총』에 발표한 「대약진운동 시기 중국 계획경제제도의 동학과 경제 관료: 역사적 제도주의 시각을 중심으로」에서 대약진운동기간 국가계획위원회의 역할과 기능 그리고 인적 변동과 관련된 내용을 발췌하고 그 일부를 수정하여 수록하였다. 제6장의 내용은 중국을 경제사회와 정치를 일대 혼란에 빠뜨렸던 문화대혁명 10년(1966~1976)의 암울한 정치경제 상황을 살펴보고자 했다. 중국공산당 지도부 내의 발전노선투쟁, 그리고 신중국 성립 후 추진되었던 회복기 경제건설 전략의 방향과 속도에 관한 지도부 내의 이견과 갈등이 증폭되어 나타난 류샤오치, 덩샤오핑, 덩쯔후이 등을 중심으로 한 '선기계화 후집단화' 노선과 마오쩌둥의 '선집단화 후기계화' 노선의 갈등 속에 국가계획위원회는 어떤 역할을 했으며, 정치의 소용돌이 속에서 국가계획위원회 관료들의 부침을 추적하고자 하였다.

제3부는 제7장에서 제12장에 이르는 여섯 장으로 구성되어 있다. 주로 문화대혁명 이후부터 2002년까지 중국정치와 계획 관료를 다루고 있는데, 제7장에서 이른바 '신약진'이라고 하는 화궈펑의 발전전략에 대한 개혁파의 반발과 발전노선을 수정하려는 노력 속 '역사적 노선 전환'이 어떻게 이루어졌으며, 그 과정에서 계획기구는 어떤 변천을 겪었는지를 밝히고자 하였다. 제8장에서는 개혁개방 초기 「82년 헌법」 체제전환의 과도기에서 계획과 시장 간 제도경쟁 과정을 국가계획위원회를 중심으로 분석했다. 개혁파와 보수파 간 힘의 균형과 그것으로 인한 타협의 결과로써 국가계획위의 불명확한 기능과 역할 정립 그리고 보수파와 개혁파 엘리트가 혼재된 상태의 기구 구성을 다루었다. 한편 시장의 도입을 통해 새로운 발전노선을 고안하고 계획안에 포함시켜 가고자 하는 국가계획위 내 신임 경제 엘리트의 분투과정을 담아내고자 하였다. 제9장에서는 개혁파의 '불가역적 승리'(irreversible victory)가 확인되는 1992년 이전을 다루고 있으며, 제10장은 사회주의 시장경제 시기를 다루고 있다. '계획을 주(主)로 하고 시장을 보(補)로 한다'는 방침에 따라 점진적인 개혁개방정책 추진의 주도적 역할을 담당했던 국가계획위와 시장경제로 전환한 이후에는 계획에 의한 직접적인 시장개입 방식이 퇴조하고 지도와 정책을 통한 간접적 방식에 의한 개입으로 전환되어 가는 과정에서 국가계획위의 기

능과 역할 그리고 인적 구성을 다루었다. 특히 국가계획위가 거시경제의 종합균형을 목표로 하는 시장관리와 새로운 성장산업을 발굴육성에 집중하는 발전 국가의 선도기구의 역할을 담당하고 있는 것을 보여주고자 했다. 이 장은「시장 경제 시기 중국의 국가 역할: 1990년대 국가발전계획위원회의 선도기구(pilot agency) 역할 분석」,『아태연구』18:1(2011)를 수정하고 보완하였다.

제11장에서는 국가발전계획위원회(이하, 국가발전계획위)의 선도기구 역할을 중국의 산업정책 입안 및 결정 과정 그리고 정책집행 과정에서 국가계획위가 활용하는 정책수단 등을 통해 증명하고자 했다. 이를 통해 개혁개방 이전 국가계획위의 조직적 특성은 그대로 유지하면서 기능과 역할이라는 측면에서 전혀 다른 성격의 기구로 전환하는 과정을 규명하고자 했다. 이 장의 내용은 2016년에 발표한 필자의 논문「"발전 국가" 성립 과정에서 중국의 산업정책 결정 과정 분석: 정책수단과 행위자 동학을 중심으로」,『한국동북아논총』(21:3)을 수정 · 보완하였다. 마지막 제12장에서는 이 책의 주요 내용을 요약하며, 중국의 발전 국가의 갖는 특성과 중국이 선도기구로서의 국가계획위가 갖는 다른 나라의 선도기구와 유사성과 차이에 대해서 설명하면서, 중국의 발전 국가가 기존 동아시아 '발전 국가론'에서 제기하고 있는 일반적 특징을 담지하고 있으나 중국적 개별성 또한 간과하거나 무시할 수 없기 때문에 '발전 국가론'의 중국적 적용과 분석이 이 이론의 논의를 더 풍부하게 하고, 중국 사례를 통해 그동안 발전국가론으로 설명할 수 없었던 문제들을 보다 다양화할 수 있을 것이라는 점을 결론으로 제시하고 있다.

이 책은 필자의 은사이신 서진영 선생님의 학문적 지도와 가르침이 없다면 세상에 나오지 못했을 것이다. 필자의 아둔함으로 인해 선생님께서 주셨던 가르침 중 천분의 일도 여기에 채우지 못해 송구스럽고 아쉽기만 하다. 출간을 준비하면서 과거에 작성했던 장과 절을 검토하고 보충하고 가다듬는 동안, 필자의 학문적 성취가 아직 세상에 내놓을만한 것이 못된다는 점을 새삼 느끼고는 했다. 그러나 "이왕 여기까지 오게 되었으니 내가 할 수 있는 바를 다할 뿐이다"라 생각하며 수정해 나갔다. 나에게 다시 한번 '선생님을 따라 배우는'(向徐師學習) 소중한 시간이 되었다. 아울러 김병국 교수님께도 이 자리를 빌어 감사의 말씀을 드린다. 아무쪼록 건강한 모습으로 예전처럼 열정적으로 활동하시는 모습을 꼭 뵈었으면 한다. 김병국 교수님은 필자가 연구주제를 정하고 연구를 시작할 즈음에 많은 조언을 주셨고, 논문작성과정에서는 연구의 핵심 쟁점과 필자의 논리적 맹점을 보완할 수 있도록 여러 가지를 지적해 주셨다. 본서의 출판에 즈음해 감사의 마음을 특별히 전하고자 한다.

어설프고 부족한 필자의 원고에 대해 천금같은 코멘트와 날카로운 지적으로 필자를 깨워준 고려대학교 이정남 교수님과 정주연 교수님, 그리고 가까운 곳에서 중국정치학 주류 연구에서 벗어난 필자의 '새로운 시도'(?)에 대해 늘 격려해 주신 국민대학교의 김영진 교수님, 윤경우 교수님께 감사의 마음을 전한다. 또 중국연구의 동반자이며 좋은 비판자인 이유정, 유희복, 정주영 박사님의 따뜻한 관심, 그리고 딱딱하고 어려운 긴 원고를 꼼꼼하게 읽고 교정해 준 정아영 선생께 특별한 감사의 인사를 드린다. 아울러 최근 중국연구가 국제관계나 외교 분야에 치우치고 중국의 국내정치 및 정치경제 연구는 점점 줄어들고 있는 국내 중국정치학 학문 풍토에서 이 책을 출간하기로 한 고려대학교 아세아문제연구소의 결정에 경의를 표하며, 오랜 기간 원고를 기다려주고 거친 원고를 정성껏 다듬고

교정해 주신 아연출판부 여러분들의 노고에 대한 감사 인사 또한 지나칠 수 없다. 필자가 그동안 발표한 논문들에 대해 심사하고 좋은 의견을 주신 익명의 심사자님들을 포함해 이 책이 나오기까지 도움을 주신 모든 분께 이 자리를 빌려 심심한 감사의 인사를 올린다. 마지막으로 한평생 자식을 걱정해 오신 나의 사랑하는 부모님, 늘 큰 힘이 되어 주시는 형님 서상우, 그리고 늘 가까이에 있는 은선과 혜원에게 이 책을 바친다.

2019년 3월 1일

북악관 연구실에서

서상민

제1부

발전 국가로의
중국적 경로

1장

중국은 '발전 국가'인가?

이 책은 다음과 같은 질문에서 시작된다. 사회주의 성립 이후 현재에 이르기까지 중국 경제발전을 이끈 가장 중요한 '경제적 행위자'로서 국가의 역할은 무엇이었으며, 어떤 제도적 변화를 통해 오늘에 이르게 되었는가? 이 문제를 탐색하기 위해 필자는 중국의 국가계획위(國家計劃委員會)의 기능과 역할 변화에 착목한다. 국가계획위가 비록 계획경제 관리를 위해 설립되었고 그 명칭이 국가발전계획위원회(國家發展計劃委員會)를 거쳐 다시 국가발전개혁위원회(國家發展和改革委員會)로 변경되었지만, 계획경제 시기뿐만 아니라 개혁개방 전반기를 거쳐 경제관리의 주요 기제로서 시장이 자리 잡고 있는 현재에 이르기까지 여전히 국가의 장기발전계획과 거시경제 종합관리 그리고 주요 경제정책 입안의 핵심적 역할을 담당하고 있어 국가의 역할 변화를 상징하는 기구라는 인식에 근거한다. 따라서 국가계획위의 기능과 역할의 변화과정을 통해서 각 시기 국가의 경제적 역할 변화를 보여줄 수 있으며, 국가계획위의 인적, 조직적 구성 변화를 통해서는 각 시기의 중국정치의 권력 관계의 변화를 기존의 연구와는 다른 측면에서 탐색해 볼 수 있다.

Ⅰ. 중국의 국가 역할 관련 몇 가지 문제

첫 번째 문제는 국가의 역할 변화에 영향을 미치는 요인과 관련된 것이다. 사회주의 중국 성립 이후 계획경제하에서 중국의 국가는 경제의 계획체제를 관리하는 총체적 관리자였다. 국가의 모든 경제적 행위는 바로 계획과 관련된 것이었다. 계획경제 시기 국가의 역할은 국가적 목표와 관련된 중장기, 단기 계획 등을 입안하고 이를 집행, 관리하는 것이었다. 그러나 개혁개방 이후 특히 1992년 이후 이러한 국가의 역할은 매우 달라졌다. 국가는 직접 지령적 계획을 하달하고 이의 집행상황을 관리하는 역할에서 점차적으로 경제행위자를 '지도'하고 행위자 간의 규칙을 제정하는 역할로 전환되었다. 또한 관리 방식에 있어서도 계획에 따른 직접적인 '지령'보다는 정책적 틀과 가이드 라인을 통한 간접적 통제 위주로 기업과 각 부문을 관리하였다. 예를 들면, 각 산업 부문에 대한 국가의 직접투자를 줄이는 한편 새로운 시장을 창출하거나 산업정책 등 정책적 수단을 통해 개별 행위자들을 유인함으로써 국가목표에 맞게 특정 산업의 발전을 도모하고 있다. 그렇다면 이러한 변화에 영향을 미치는 요인은 무엇인가?

둘째, 역할의 변화 결과 새롭게 정립된 중국의 국가와 여타 동아시아 발전 국가와의 유사성 여부이다. 중국의 국가는 여타 동아시아 발전 국가와는 다른 역사적 경험과 구조적 특징을 지니고 있다. 사회주의 당국가체제 하에서 중국의 국가관료는 전문 기술관료라 할지라도 대부분 당의 구성원이기 때문에 조직적인 측면에서 당과 국가는 분리되어 있지만 인적 구성은 분리되어 있지 않다. 따라서 전문성에 기초한 관료들의 자율적 정책 결정보다는 당의 방침과 노선에 따른 정책 입안과 결정이 이루어진다. 이러한 중국적 특징에도 불구하고 사회주의 시장경제하 중국의 국가를

'발전 국가'(developmental state)라 규정할 수 있을 것인가? 아니면 발전 국가 모델에서 벗어난 또 다른 성격을 지닌 '국가'인가? 만일 발전 국가라 할 수 있다면 발전 국가 모델의 어떤 구성요소를 공유하고 있으며, 그 속에서의 중국적 특징은 무엇인가 하는 문제이다.

셋째, 발전 국가의 선도기구와 관련된 문제이다. 국가계획위위원회와 같은 전형적인 사회주의적 국가기구는 각 부문과 각 지방에 거미줄과 같은 계획경제관리 망(網)이 형성되어 있었고 이들 하부조직을 통해 계획의 편제와 관리가 진행되었을 뿐만 아니라 지역 간 부문 간 정책적 조정을 수행하였다. 이러한 특징에도 불구하고 동아시아 발전 국가의 선도기구와 유사한 역할을 수행하게 되는 원인은 무엇이며, 과거 계획경제관리하의 역할이 선도기구로서 역할과 어떻게 접목되고, 어떤 영향을 미치게 되는가 하는 점이다. 그리고 이러한 중국적 특징이 발전 국가의 선도기구 관련 논의를 약화시키는가 아니면 보완하고 다양화하는가 하는 것이다.

이러한 세 가지 문제들을 다루기 위해 본서는 '사회주의와 자본주의'와 관련된 이데올로기적 지표와 구성요소는 사상(捨象)하고, 국가기구를 구성하고 있는 정치적, 경제적 맥락에만 집중하고자 한다. 본서에서는 신중국 성립 이후 현재까지 중국 사회주의 국가목표로 중국공산당이 제시하고 있는 '계급해방'과 '평등'에 기초한 '사회주의 건설'이라는 공식적 언술을 따르지 않을 것이다. 대신에 중국은 줄곧 국가목표를 경제발전을 통한 '부강한 중국' 건설에 두어왔고 이는 과거 계획경제 하에서나 현재의 시장경제 하에서나 동일하다는 것이 필자의 생각이다. 중국의 사회주의 혁명이나 개혁개방, 그리고 '사회주의' 시장경제로의 전환은 '부강한 중국' 건설이라는 국가목표를 달성하기 위한 일련의 경제관리제도의 개혁과 전환 과정이며, 경제적 후진성의 탈피와 선진국 추격(catch-up)을 위한 이른바 추격 전략(追擊戰略)에 따라 사회경제체제를 재구축하고 경제관리제도를 재구성하는 것이라고 간주한다.

그리고 신중국 성립 이후 지속적으로 진행되었던 중국 지도부 내의 소유제나 경제관리 메커니즘과 관련된 계획경제적 요소와 시장경제적 요소 간의 긴장 역시 궁극적인 국가목표를 달성하기 위한 '발전대안 경쟁'이라고 해석한다. 다만 중국에서의 국가와 시장 간의 관계는 여타 동아시아 발전 국가에 비해 구조적으로 '국가 주도성'이 강하다고 할 수 있다. 이는 사회주의적 제도의 유산에 기인한 결과이다. 즉 중국의 국가는 국가목표를 달성하기 위해 시장조절기제의 장점을 충분히 활용하지만 '시장의 실패'에 대해서는 "새장 속의 새"처럼 보다 직접적이고 '폭력적인' 수단을 통해서라도 반드시 관리하고 통제해야 하는 대상으로서 시장을 인식하고 있다는 점이다.

중국의 국가에 관한 이러한 인식에 기초하여 본서는 개혁개방 이후 중국의 국가 역할을 '발전 국가론'에 입각하여 살펴봄으로써 첫째, 중국 발전모델이 기존의 동아시아 발전모델의 포괄 범위를 확장시킬 수 있을 뿐만 아니라, 둘째, 사회주의적 경제 제도의 변화과정 속에서 어떻게 발전 국가의 경제적 기제를 어떻게 활용하였으며, 셋째, 사회주의 경제관리 기구를 발전 국가의 "선도기구"(pilot agency)로 변화 발전시켜나가는 과정을 추적할 수 있을 것이다. 이는 개혁개방 이후 중국의 발전과정이 발전 국가론이 제기하고 있는 핵심 구성요소라 할 수 있는 경제발전우선주의라는 이념적 요소와 함께 국가에 의한 경제발전계획과 적극적 산업정책 그리고 이를 추진하는 "선도기구"라는 정책적, 제도적 요소를 공유하고 있기에 '동아시아 발전 국가론'으로 개혁개방 시기 중국의 국가기능을 해석할 수 있다.

이 책의 연구대상은 국가계획위[국가발전계획위원회]이다. 이 기구는 국무원 산하의 다른 기구와 마찬가지로 사회주의 계획경제에서 사회주의 시장경제로 전환하는 과정에서 전개되었던 중국 정치 지도부 간의 '시장과 계획'을 둘러싼 이념논쟁의 중심에 서 있었다. 그렇기 때문에 중국정치 내 권력투쟁과 정치적 역학에 따라 상당히 많은 변화를 겪었다. 이 기구는 첫째, 사회주의 중국의 경제사회발전 계획을 입안하고 국가발전 방향을 연구하여 제안해 왔다. 둘째, 경제관리 및 정책 등 중국경제를 이끌어 온 경제행정의 중추 기관이었다. 셋째, 매 시기 당시 중국최고의 경제전문가인 경제엘리트들로 구성된 기구였다. 이러한 세 가지 특징으로 인해 다른 국가기구들에 비해 중국공산당의 권력변화에 보다 민감했다. "문제는 경제!"(It's the economy)이기 때문이다.[1]

신중국 성립 시기 국가계획위는 저우언라이(周恩來) 지도 하에서 제1차 5개년 계획을 입안하고 실행하는 실질적 주도 기구였다. 그리고 자세한 내용은 후술하겠지만, 중국과 소련 간 이데올로기와 정치적 분쟁으로 인해 대내외적으로 위기에 봉착했던 중국이 급진적 공산화 운동인 '대약진운동'(大躍進運動)을 전개하여 심각한 실패로 종결된 후, 경제재건을 위해 실시된 '8자방침'(八字方針)을 실행하기 위한 주무 부서 역시 국가계획위이다. 또한 마오쩌둥(毛澤東)을 이어 권력을 장악한 화궈펑(華國鋒)이 제일 먼저 손을 잡았던 관료그룹이 위추리(餘秋里)가 주임으로 있었던 기구 역시 국가계획위였다. 개혁개방 이후에도 국가계획위는 천윈(陳雲)을 중심으로 하는 보수파에서 적극적으로 제기하였던 '종합균형론'의 입장에 서 있었

1_"문제는 경제"라는 말은 미국 클린턴의 선거 전략가인 제임스 카빌(James Carville)에 의해 처음 사용되었다. 1992년 대통령 선거에서 클린턴은 조지 부시(George H. W. Bush)에 승리하였다.

다. 개혁개방의 속도와 범위와 관련해 자오쯔양(趙紫陽)이나 주룽지(朱鎔基) 등에 비해 훨씬 국가 주도적 경제관리에 방점을 둔 보수적인 입장 하에서 중국경제를 관리하고자 하였다. 이런 이유로 한때 중국의 개혁파로부터 개혁을 막고자 하는 저항세력으로 비판을 받았고 정치적으로 '개혁의 대상'이 되기도 하였다.

그러나 국가계획위는 대약진운동 이후의 경제조정과 문화대혁명 이후 경제재건 그리고 개혁개방과정에서 발생한 중국경제의 불안정한 "방(放)과 수(收)"의 반복과정에서 줄곧 경제의 종합적인 '균형'과 '조절' 그리고 '조정' 기능을 정책의 기조로 삼고 경제발전 정책을 입안하고 시행해 왔다. 비록 국가계획위가 중국의 권력 관계 변화에 따라 그 위상과 권한이 민감하게 반응했고 그 부침이 심했던 측면도 있지만, 국가 경제의 종합적 관리와 중장기 계획입안과 같은 역할은 중국 사회주의 모든 기간 동안 유지되어 왔다고 할 수 있을 것이다. 이를 다른 각도에서 생각해 보면, 중국 지도부 간 권력변동에 민감하게 영향을 받았다는 것은 이 기구가 중국공산당 지도부의 정책과 노선을 집행하고 실행하는 데 있어 갖는 중요성을 방증한다. 따라서 이 기구의 역할 변화를 추적하는 것은 신중국 성립 이후 20세기 말까지 중국의 정치와 경제의 변화과정을 압축적으로 파악할 수 있게 해 준다. 특히 개혁개방 이후에는 경제체제와 경제운영과 관련된 '시장과 계획' 간의 정책과 노선 간 갈등의 역동적 관계를 이 기구의 기능과 인적 구성의 변화에 대한 분석을 통해 간취할 수 있다.

II. 발전 국가론 관련 선행연구

동아시아 '발전 국가'와 관련된 논의는 찰머스 존슨(Chalmers Johnson 1985)의 일본 사례로부터 시작되어 한국과 대만 등 많은 연구들이 진행되었다. 이러한 연구의 연장선에서 '중국의 경제기적'과 경제발전의 원인을 국가중심적 시각에서 밝히고자 하는 다양한 분석 접근법들이 소개되었고 또한 다양한 연구가 있었다. 관련 연구는 대체로 조합주의적 접근법과 관료주의적 접근법 등으로 나눌 수 있는데, 조합주의적 접근법과 관련해서는 Han(2016, 27-53), Fu(2016), Cai & Zhang(2016, 1-15), Wen & Lin(2015, 665-683), Oi(1998, 99-126), Pearson(1994, 26-46), Unger & Chan (1995, 29-53; 2017, 95-129), 김영진(1996, 189-208), 전성흥(2000, 69-120) 등이 있다. 반면 관료주의 접근법으로는 Li(2016), Bolsta(2012), Wong(2004, 345-362), Holz & Zhu(2003), Xia(2000), Walder(1994), 서상민(2013, 2015) 등을 들 수 있다.

국내 정치학계에서 '발전 국가론적 시각'에 입각해 개혁개방 시기 중국의 정치경제를 분석하려는 노력은 대체로 1990년대 후반에 들어서 보다 활발하게 진행되었다. 이홍영(1997, 35-68)이 장쩌민(江澤民) 집권 이후 중국 정치 경제 연구의 틀로서의 "동아시아 발전 국가론"의 유용성을 제기하고 이를 활용한 중국 연구를 제안한 이후, 정치학계뿐만 아니라 경제학, 행정학 사회학 영역에서 발전 국가론의 중국에의 적용 가능성과 관련한 찬반의 입장에서 중국의 국가 성격 분석이 다루어지고 있다 할 수 있다(김형기 2016, 1-25; 이정구 2012, 69-103; 김시윤 2010, 65-90; 이기현 2010, 67-92; 백승욱 2008, 264-265; Baek 2005, 485-498; 윤상우 2005; 이일영 외 2000, 29-59; 전병곤 2001, 467-485; 이남주 1999, 5-41). 이들 연구는 1990년대 말에 활발하게 진행되었던 국가와 사회관계를 다룬 조합주의적 시각에 의한 연구가 쇠퇴하면서 중국의 경제발전과정을 금융정책과 산업정책 그리고 이념적 측면에서 개발시대의 동아시아 국가들과 유사한 특징을 갖는다는 점에 착목하여 개혁개방 시기의 국가의 역할에 대해 살펴보고자 한다는 점에서 연구의 초점이 정책과 기구 등 중범위(middle range) 수준의 연구로 이동하고 있다는 점이 특징이라고 할 수 있겠다.

그러나 발전 국가의 중요한 구성요소라 할 수 있는 발전을 선도하는 '기구의 역할'에 초점을 맞춰 중국의 경제발전을 설명하려는 연구는 본격적으로 진행되지 않았다. 일본이나 한국 그리고 대만의 경제발전과정과 관련한 연구에서 발전 국가 선도기구로서의 일본의 통산성(通産省, MITI)이나 한국의 경제기획원(經濟企劃院, EPB), 그리고 대만의 경제건설위원회(經濟建設委員會, CEPD) 등의 기능과 역할 그리고 구성 등에 대한 국내외 연구는 많이 진행되었고 상당한 연구성과가 제출되었던 것과는 달리, 중국의 '선도기구'에 대한 연구는 기초적 연구를 제외하고는 중국 정치학계는 물론이거니와 경제학, 행정학 등 다양한 학문분과에서 여전히 연구가 필요한 영역으로 남아 있다.[2]

중국연구에서 국가계획위를 직접적인 대상으로 한 대표적인 연구자로는 일본 게이오대학(慶應義塾大學) 교수인 고쿠분 료세이(國分良成 1987; 1991)가 있다. 비교적 일찍 국가계획위에 관심을 두고 연구를 시작한 고쿠분 료세이의 연구에서 국가계획위를 중심으로 중국 관료제의 성격변화를 추적하고 있다. 그러나 그의 연구는 그가 이미 지적하고 있듯 자료의 제한으로 인해 국가계획위의 구성과 역할을 구체적으로 분석하지는 못했

2_발전 국가론에서의 "선도기구"와 관련 개념논의는 찰머스 존슨(Chalmers Johnson 1999, 32-60) 정의를 참고할 수 있다.

다는 한계를 드러냈다. 그렇다고 하더라도 고쿠분 료세이의 선구적 연구는 개혁개방 이전 중국 사회주의 경제정책을 관리하는 주요 행위자로서 국가계획위를 주목했고 이를 본격적으로 다루려고 했다는 점에 사회주의 중국의 경제체제와 경제기구를 이해하고 분석하는 데 있어 큰 의의가 있다고 할 수 있겠다. 특히 개혁개방 이전 국가계획위를 역할과 기능 그리고 인적 구성을 파악하는데 있어 선구적 자료임에 분명하다.

이후 왕과 퓨스미스(Wang and Fewsmith 1995) 연구는 국가계획위를 개략적으로 소개하고 있는 반면, 중국의 에너지 정책과 관련하여 국가계획위의 역할을 다루고 있는 리버살과 옥센버그(Lieberthal and Oksenberg 1988)의 연구는 1959~1984년까지의 국가계획위와 에너지 관련 부처 간의 협력과 갈등관계를 다루면서 조정자로서의 국가계획위의 역할보다는 부처들의 부처이기주의에 입각한 정책 결정 과정에서의 "분절적"(分節的, fragmented) 성격에 초점을 맞추어 분석하고 있다.

이렇듯 신중국 경제발전의 중추적 역할을 담당해 왔던 국가계획위에 대한 연구가 발전하지 못한 이유는 중국의 국가기구와 정책 결정 과정을 다루는데 있어서 언제나 발생하는 특정 조직의 구성과 운영과 관련된 활용가능한 적절한 자료의 확보가 어렵다는 점 때문이다. 정책 결정 과정이 공개되지 않으며, 정책 결정자들에 대한 신상정보 또한 확보가 용이하지 않다. 따라서 그동안의 국가기구와 정책 결정 과정에 대한 대부분의 연구가 중국 내의 2차 자료나 관련 인사의 회고록 그리고 정부 공식 문서에 의존해 구성될 수밖에 없었던 한계가 여기에 있었다.

한편 중국학계에서는 동아시아 발전 국가 모델의 요소가 주는 자국 발전전략과 정치경제체제 상의 유사성으로 인해 이를 실용적인 입장에서 적극적으로 연구해 왔다. 동아시아 발전 국가들이 공통적으로 고도성장기 동안 사회경제적 갈등의 표출을 차단하고 정치적 안정을 강제할 수 있는 강력하고도 독점적인 국가권력 하에 있었으며, 또한 이러한 국가권력을 행정적 정책적으로 뒷받침할 수 있는 강력한 중앙집권적 관료체제를 유지하고 있었다는 점과 사상적 통제와 함께 '근대화', '산업화', '현대화', '경제발전'이라는 국가목표를 제시하여 실적위주의 가시적인 경제적 성과를 추구하였다는 점, 그리고 경제적 성과를 바탕으로 한 경제사회적 발전은 자칫 강압적 권력의 행사로 인해 표출될 수 있는 정치권력에 대한 사회적 저항과 정당성 약화를 차단하고 정치권력의 유지를 합리화하는데 활용되었다는 점, 그리고 국가가 경제적 성과를 달성하기 위한 과정을 효율적으로 기획, 관리하기 위해 전문 기술관료(technocrat)를 적극적으로 활용하고 있다는 점 등이 중국학계에서 발전 국가론에 적극적인 연구를 유인하는 요인이었다. 그러나 발전 국가의 역할을 실제로 담당했던 정부 기구인 국가계획위에 대한 연구는 중국연구에서 쉽게 찾아보기 힘들다. 따라서 본서는 발전 국가론의 중국적용 가능성을 판단함에 있어서 중요한 지표가 될 수 있는 중국의 '선도기구'에 대한 연구공백을 메울 수 있을 뿐만 아니라 특정 경제 관련 기구의 변화과정을 추적함으로써 기존 연구와는 다른 각도에서 중국정치와 관료 관계 동학을 파악할 수 있을 것이다.

III. 중국의 발전 국가론의 수용 배경

중국에서 발전 국가에 대한 관심은 정치적, 이념적, 정책적 차원에서 이루어졌다. 경제발전을 통한 사회주의 현대화라는 국가적 목표를 달성하기 위해 추진된 개혁개방정책은 대내외적 환경의 변화로 인한 위기에 직면하게 된다. 중국의 사회주의 현대화 과정에서 커다란 역사적 제도 변화를 겪었던 이른바 "중대한 결절점"(Capoccia 2016, 89)은 두 차례 있었다. 첫 번째 전환 국면은 1978년 덩샤오핑에 의한 개혁개방으로의 '노선전환' 국면으로, 국제적 환경보다는 문화대혁명으로 인한 정치체제의 정통성 약화, 경제발전의 지체와 사회적 혼란이라는 정치경제적 구조상의 위협요인을 해결하기 위한 것이었다. 두 번째 국면은 1989년의 '6.4 천안문 사태'라는 정치적 영역뿐만 아니라 사회경제적 영역에서 다층적 갈등이 표출되었던 국내적 위기요인과 소련의 체제전환의 실패로 인한 사회주의 체제의 붕괴라는 국제적 위기요인이 복합적으로 결합되면서 중국적 개혁개방 노선과 중국의 사회주의 정치경제제도에 대한 변화의 압력으로 작용했던 것이다.

덩샤오핑에 의해 주도된 개혁개방정책은 마오쩌둥 시대의 혁명적, 평등주의적 경제정책과 달리 효율성과 현대화를 목표로 하여 추진되었다. 그러나 경제발전과 경제체제의 변화는 사회주의 국가에서 변화의 주체가 정치제도와 국가기구가 되며 인적, 제도적 변화를 필연적으로 동반하게 된다. 즉 경제발전을 추동하고 그 경제발전을 통해 정통성의 위기를 극복해 온 정치권력 뿐만 아니라 정치권력을 뒷받침하고 있는 국가기관, 행정체계 그리고 정치규범, 법률제도 등 정치체제 전반에 걸쳐 변화의 압력에 직면하게 되는 '제도의 자기모순적 과정'이 일어난다. 이 과정의 본질은 기존 제도를 유지하면서 변화에 적응하려는 정치세력과 기존의 제도를 변화시켜 새로운 제도를 창출함으로써 자신의 권력기반을 강화하려는 세력 간의 정치적 갈등이 타협과 양보를 통해 봉합되느냐 아니면 타협이 불가능하게 되어 극단적인 정치적 변동과 정치적 파국을 맞느냐 하는 정치적 갈등국면이 나타난다는 점이다. 중국의 개혁개방 과정을 살펴보면, 파국에 의한 극단적인 제도 변화나 단절보다는 점진적인 변화를 통한 제도의 "점진적 전환"(gradual transformation)이 이루어졌다는 것을 알 수 있다(Zucker 1983, 1-47). 중국공산당 지도부 간의 정치적 갈등의 결과가 단일노선의 관철이기보다는 상이한 정책대안들 간의 점진적 수렴 과정이었다 할 것이다. 중국에서의 발전 국가론 역시 이와 같은 맥락에서 수용된 것이었다.

'개혁파'(改革派)는 1976~1978년 사이 벌어진 권력투쟁에서 '문혁파'(文革派)와 '범시파'(凡是派)에 최종적인 승리를 거둠으로써 '실용주의'에 입각한 현대화 건설을 추진할 수 있는 기반을 마련하였다. 개혁파는 문화혁명으로 인해 와해되었던 당국가체제를 정비하고 안정화하기 위해 '간부 4화'(幹部四化: 革命化, 年輕化, 知識化, 專業化) 정책을 통해(鄧小平 1994, 326) 지도부의 세대교체와 당을 비롯한 국가 간부의 전문성을 강화하였다. 예를 들면, 1982년 9월 제12차 당대회에서 348명의 중앙위원회 후보위원 중 211명을 교체하였으며, 1985년 말 제12기 5중전회에서는 리펑(李鵬), 차오스(喬石), 후치리(胡啓立) 등이 정치국원으로 선출됨으로써 테크노크라트로 구성된 중국공산당 '제3세대'가 권력의 핵심부로 진입하였다(서진영 1997, 171-228). 이러한 정치지도부의 세대교체는 경제개혁의 심화에 따른 새로운 정치체제 건설이라는 요구에 부합하는 것이다. 즉 당시 중국의 개혁체제의 효율성을 제고하기 위해 전문성을 갖춘 정치 지도체제로의 재편은 개혁파의 입장에서는 너무나 당연한 수순이었다고 할 수 있다.

이와 같은 정치개혁에 대한 필요성은 자오쯔양의 1987년 10월 제13차 당대회의 보고 「중국 특색 사회주의 길을 따라 전진하자」(沿著有中國特色的社會主義道路前進)를 통해 구체화되었다. 이 보고에서 자오쯔양은 경제개혁의 효율성을 높이기 위한 정치개혁의 목표를 "당정분리"(黨政分離)에 두고 당과 행정부의 권한과 직능을 구분할 뿐만 아니라 인민대표대회의 권위와 감독을 강화하고 국유기업에서의 공장장책임제(廠長負責制)을 실시하기 위한 조치로써 국유기업당위원회의 지도권을 이양하는 등 정치개혁과 관련된 제반 방안을 제시하였다(趙紫陽 1987). 개혁정책의 심화와 함께 당국가체제의 효율성 높이기 위한 중국공산당의 변화를 모색하려는 개혁파의 이러한 노력은 당의 집중성과 지도성을 유지하고 관철하려는 보수파와 관료들의 저항에 부딪친다. 이에 자오쯔양은 보수파와 관료들의 저항을 타개하기 위해 강력하고 집권적인 개혁적 지도력이 필요하다고 주장하게 된다. 이는 "신권위주의론(新權威主義論)"으로 정식화하는 계기가 된다(劉君 · 李林 1989).

반면 보수파는 개혁개방 과정에서 발생하는 제반 부정적 요소들은 당-국가체제가 갖는 한계이기보다는 개혁개방의 가속화에 따라 물질문명으로 인한 정통 '레닌주의적 당'과 사회주의 정신문명이 오염되면서 발생하는 것이라는 주장한다(陳雲 1986, 247). 따라서 제도의 변화보다는 당국가제도를 보다 완전하게 하는 것에 집중해야 한다는 점을 강조하면서 리펑을 중심으로 경기과열로 인한 인플레와 '관도(官倒)'[3]라고 하는 관료들의 부정부패를 방지하기 위해 '자오쯔양식' 개혁개방정책에 대해 '치리정돈(治理整頓)'을 실시하였다(서진영 1997, 350-370).

1978년 이후 중국은 인민공사의 해체와 농업생산책임제의 확대, 특구를 통한 개방경제로의 전환을 실행하였고 1984년 12기 3중전회에서 「경제체제개혁에 관한 결정(中共中央關於經濟體制改革的決定)」 이후 도시 부문

3_관도(官倒, official profiteering)는 일반적으로 이중가격제도가 실시될 때, 행정기관 등에 소속되어 잇는 개인이나 집단이 권력이나 정보를 이용하여 부정한 방법으로 이익을 취하는 행위를 말한다.

으로 개혁을 확대하였으며, 사회주의 계획경제체제에서 '중국 특색의 사회주의'라는 사회주의 상품경제로 이행하는 등 전면적인 개혁을 단행하였다.[4] 그러나 사회주의적 계획경제 틀을 여전히 유지하면서 상품경제와 시장원리를 도입한 '덩샤오핑식 발전정책'은 시장경제에 대한 전문적 지식을 지닌 경제 관료의 부족과 이로 인한 시장경제에 맞는 정책부재 등으로 경제성장이 둔화된다(鄭竹園 1992, 39-40). 심각한 인플레와 같은 문제점을 낳았고 이는 사회적 불만으로 표출되었다.

특히 계획과 시장이라는 경제의 이중구조 속에서 국유기업을 비롯한 수송과 통신 그리고 SOC 분야 등 국가계획 부문의 투자는 저하된 반면 소비재 부문과 서비스 부문의 단기성 투자는 중복 투자되는 등 과열현상을 보였다. 재정적자와 과잉투자로 인한 통화팽창으로 인해 총공급과 총수요간의 불균형이 발생하면서 1979년부터 1984년까지 연평균 2.5%의 물가상승률을 기록하던 중국경제는 1985~1987년 동안 연평균 7.3%로 가파르게 상승하였고 도시지역은 농촌지역보다 훨씬 상승폭이 더 커 도시주민들의 불만이 심화되었다(Yao and Wu 2010, 121-142). 1985년 이중가격제(二重價格制)의 도입과 함께 이를 이용한 관료들의 이권개입과 부정축재가 보편화되어 일반 인민들의 불만은 가중되었다. 그 결과 사회주의 체제에 대한 '신념의 위기'로까지 발전하였고 결국 1989년 '6.4 천안문사태'로까지 이어졌다.

1989년의 경제적, 이념적 위기와 함께 그 해 12월 독일 통일을 시발로 한 연쇄적 동구 사회주의의 붕괴와 소련의 해체는 사회주의 국가인 중국

4_「中共中央關於經濟體制改革的決定」 http://cpc.people.com.cn/GB/64162/64168/64565/65378/ 4429522.html(검색일: 2014. 3. 12.)

에 체제 유지와 관련해 커다란 충격을 주었다. 이에 중국 지도부는 서구의 발전모델과는 다른 비서구적 발전모델의 중국적 적용 가능성에 대한 검토를 하게 된다. 이미 1980년 중반 이후 중국 내 학계를 중심으로 하여 경제발전의 '동아시아 모델'(東亞模式)에 대한 연구가 진행 중이었으며, 경제발전과 민주화를 수행한 동아시아 발전모델이 권위주의적 정치 질서하에서도 급속한 경제성장을 이루었다고 평가받고 있었다. 이에 대해 중국 지도부는 권위주의가 경제발전을 효율적으로 추진할 수 있는 장치로 평가하고, 중국 현실에 대한 적실성을 발견하게 된다.

IV. 중국식 발전 국가의 특징: 이데올로기와 체제(regime)

6.4 천안문 사태와 사회주의권의 붕괴는 중국 사회주의 체제의 근본적인 가정과 신념을 약화시키는 결정적 계기가 되었다. 중국 지도부의 입장에서는 탈사회주의화와 세계화라는 국제체제적 변화의 파고 속에서 중국공산당의 집권과 체제의 정통성을 유지하기 위한 기존 사회주의 이념의 변형된 형태 또는 새로운 형태의 국가이념의 창출이 필요하게 되었다. 우선 중국은 기존 사회주의가 갖는 유토피아적 요소를 제거하고 그 자리에 실용주의에 입각한 유교를 접목시키고자 하였다.[5] 유교문화가 갖고 있는 가부장적 권위주의와 도덕주의로 약화되어 가고 있는 사회주의 당국가체제의 권위와 체제의 정통성을 재확립하며, 마오쩌둥과 덩샤오핑에 비해

5_유교를 중심으로 한 아시아적 가치에 대한 자세한 논의는 Jiang(1987), MacFarquhar(1990), Dore(1996), Tu(1996), 함재봉(1998), 이승환(2001), 국민호(2007), 은기수(2009) 등을 참고할 수 있다.

정치적,혁명적 기반이 취약한 장쩌민 체제를 이념적으로 뒷받침하고자 하였다.

1. 중화민족주의의 호명(Interpellation)

장쩌민은 유교문화에 대해 마오쩌둥이나 덩샤오핑 등 이전의 중국정치 지도자들보다 적극적이며 긍정적 시각을 가지고 있었다. 예를 들어 1991년 중국공산당 70주년 기념식에서 장쩌민은 "중국특색의 사회주의문화 건설은 반드시 민족의 우수한 문화전통을 계승, 발양시키고 또 사회주의 시대정신을 충분히 구현하여 본국에 발을 딛고, 세계문화의 우수한 성과를 충분히 흡수하여 민족허무주의와 전면적 서구화를 불허한다"(江澤民 1993, 1644)라고 하면서 개혁개방정책을 통한 경제발전으로 '사회주의 물질문명'을 건설하고 전통 문화와 사회주의의 결합을 통하여 '사회주의 정신문명'을 건설하는 표석으로 삼았다. 유교문화를 중심으로 하는 중국의 전통 문화에 대한 장쩌민과 중국 지도부의 이러한 새로운 시각과 정치적 입장은 중국공산당 제14차 당대회의 「정치보고(政治報告)」와 「당장(黨章)」을 통해 공식화된다.

장쩌민은 「정치보고」에서 '중화민족의 사상문화 전통'에 대한 강조와 함께 이를 사회주의 실천과 결합하여 '인류의 선진적인 정신문명을 창조' 해야 한다고 주장했다. 그리고 1992년 개정된 중국공산당 「당장」에서는 일단 사회주의 정신문명 건설이 경제건설과 개혁개방에 강력한 정신적 동력을 제공한다는 전제 속에서 사회주의 정신문명 건설의 핵심을 사회주의 이데올로기 속에서 찾는 것이 아니라 '우수한 민족의 사상과 문화적 소질을 개발하고 제고하여 이를 사회주의 정신문명을 발전시키는데 적극적으로 흡수하겠다는 의지를 표명했다(中國共産黨黨章 1992). 유교문화를 비롯해 전통 문화에 대한 이와 같은 강조는 서구의 '문명충돌론'이 제기된 이후 더욱 지식인 사회를 중심으로 보다 적극적으로 사고되고 점차 도입되어 갔다.[6] 그럼 왜 유교문화인가? 그 이유로는 유교문화의 정치문화적 전통이 사대부와 군자들에 의한 엘리트 통치 그리고 중앙집권적 정치체제와 정치적 안정을 상징으로 하고 있다는 점에서 중국지도부의 '정치참여의 제한, 정치적 안정, 중앙집권적 당국가체제의 유지'라는 정치적 의도를 뒷받침할 수 있으며, 같은 유교문화권이라고 할 수 있는 동아시아 국가들이 안정적인 정치환경 속에서 고속 성장을 이루어왔다는 실증적 증거 때문이다.

중국 전통 문화에 대한 이러한 재해석과 함께 장쩌민의 중국 지도부가 집중했던 것은 바로 '중화민족주의'와 '애국주의'에 대한 강조로 나타난다. 다민족 국가로 구성된 중국으로서는 세계화와 시장경제의 발전으로 분열을 자극하는 원심력을 제어하기 위해서라도 '중화민족'에 대한 일체감을 강조할 필요가 있다. 특히 사회주의 체제의 붕괴로 인한 사회주의 중국의 고립 그리고 '문명충돌론' 등으로 인한 서구사회의 체제전환의 압박으로부터 통일된 중국을 유지하면서 경제발전을 지속시킬 수 있는 유일한 이념적 수단이 바로 '중화민족의 단결'이었다(Chang 2001, 179). 하지만 다민족 국가로 구성된 중국적 상황에서 민족에 대한 지나친 강조는 '인종적 민족주의'(ethnic nationalism)를 근간으로 하는 중국 분열주의자들에 의해 저항적 민족주의로 이용되어 소련과 같은 국가분열을 격화시킬 가능성이 언제나 존재해 왔다. 따라서 민족주의를 대하는 중국 지도부의 입장은 매

6_'문명 충돌론'에 대한 중국 내 반응에 대해서는 王緝思(1995) 참고할 수 있다.

우 조심스러울 뿐만 아니라 '애국주의'(愛國主義)나 '중화민족 단결'(中華民族團結) 등과 같은 담론을 통해 인민들이 국익을 위해 봉사해야 한다는 정신을 고취시키고 그들로 하여금 국가에 대한 신념과 충성심을 가질 수 있도록 하는데 초점을 맞추고 있다(蕭功秦 1994, 15-16).

국제체제의 변화에 따른 제도외적 요인과 개혁개방의 가속화의 필요성으로 인해 새롭게 등장한 '중화민족주의'는 첫째 사회주의 이념과 국가체제 정체성의 공백으로 인해 상실할지도 모르는 중국적 사회주의에 대한 신뢰를 제고시키고 그 결과 사회적 안정을 확보하게 해 줄 수 있으며, 둘째, 사회주의 이념에 기초한 사회 결속력이 점차 희박해지는 상황에서 공산당이 이념적 조직 정당에서 권위주의적 정당이나 다당 합작에 의한 집정당(執政黨)으로 변화에 대비한 새로운 당 이념의 확립이라는 차원 그리고 미국과 서구의 티베트와 대만 문제, 중국의 인권문제, 영토분쟁문제(역사문제 포함) 등과 관련해 발생할 수 있는 외교적 압력 혹은 충돌에 대해여 중국 인민의 사상적 동원과 지지를 확보하는데 유리하다는 계산속에서 제기되었다고 볼 수도 있다(고성빈 2006, 1-20). 여하튼 1990년 초부터 재기되기 시작한 중국의 '중화민족주의'는 개혁개방의 성과와 가속화하려는 발전전략과 결합되어 사회주의 이념을 발전주의 이념으로 대체하고 있다는 평가가 가능할 것이다. 이러한 의미에서 본다면 중국에서의 '중화민족주의'는 동아시아 발전 국가들의 "개발민족주의"(developmental nationalism)나 "국가민족주의"(stat-nationalism)와 맥이 같은 자원동원적 국가 주도형 이데올로기라고 할 수 있을 것이다(Chang 2001, 180; Chang 2018, 133).

2. 신권위주의 체제 통치 메커니즘 도입

'중화민족주의'와 함께 동아시아 발전 국가의 경험으로부터 중국이 수용한 것이 바로 '신권위주의'이다. 중국에서의 신권위주의에 대한 논의는 자오쯔양의 개혁정치가 보수파로부터 공격을 받은 시점인 1986년까지 거슬러 올라간다. 당시 자오쯔양을 비롯한 중국 지도부는 급속한 도시 부문에서의 개혁개방으로 인해 개방지역을 중심으로 '지방 군벌주의' 현상이 발생하고, 이중가격제로 인한 관료들의 부정부패가 만연한 가운데 정치제도에 대한 과감한 개혁을 단행하고자 하였다. 제13차 당대회에서 자오쯔양은 당정 간의 직능분리를 정치개혁의 관건으로 삼고 있다. 이 개혁안 속에는 정책과 관련된 당의 경제적 역할을 축소하는 대신 정부의 역할을 강화하는 것을 주요 목표로 하여 정부를 독자적인 정책적 체계를 갖춘 행정조직으로 만들어 가려는 노력을 보이고 있다.

특히 그는 정부를 당으로부터 분리시키기 위해 당의 권력이 일정한 정도로 약화되는 것을 염두에 두었다. 그는 당의 지도력은 정치부문에 한정시키고 정책적부문에서는 제한을 두고자 했다. 그러나 당-국가체제의 당의 지도력에 대한 급속한 약화가 갖는 위험을 피하기 위해 중앙에서의 당은 여전히 중대한 정책을 결정하는 권한을 갖도록 상정한 반면 하급 당위원회의 권한은 약화시키는 다층적 전략을 구사하였다. 예를 들면 성급(省級) 당위원회는 정책 결정보다는 인사, 당원교육, 그리고 당원의 충원과 같은 당의 고유업무에 전력해야 하고, 기업의 당위원회는 기업권력을 장악하는 것이 아니라 '보증과 감독' 수준에 머물러야 하는 것으로 한정하였다. 결정적인 것은 정부 내의 모든 당조(黨組)를 폐지한다고 선언하였다. 또한 국가공무원을 정무직과 업무직으로 구분하고 정무직에 대해서는 선거를 통해 선출하고 업무직은 공개 경쟁시험을 통해 선발하는 '국가공무원제도'의 도입도 제안하였다(趙紫陽 1991). 이와 같은 자오쯔양의 정치개혁 방안은 당 간부와 정부 기관 관료들의 저항에 직면하게 된다. 폐지하기로 하였던 당조를 폐지하지 않은 부처도 생겨나게 되었고, 실시가 예정되어 있던 국가공무원제도는 6년이 지나 「국가공무원임시조례」(國家公務員暫定條例)를 리펑 총리가 서명하면서 1993년 10월에야 비로소 실시되었다(李壽初 1997, 346-355). 보수파들은 자오쯔양의 정치개혁안이 중국공산당의 지도력을 심각하게 훼손할 뿐만 아니라 영향력을 축소시킨다고 반발하였다.

보수파의 반발 속에서 자오쯔양을 비롯한 친(親) 자오쯔양 지식인들을 중심으로 동아시아 모델에 대한 연구가 진행되었다. 동아시아 발전 국가와 같이 시장경제와 민주정치를 추진할 수 있는 강력한 개혁적 리더십이 필요하며, 이를 실현하기 위해서는 이른바 '신권위주의 체제'로의 정치체제의 전환을 모색해야 한다는 의견들이 도출되었다.[7] 중국에서의 '신권위주의론'은 동아시아 발전 국가의 초기 산업화 과정에서 정치적 상황을 중심으로 고민이 시작되었던 것이다(Sautman 1992, 72-102). 이들에 따르면 신권위주의는 첫째, 세계경제의 변화에 적응하기 위해 시장 친화적 경제와 연관이 있으며, 둘째, 정치적으로 거대한 관료체제와 이러한 관료기구를 바탕으로 한 위로부터의 권위적 통치를 실행하며, 셋째, 전통적인 가치를 현실에 접목시키고 있으며, 넷째, 서구의 선진기술과 문화에 대한 개방을 취해오고 있다는 것이다(蕭功秦 2004, 107-118).

중국학자들이 정리하고 있는 신권위주의론의 내용에 비춰봤을 때, 당

7_중국 내에서의 신권위주의 논의와 관련된 자세한 내용에 대해서는 서진영(1997, 329-349) 참고.

시 중국이 당면한 국가적 과제인 경제발전과 시장경제로의 이행을 실현하기 위해 동아시아의 경제발전 경험에 대한 분석에 기초하고 있음을 알 수 있다. 즉 신권위주의론은 비서구 국가에서 먼저 현대적인 의회민주정치를 정립하고 시장화의 개혁과 경제발전을 성공적으로 추진한 사례가 없기 때문에, 정치적 수단에 의존하여 시장화를 가속적으로 추진해야 하며, '선(先) 민주화, 후(後) 산업화'가 아닌 '선 산업화, 후 민주화'의 경로를 통해 경제발전을 이루고 이후 안정적 기반 위에서 민주화로 나아가야 한다는 점을 강조하고 있다(吳稼祥 1989). 중국에서 신권위주의론에 대한 논의는 천안문 사태 이전까지 자오쯔양의 충분한 후원을 받으면서 활발하게 전개되었다. 그러나 천안문 사태로 인한 개혁의 전반적인 쇠퇴와 보수파의 부상 그리고 경제 분야에서 '치리정돈'(治理整頓) 정책이 본격적으로 시작되면서 관련 논의는 정계뿐만 아니라 학계에서 점차 시들어갔다. 일시적으로 소강상태에서 머물러 있던 동아시아적 권위주의 체제에 대한 논의는 1992년 덩샤오핑의 '남순강화'(南巡講話) 이후 점차적으로 활성화되었는데, 그 연구와 검토의 종합적인 결과가 바로 1993년 11월의 "사회주의 시장경제로의 전환"의 선언이다. "사회주의 시장경제"라는 어찌 보면 모순적인 개념의 혼용은 중국적 실용주의를 잘 대변해 주고 있다 할 수 있다. 즉 당국가체제라는 권위적인 정치체제를 계속 유지하면서, 시장이라는 경제기제를 활용하여 국가 주도적 발전을 지속해 나가겠다는 '신권위주의론'의 핵심을 반영하고 있기 때문이다. 물론 '신권위주의'는 과도기적 정치체제이다.

'신권위주의' 정치체제 하에서 중국의 국가 역할은 무엇인가? 주지하다시피 개혁개방 이전 중국은 직접적인 행정관리 위주의 계획경제체제였다. 이 체제는 경제와 행정관리 기구가 상호 중첩되고 행정체계로 경제업무를 관리하였으며, 경제관리의 직능이 불명확했다. 그러나 1978년 이후 개혁개방체제로 이행하면서 경제체제 개혁을 통하여 행정조절 수단은 점차 축소하고 농가와 기업의 자주권을 확대해 왔다. 경제활동에 대한 중앙의 직접관리를 대신해 시장이 자리를 잡았다. 그러나 1980년 중반 이후 경직된 중앙집중적 경제관리와 유동적 시장 사이의 불일치로 인한 경제 왜곡현상이 발생하였고 그 결과 과잉투자, 통화팽창, 그리고 관료들의 부정부패가 심화되었다. 1987년 자오쯔양에 의해 추진하려 하였던 정치개혁의 핵심은 바로 이러한 계획과 시장 간의 불일치를 해소하려는 것이었으나, 보수파와 당 간부 그리고 관료들의 반발로 인해 지체되거나 좌절되었다. 덩샤오핑은 "자본주의에도 계획이 있으므로 계획경제 곧 사회주의는 아니며, 사회주의에도 시장이 있으므로 시장경제 곧 자본주의가 아니다. 계획과 시장은 모두 경제적 수단이다. 계획이 더 많은가 아니면 시장이 더 많은가 하는 것은 사회주의와 자본주의의 본질적인 구별이 아니다"라고 보수파를 겨냥해 개혁개방의 확대와 시장의 확산을 주장하면서 정부의 경제적 역할에 대한 본격적이 개혁이 단행된다(鄧小平 1993, 373). 이어 개최된 제14차 당대회에서 장쩌민은 '사회주의 시장경제' 건설을 위해서는 경제체제의 개혁이 필요하다고 하면서 시장체계의 강화와 육성과 함께 정부직능의 전환을 가속화해야 한다고 주장하였다(江澤民 1993).

중국공산당 중앙위원회는 1993년 11월 14기 3중전회에서 「중공중앙 사회주의시장경제체제건설에 있어 약간의 문제에 관한 결정」(中共中央關於建立社會主義市場經濟體制若幹問題的決定)을 통과시키고 거시조절통제 강화 방법을 채택함으로써 과거의 계획에 의한 경제관리 방법에서 시장경제 관리 방법으로 전환함과 아울러 거시경제에 대한 조절과 산업 분야에 대한 정책을 구체화하였다.[8] 물론 1992년 이전에 중국에 산업정책이 없었던 것은 아니다. 1980년대 중반 중국의 정치학계와 경제학계에서 '신권위주의'와 동아시아 발전모델에 대한 연구가 진행되면서, 동아시아 발전의 핵심 요인 중 하나인 산업정책의 중요성을 인식하고 일본의 경제학자를 '국무원발전중심(國務院發展中心)에 초빙하여 중국 연구원들과 공동으로 연구를 진행하는 등 산업정책과 관련된 적극적인 연구활동을 전개하였다.[9]

이러한 연구 결과를 중국 지도부에 건의했고 중국 지도부는 이러한 건의에 기초해 1988년 4월 국가계획위 산하에 산업정책사(産業政策司)를 두고 이와 관련된 보다 구체적인 연구와 적용 가능성을 타진해 왔다. 그 결과 1989년 국무원이 최초로 종합적인 산업정책이라고 할 수 있는 「당면한 산업정책 요점에 관한 결정」(關於當前産業政策要點的決定)을 발표한 바 있으나[10] 이는 치리정돈(治理整頓) 정책을 보완하는 초보적인 산업정책 수준에 머물렀다고 할 수 있다. 1992년 경제관리와 관련된 정부의 역할이 전반적으로 변화되면서 국가계획위를 중심으로 산업정책의 제정과 관련된 논의가 본격화되기 시작하여 제14차 당대회에서(1992년 10월) 장쩌민의 「정치 보고」(政治報告)에 "기계전자, 석유화공, 자동차, 건축 공업을 적극적으로 육성하여 우리나라의 '지주 산업'(支柱産業)이 될 수 있도록 한다"는 지주산업 발전에 관한 정책이 처음으로 등장한 바 있다.

학계와 국무원 직속 국무원발전중심, 국무원 산하의 중국사과학원 등이 중심이 되어 산업정책 관련 각종 토론회와 좌담회 등을 개최하고 그

8_「中共中央關於建立社會主義市場經濟體制若幹問題的決定」 http://www.people.com.cn/GB/shizheng/252/5089/5106 /5179/20010430/456592.html(검색일, 2014. 5. 16.)

9_천샤오홍(陳小洪 1991, 16-19)에 따르면, 중국의 경제학자인 마홍(馬洪)이 1985년 일본을 방문하여 일본의 산업정책에 대해 파악하고 귀국 후 이를 각 방면에 소개하고 건의했다고 한다.

10_「國務院關於當前產業政策要點的決定」 http://www.xinhuanet.com/ziliao/2005-02/25/content_ 2618909.htm(검색일, 2014. 5. 12.)

결과를 국무원 특히 국가계획위에 제안, 건의하였다(劉鶴 · 楊僞民 1999, 90-92). 1994년 3월 국무원은 그 간의 산업정책과 관련된 연구와 방안을 정리하여 「90년대의 국가산업정책 강요」(九十年代國家産業政策綱要)를 발표하여 농업을 비롯해 기초산업과 지주산업을 중점발전 대상으로 정하고 이들 산업의 발전을 촉진하기 위한 지원정책의 방향을 제시하였다. 이와 같이 중국은 정치체제적인 측면에서 뿐만 아니라, 이데올로기적, 정책적 측면에서 동아시아 발전 모델을 중국적 상황에 적용하고자 했던 것이다.

2장

중국의 경제발전 선도기구
: 국가발전계획위원회

Ⅰ. 동아시아 발전 국가의 선도기구 사례

발전 국가론에서는 신고전파 경제학이 주장하는 시장합리성보다는 계획합리성을 기반으로 하며 그 위에 차별성과 선택성으로 특징지어지는 적극적 산업정책의 성공요인을 선도기구에서 찾는다(Besson 2004, 29-44; Weiss 2000, 21-55; Johnson 1995; Onis 1991, 109-126).

즉 동아시아 경제성장의 핵심요인으로 일본의 통산성(MITI), 한국의 경제기획원(EPB), 대만의 경제부 공업국(IDB)나 경제자문기구인 건설위원회(CEPD) 등의 역할에 주목하는 것이다(Wade 2004, 204-205). 이러한 정부 기구들은 전략적 산업정책을 입안하고 집행하는 발전 국가 내의 '경제참모본부'였다고 할 수 있다(김정렬 2001, 128). 존슨에 따르면 일본의 통산성 관료들이 선도적 역할을 할 수 있었던 배경에는 먼저 정치적, 사회적 압력으로부터 자율성을 지니고 있었기 때문에 장기적 목표를 달성하기 위한 산업정책을 추진할 수 있었을 뿐만 아니라 축적된 정보를 바탕으로 시장의 왜곡을 초래하지 않았다는 점을 강조하고 있다(Johnson 1995, 311-313). 또한 일본의 선도기구라 할 수 있는 통상성은 내각의 어느 부처보다 그 규모가 작았고, 정부의 자금에 대해 간접적으로 통제할 수 있는 구조를 가지고 있었으며, 경제정책과 관련된 싱크탱크이며, 미시적 수준에서 산업정책을 실행할 수 있는 수직적 조직을 갖추고 있을 뿐만 아니라, 원활한 의사소통이 가능한 민주적 내부구조를 갖추고 있었다(Johnson 1995, 320).

한편 일본의 통산성이 산업정책을 원활하게 추진하게 된 주요 요인에 대한 분석에서 오키모토(Daniel Okimoto)는 존슨의 논의에서 한 걸음 더 나가 정부와 기업 관계 즉 통산성과 기업 간의 '정책 네트워크'(policy network)에서 그 원인을 찾고자 한다. 오키모토는 일본 산업정책의 탄력성과 적응성은 정부-기업 간의 정책 네트워크의 원활한 작동에서 비롯된다고 주장한다. 경단련(日本經濟團體連合會, 經團連)과 같은 경제단체는 정부의 산업정책의 계획 실행에 맞추어 기업과 국가 사이에 있는 정보를 상호교환하는 역할을 수행하였으며, 이는 통산성의 정책적 효율성을 높여주는 계기가 되었다는 것이다. 특히 일본의 산업정책이 국가 주도형 산업정책에서 비전 제시형 산업정책으로 전환되면서 일본의 첨단산업 발전을 추진하는데 있어 정부와 기업의 이러한 정책 네트워크가 중요한 역할을 했다고 지적하고 있다(Okimoto 1989, 257-290).

한국의 경제기획을 분석한 해거드(Stephen Haggard)에 의하면, 경제기획원은 일본과 대만의 선도기구에 비해 보다 강력한 위상과 권한을 갖는 기구인데, 이는 경제기획원이 예산 작성의 전권을 행사하고, 경제정책의 검열, 계획 조정에 관한 기능을 총괄함으로써 다른 부처들보다 위에 있었기 때문이라는 것이다(Haggard 1988, 108-109). 한편 김병국은 한국의 경제기획원이 경제발전과 산업정책에서 핵심 역할을 할 수 있었던 가장 중요한 요인으로 대통령이 정당이나 다른 부처의 압력으로부터 경제기획원의 독자성을 확보해주었기 때문이었다고 주장한다(김병국 1996, 297-341; 김병국 1988, 55-95).

반면 대만의 경우는 앞서 논의한 일본이나 한국과는 좀 다르다. 대만의 선도기구라고 할 수 있는 경제건설위원회(經濟建設委員會)는 중장기 거시 경제건설계획을 입안하는 것을 주요한 임무로 하고, 이를 위한 경제 환경과 여건을 조사 연구하며, 공공기업의 사업 등을 평가하는 등 경제부처 간 정책적 갈등을 조정하는 역할을 담당하고 있다. 이 기구는 일본의 통산성이나 한국의 경제기획원과는 다르게 정책집행과 관련된 정부부처가 아닌 대만 행정원(行政院)의 자문기구이기 때문에 구속력과 영향력에 있어 일본의 통산성이나 한국의 경제기획원보다는 높지 않다고 할 수 있다. 그러나 경제부 공업국(IDB)의 역할은 이와는 다르다. 웨이드에 따르면, 대만 행정원 경제부의 공업국(工業局)은 경제발전과 관련된 거의 모든 산업정책을 집행하는 핵심 기구라 할 수 있다. 먼저 공업국은 자문기구인 경제건설위원회가 입안한 경제계획의 틀을 세부적인 산업 부문별 실행계획으로 구체화한 뒤, 그 다음 이러한 계획을 실행하기 위해 필요한 재정계획, 관세체계, 수입규제항목 선정, 수입허가품목 등을 결정한다. 그리고 대만 내 생산자를 육성하기 위해 기업이 대만 생산자들과 우선 계약할 수 있도록 유인하고, 민간 품목의 가격협상을 감독하거나 핵심 산업 부문의 생산설비를 고도화하는 등의 역할을 한다. 또한 기업들의 정책자금 신청을 심사하고 이를 승인하며, 기업과 관련된 광범위한 행정지도를 실시하는 것을 주로 담당한다(White and Wade 1988, 201-202).

이렇듯 대만의 발전 선도기구는 발전 국가의 핵심부서로서 산업 및 기업과 관련해 막대한 권한을 행사하고 있으며, 산업정책과 관련된 계획과 실행 상의 모든 과정을 책임지고 이를 포괄하여 관리하고 있다. 특히 대만경제의 무역의존도가 크기 때문에 무역정책이 이 기구의 중요한 역할 중 하나로 나타나고 있다는 점에서 이를 통한 다양한 정책수단이 산출되고 기업통제가 가능하게 되는 것이다. 대만의 선도기구는 일본과 한국의 선도기구와 마찬가지로 일류대학 출신들로 충원되고 기구의 수장(首長)은 여러 행정부처와 공기업 등에서 오랜 경험을 쌓은 정통 경제 관료가 담당하는 것이 관례화되었다. 웨이드에 따르면 대만의 경제부나 경제건설위원회는 일본의 통산성이나 한국의 상공부만큼 기업에 대해 고압적이지는 않았고 그 영향력 또한 작았다고 한다(White and Wade 1988, 224-226). 이는 대만의 선도기구가 매우 제한적인 수준에서 시장에 개입했다는 점을 반증하는 것이라고 할 수 있다.

이와 같이 발전 국가에서의 선도기구는 국가의 자율성과 함께 국가 능력을 표출하는 중요한 구성요소이다. '자율적이고 유능한 국가관료기구'의 존재유무가 국가의 효율적 개입의 성공 가능성과 밀접하게 연계되기 때문이다. 일본, 한국 그리고 대만의 사례에서도 확인할 수 있듯이 이들 국가들은 공히 일류대학 출신들로 구성된 전문 기술관료(technocrat)가 엘리트 조직에 포진하고 있다. 이들 관료들은 국가목표에 합당하게 제반 경제정책을 종합적으로 조율, 조정하는 기능을 수행하고 있다할 것이다. 특히 일본의 통산성과 대만의 공업국의 경우 산업정책을 입안하고 집행하는 역할을 수행함으로써 경제발전의 수단으로 활용하고 있으며, 정도의 차이는 있지만 경제정책과 관련하여 다른 부처보다 많은 권한을 가지고 있다는 점이 특징이라고 할 수 있겠다. 따라서 발전 국가에서 경제발전과 관련해 산업정책을 입안하고 담당하는 효율적이며 유능한 선도기구의 존재여부는 발전 국가의 정책수단의 효율적인 활용과 정책결과의 성패를 좌우하는 기반이 된다고 할 수 있겠다. 중국의 발전 선도기구라 할 수 있는 국가발전계획위는 앞서 언급한 동아시아 발전 국가의 선도기구와 어떤 면에서 유사하고 어떤 면에서 차이가 있는가를 살펴보자. 이를 통해 중국적 발전 국가의 특징이 파악될 수 있을 것이다.

II. 중국 발전 선도기구의 특징

개혁개방기 사회주의 시장경제로의 전환과정에서 국가발전계획위원회는 일본의 통산성이나 한국의 경제기획원 그리고 대만의 경제건설위원회나 공업국과 유사한 기능과 역할을 수행하였다. 중국의 선도기구로서 국가발전계획위는 이들 세 나라의 선도기구 중 어떤 것과도 완전히 일치하거나 동일한 조직적 특성을 갖지는 않지만 그 기능과 역할이라는 측면에서 볼 때, 중국적인 선도기구라고 규정할 근거는 충분하다고 할 수 있을 것이다. 우선 중국의 선도기구로서 국가발전계획위의 기능과 조직 측면에서의 특징을 살펴보면 첫째, 산업정책을 입안하고 이를 관리하는 역할을 담당해왔다는 점이다. 중국에서 '산업정책'이라는 용어가 도입된 것은 1980년대 중반부터인데, 이를 담당한 전문부서로 1987년 국가발전계획위원회의 전신인 국가계획위 산하에 산업정책사(産業政策司)를 설치하면서 발전 국가식의 산업정책을 본격적으로 추진하기 시작했다.

설립 당시 국가계획위 산업정책사는 총 6개의 하부 처(處)로 구성되었는데, 여기는 산업구조, 기업조직, 유통과 소비정책, 기술경제정책, 국제

산업구조 등의 전문기관을 중심으로 하여 각 국(國)의 산업정책을 연구하고 중국적 산업정책을 입안하여 건의하는 기능을 담당하였다. 이후 1992년 이후 사회주의 시장경제로의 전환과 함께 적극적인 산업정책으로 전환하면서 장기국가발전계획과 산업정책을 묶어서 산업고도화정책, 지주산업 육성정책, 산업기술정책 등 산업관련 정책의 입안과 계획을 수립하는 역할을 담당하게 되었다. 이를 위해 관련 국가계획위는 위원회 내부의 정책자문연구소와 외부 연구기관 등과 협력하여 산업정책을 입안하고 이를 바탕으로 정부 부처의 의견을 수렴하고, 재정부와 중앙은행인 중국인민은행 등과 협의를 거쳐 산업정책을 실행하여 오고 있다.

둘째, 국가계획위의 인적 구성을 보면 당대 최고의 경제와 산업전문가들이 주임과 부주임으로 임명되었다는 점이다. 비록 일본이나 한국 그리고 대만과 같이 일류대학 출신들을 중심으로 구성되어 있다는 특징을 찾을 수 없지만, 국가계획위의 지도부는 개혁개방 이전부터 전통적으로 전문 기술관료[11]들이 장악하고 있다. 특히 개혁개방 이전에는 동베이지역을 중심으로 같은 시기에 활동했던 관료들의 비율이 매우 높아 국가계획위의 동질성이 높았으나, 1990년대에 들어오면서 국가계획위를 장악하고 있던 전통적 계획관리 전문가들이 지도부에서 퇴진하면서 인적 구성상의

11_여기에서의 전문 기술관료(technocrat)는 단순히 기술 및 자연과학 분야에서 교육받은 관료만을 지칭하는 것이 아니다. 이 보다는 넓은 의미에서 "실제 경험(practical experience)과 지위(leadership position)를 겸비한 전문가"를 지칭한다. 중국이 다른 발전 국가들의 전문 기술관료와 다른 점은 체제상 정치적 중립이라는 것이 불가능하다는 점이다. 전문 기술관료는 거의 모두 공산당원이며, 특히 좁은 의미에서의 기술관료라 할지라도 조직부문이나 이념과 관련된 일을 담당하는 경우도 있기 때문이다. 따라서 중국의 전문 기술관료들의 응집력은 공산당원이라는 정체성에 기반한 인적관계에 그 기초를 두고 있다고 할 수 있겠다. 중국의 전문 기술관료와 관련한 자세한 내용은 Cheng Li(2001, 25-30)의 연구를 참고할 수 있다.

특징은 보이지 않는다. 반면 경제적 업적을 축적한 연해 지역 중심 지방 간부들이 국가계획위 부주임으로 승진하여 전문 산업 분야의 정책을 담당하였고, 국가계획위 내부에서 승진을 통해 부주임으로 임명된 관료들은 거시경제 조절과 관련된 업무를 담당하고 있음을 알 수 있다. 특히 국가계획위를 거쳐 간 8명의 주임 중 6명이 국무원 부총리로 승진하였다는 것은 국가계획위의 위상을 반증할 뿐만 아니라 국무원의 다른 부와 위원회에 대한 영향력의 정도를 가늠할 수 있게 하는 중요한 지표가 될 수 있다. 이는 국가계획위의 출신 부총리가 담당하는 업무가 국내 거시경제와 관련된 제반업무임을 감안할 때 국가계획위의 경제정책 조정능력이 매우 크다고 할 수 있겠다.

셋째, 국가계획위는 수직적인 조직체계를 갖추고 있다. 이는 계획경제 하에서 형성된 체계로서 시장경제로의 전환 이후에도 계획편제와 계획관리 조직적 체계를 그대로 유지하고 있다. 그러나 그 기능과 역할은 산업정책을 비롯한 경제정책을 실행하고 관리하는 것으로 전환되었다. 국가계획위는 이러한 조직체계를 통해 중장기 계획의 실행상황을 점검하고 산업정책의 실행력을 높일 뿐만 아니라 중앙과 지방 간, 중앙과 국영기업 간의 일상적인 협의체로 기능하고 있다. 특히 계획경제 하에서 매년 개최되었던 '전국계획회의'(全國計劃會議)가 폐지되지 않고 2003년까지 지속되었으며, 2004년 이후에는 '전국발전개혁공작회의'(全國發展改革工作會議)를 개최하여 각급 계획기구들과 당년 산업정책 등의 성과를 바탕으로 다음해 산업정책 방향 등을 결정하고 있다. 따라서 중국의 국가는 적어도 1980년 후반 이후부터 동아시아 발전 국가와 비슷한 기능과 역할을 수행하고 있다. 앞으로 더 구체적으로 살펴보겠으나 중국의 경우 사회주의 계획국가에서 발전 국가로 전환되는 과정이 다른 국가들과는 다른 역사적 경로를 통해 형성되었음에도 불구하고 기구의 조직적, 인적 구성상 약간의 편차가 있긴 하지만 발전 국가의 구성요소를 공유하고 있음을 알 수 있다.

이와 같이 중국의 국가 역할을 계획경제에서 시장경제로의 전환과정에서의 국가계획위의 기능과 역할 변화를 중심으로 제도 변화의 맥락에서 다루었을 때, 변화에 영향을 미치는 요소인 제도내외적 환경 변화와 정치적 행위 간 권력 관계 그리고 제도 내의 제도의 변화와 관련된 행위자 간 갈등 관계는 다음과 같은 상호영향관계에 있다는 것을 알 수 있다. 제도내외적 환경의 변화인 국제적, 정치경제적, 이데올로기적 요인을 한 수준으로 하고, 이를 활용해 제도를 유지, 변화시키려는 행위자 간 정치적 갈등, 예를 들면 주자파(走資派) 대 범시파(凡是派), 개혁파 대 보수파, '계획지향(planning-oriented) 그룹' 대 '시장지향'(market-oriented) 그룹 등 중국 사회주의 개혁개방 과정 중에 생성된 정치적 파벌 및 정책 노선을 다른 한 수준으로 하며, 마지막으로 이러한 제도내외적 환경과 행위자 간 갈등이 국가계획위 조직과 역할 그리고 정책에 어떤 영향을 미쳤는지에 대해 분석할 것이다.

특히 신중국 성립 이후 중국공산당 내에서 '계획과 시장'에 대한 당내 지도부들의 인식 차이와 그것으로 인해 발생하는 발전 방향과 정책 간의 차이와 갈등이 국가발전계획위의 구성과 역할 변화에 어떠한 영향을 주었는지 파악할 것이다. 이를 통해 국가발전계획위를 중심으로 구성되어진 중국적 발전 국가의 역할이 어떻게 계획국가에서 발전 국가로 변화되었으며, 경제적 성과를 축적해 갔는지를 규명할 수 있을 것이라고 판단된다. 이와 같이 제1부의 논의를 종합적으로 정리하면 〈그림1〉 같이 분석수준 간 상호관계 흐름도로 나타낼 수 있다.

〈그림 1〉 국가발전계획위의 역할 변화 분석 틀

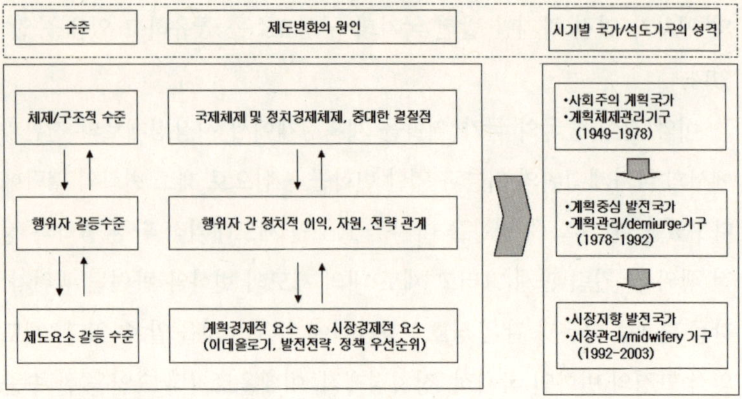

** 출처: 필자 직접 작성

3장

중국의 정치경제 제도변환 분석

제도는 불균등하게 변한다. 중국의 경제체제가 계획경제에서 시장경제로 전환했다 할지라도 중국 사회의 모든 제도가 동시에 시장경제체제에 부합되는 제도로 바뀌어 왔던 것은 아니다. 어떤 제도는 체제의 변화에 따라 빠르게 변화하기도 하지만, 또 다른 제도는 상당히 긴 시간 동안 지속되기도 한다. 제도를 체제 내에서 맺고 있는 행위자 간 관계를 구조화하는 공식적인 규칙과 관행이라고 정의한다면 제도 변화의 속도와 방향은 역사적 맥락에 따라 다양할 수밖에 없다. 현재의 중국은 수많은 제도들이 얽혀 하나의 정치제도를 구성하고 있다. 당국가체제하에서의 경제관리제도, 관료제도, 법제도, 대의제도, 반부패제도, 지방행정제도, 소수민족제도 등 국가운영에 필요한 공식적인 규칙과 관행들이 촘촘히 배열되어 있다. 그런데 이러한 제도들이 체제변화에 따라 그 체제에 맞게 동시에 같은 수준으로 변화할 것이라고 보는 것은 일종의 착시라고 할 수 있다. 이들 제도들은 비록 한 시점에서는 구조화되어 있고 안정화되어 있는 것처럼 보이고 사회경제적 환경이나 조건, 정치권력의 변동에 따라 언제든지 변화할 준비가 되어 있지만 균등하게 변화하지는 않는다. 그 이유는 각 제도가 담지하고 있는 역사적 맥락이 각각 다르고, 제도의 지속과 변화를 지탱하고 있는 정치적 힘의 관계가 다르기 때문이기도 하다.

중국 정치사에서 제도의 지속과 변화의 과정을 대약진운동 시기의 계획경제관리제도를 중심으로 분석하고자 하는 것이 본서가 다루고자 하는 주제이다. 연구의 대상으로 삼고 있는 대약진운동 시기는 사회주의 체제 성립 후 사회주의적 계획경제제도를 시행한 후 맞이한 최대의 국가적 위기 국면이었고, 그 과정에서 다양한 제도상의 분화와 갈등 그리고 조정이 진행되었기에 중국이라는 국가의 제도와 정책이 갖는 동학을 연구하는데 가장 적합한 사례라고 할 수 있다. 특히 다양한 제도들이 이 국면에서 어떻게 경쟁하고, 어떤 요인들이 제도경쟁에 영향을 미쳤는지를 파악할 수 있는 좋은 소재이기도 하다. 이러한 의미에서 현재의 중국 제도와 정책의 동학을 분석하기 위해서는 그 제도의 형성과 변화의 과정이 갖는 역사적 맥락에 대한 탐색이 선행되어야 한다. 제도는 역사적 제도주의에서 말하는 이른바 '경로 의존'적 성격을 갖기 때문이다(North 2005; Campbell 2004, 65-77). 제도 속의 행위자들은 시간이 지나면서 어김없이 교체되고 퇴장하지만 그들이 과거에 구성하고 만들었던 규칙과 관행들은 현재 행위자의 행위와 선택에 영향을 미칠 뿐만 아니라 제약하기도 한다. 어떤 제도는 행위자들이 맺고 있는 관계의 패턴이나 규칙만큼이나 강한 연속성을 갖고 이를 유지하기 위한 다양한 힘이 결집되기 때문에 연속성이 강한 제도일수록 국가 전체를 유지하고 체제를 유지하는데 있어 중요하며 핵심적 제도일 가능성이 크다.

중국의 관료제도 역시 이런 제도 중의 하나이다. 중국 관료제도는 인류역사가 창조해 낸 가장 오래된 제도 중 하나이다. 중국의 황제체제를 지탱한 주요 제도였을 뿐만 아니라 중국이라는 국가의 통치와 통일성 유지에 있어 근간이 된 제도이기 때문이다. 왕조와 교체되고 사회체제가 변화하고 통치이데올로기가 바뀌었다 할지라도 중국 관료들의 공식적인 규칙과 규범 그리고 관행 등의 큰 줄거리는 유지되어 오고 있는 것이 사실이다. 그러나 본서에서 그 전체 맥락을 모두 다룰 수는 없다. 단지 현재 신중국 관료제가 본격적으로 가동되었다고 판단되는 시점인 대약진운동 시기의 계획관리를 담당했던 관료를 경제관리제도와 연계하여 분석함으로써 연구의 현재적 의의를 명료하게 하고자 한다.

본 장에서는 먼저 중국의 제도와 정책 그리고 행위자를 분석하는 하나의 분석 틀로써 '역사적 제도주의' 시각을 활용하여 제도를 정의하고 제도가 어떻게 정착되고 변화가 시작되었는지 살펴보고자 한다. 역사적 제도주의는 제도의 변화보다는 제도의 유지와 지속의 원인을 규명하는 데 큰 장점이 있는 이론이기는 하나 제도의 지속뿐만 아니라 변화를 분석하는 데 있어 역사적 제도주의가 갖는 방법론적 적실성 역시 간과될 수 없다. 먼저, 제도 변화를 다룸에 있어 신제도주의 이론은 특정 시점에서 다양한 제도의 "병행 발생"(intercurrence)의 가능성을 제기한다. 제도 간 상호관계의 동학을 관찰하고 이렇게 제도 간 경쟁과 갈등의 결과가 어떻게 제도 변화를 추동하는지를 파악할 수 있는 유용한 도구가 될 수 있다. 둘째, 이러한 논의를 대약진운동 시기 계획경제제도를 대상으로 하여 구체적으로 분석함으로써 제도를 유지하는 힘과 변화하려는 힘이 행위자들(정치 엘리트, 경제 관료 등)과 정책 그리고 계획기구 내에서 어떻게 작동하고 있는지를 당시 중추적인 경제관리 기구였던 국가계획위를 중심으로 분석하고자 한다. 셋째, 하나의 제도 속의 행위자인 중국 경제 관료는 정치사회의 거시적 변동에 직면했을 때 어떻게 관료제를 유지하고자 하였으며, 역할 변화를 도모하려 했는지를 살펴보고자 한다.

I. 제도의 변환과 행위자 간 관계

신제도주의(New Institutionalism)는 제도를 통하여 각 국가의 주요한 정책들을 설명하려 한다. 특정의 국가가 갖는 고유한 제도의 모습을 통해 국가 간 정책패턴과 정책 결과의 유사성과 차이점을 설명하는 하는 것을 기본 특징으로 한다. 특히 역사주의적 제도주의(historical institutionalism)는 역사적 맥락에 초점을 맞추고 있다. 역사적 맥락에 대한 이해 없이 현재의 정치경제체제와 정책을 설명하는 것이 불가능하다고 가정하고, 제도를 역사적 산물로 파악하고자 한다. 즉 특정 시점에 형성된 제도는 상당 기간 지속되어 온 사회경제적 환경에 영향을 받았다고 보는 것이다(Pierson 2000, 251-267; Thelen 1999, 369-404).

이 이론에 따르면 개인의 행위는 원자화되거나(atomized) 사회구조와 상관없는 개인에 의한 행위가 아닌 사회의 다층적인 관계에 의해 이미 구조화된 개인에 의한 행위이다. 이러한 구조화된 개인들 간의 관계가 바로 제도이며 이 제도는 끊임없이 개인의 취향과 선택 그리고 행위에 영향을 미치기 때문에 개인의 합리적 선택(rational choice)만으로는 개인의 행위를 설명할 수 없다고 주장한다(Katznelson 1997, 81-112). 정치적, 사회적으로 복잡한 권력 관계가 내재화된(embedded) 개인과 마찬가지로 제도 또한 다양한 갈등과 균열이 내재화되어 있으며, 이러한 제도는 이전의 관계에 의해 제약되고 영향을 받게 된다. 따라서 정치와 경제의 제도는 각 국가의 역사적 경로에 따라 상이한 정책 패턴으로 표출되고 같은 정책이라도 서로 다른 결과를 산출하게 된다는 점을 강조한다(Thelen and Steimo 1992).

그렇다면 이들이 주장하고 있는 '제도'(institution)는 과연 무엇인가? 이는 제도주의의 이론적 핵심 과제 상황이기도 한데, 피터 홀(Hall 1989, 19)

은 제도를 "정치와 경제 등 각 부문에서 개인들 간의 '관계'를 구조화시키는 공식적 규칙, 순응절차, 표준화된 운영정차"라고 정의하고 있다. 염재호(1994, 10-33) 역시 홀의 정의에서 크게 벗어나지 않는데, 그는 "개인의 가치나 이해와는 관계없이 개인의 행위에 영향을 미치는 보다 거시적으로 추상화된 모든 실체"를 제도라고 정의하면서 신제도주의에서의 분석대상인 '제도'는 세 가지 수준으로 나누어 볼 수 있다고 한다. 첫째, "구체적 조직 간의 제도적 틀이 대상인 제도적 수준(institutional level)", 둘째 "거시적 차원의 사회나 국가의 체제적 수준(societal or state level)", 그리고 마지막으로 "미시적 차원에서의 개별 조직 수준(organizational level)" 등이다(염재호 1994, 27-28).

제도의 이러한 정의와 분석대상에 대한 범위 획정은, 제도를 행위자 간 관계 속에서 형성되는 것으로 보는 피터 홀보다는 넓게 규정하고 있다. 즉 역사적으로 형성되고 지속되어 온 행위자 간 관계가 행위자의 행위에 영향을 미치면서 구조화된 일종의 규칙이라는 것이다. 여기에서 행위자 간 관계성을 부각시키고 있다는 점을 눈여겨 봐야 한다. 사회주의적 계획경제, 자본주의적 시장경제, 사회주의적 시장경제 등 사회경제적 제도, 그리고 민주주의, 권위주의, 전체주의 등의 정치경제 제도, 그리고 이를 규정하는 헌법 등의 포괄적이며 공식적 제도들이 관계 속에서 형성된 것이며, 다른 한편으로는 기구를 포함하여 공식적 비공식적으로 형성된 행위자 간의 관계까지를 포괄하는 개념이라고 할 수 있다. 즉 사회집단 간의 세력 관계와 정책의 형성과 집행에 영향을 미치는 구조적 특성 등 미시적 수준에서부터 중범위 수준의 제도까지 포함한다.

그러나 역사적 제도주의 이론에서의 제도분석은 일반적으로 국가를 포함한 공식적 제도, 정치제도, 관료제, 정책 결정 과정 등을 연구의 대상으로 삼고 있다. 역사적 제도주의가 기능주의와 구조주의에 대한 비판으로 이론 정립이 이루어지고 하부구조나 시민사회에 의한 정치영역의 '구속성'과 '결정성'을 거부하고 정치영역의 '상대적 자율성'(relative autonomy)에 초점을 맞추고 있기 때문에 제도 내의 '동학'을 중시한다. 또한 분석의 범위를 축소하여 경제사회체제 구성 등과 같은 포괄적 제도보다는 '파벌 투쟁', '정책', '관료제' 등의 미시적 수준의 제도에 집중한다. 그리고 이를 통하여 국가와 사회 간의 '관계'를 밝혀내고자 한다. 여기에서 국가는 행위자이면서 동시에 하나의 '움직이는' 제도로서 간주된다. 스카치폴(Skocpol 1984)이 국가를 하나의 행위자로 간주하고 국가의 역할을 '국가 자율성'(state autonomy)과 '국가 능력'(state capacity)이라는 개념들로 분석할 때, 그의 이러한 분석은 역사적 제도주의 이론과 분석적 맥락이 닿아 있다고 할 수 있을 것이다.

이러한 방법론적 특징을 갖는 역사적 제도주의는 현재의 행위, 그리고 제도에 영향을 미치는 '역사적 인과관계'(historical causation)를 포함하여 과거의 특정한 선택이 미래의 선택을 제약한다는 '경로 의존'(path-dependence) 개념, 그리고 기존의 제도에 의해 발생하는 '의도하지 않은 결과'(unintended consequences) 등의 개념 등을 통해 제도의 변화과정 속에서 과거의 제도를 발견할 수 있다(Pierson and Skocpol 2002, 693-721)는 장점이 있다. 이러한 분석 틀을 활용한다면 중국의 국가와 경제 관료들의 역할을 분석하는데 있어 기존의 연구 보완할 수 있을 것이다. 예를 들어 역사적 제도주의는 제도의 연속성을 규명하고자 할 때, "경로 의존"이라는 개념을 적극적으로 활용한다. 기능주의나 행태주의 정치학에서는 제도적 환경이나 정책에 영향을 미치는 투입(input)이 달라지면 그에 따른 정책적 결과 즉 산출(output) 역시 동시에 변할 것이라고 가정하지만 현실 속에서

환경이나 투입이 달라진다 해도 제도가 변함없이 지속되고 있는 현상들이 관찰되는데 역사적 제도주의에서는 이러한 현상을 해석할 때 제도의 "경로 의존"으로 인한 결과로 간주한다.

제도는 특정 시점에서 형성된다. 이렇게 형성된 제도는 행위자로 하여금 선택의 범위를 제한하도록 작동한다. 그리고 행위자의 역할과 권한, 행위자 간 관계를 제한한다. 비록 당면한 문제를 해결할 수 있는 더 좋은 정책과 대안이 제시된다 할지라도 이미 정해진 경로 이외의 다른 경로를 선택하는데 명시적이나 암묵적인 제약이 따르기 때문이다. 역사적 제도주의에서는 기능주의가 주장하는 것처럼 행위자의 행위가 언제나 '최선의 기능적 적응'을 반드시 찾아가는 것은 아니기 때문에 종종 행위자의 행위는 '의도하지 않은 결과'를 낳을 수 있으며, 제도의 비효율적 결과를 양산한다.

II. "병행 발생론"을 통해 이해하는 중국 제도변환과정

본 장에서는 중국의 계획경제제도와 관료제도는 역사적 제도주의에서 말하는 "의도하지 않은 결과"의 좋은 사례라고 간주한다. 제도의 비효율성을 보여주고 있기 때문이다. 왜 그런가? 1952년에 중국의 계획경제 관리제도가 성립된 후 국내외 제도환경이나 정책환경의 변화에도 불구하고 그 제도는 지속되거나 강화되었다는 것이다(서상민 2014, 1-33). 대약진운동의 실패로 인한 경제적 파국이나 문화혁명과 같은 정치사회적 혼란 과정에서도 주요 관료들의 인사이동이나 관련 부처들의 통폐합과 같은 조직과 인력조정은 있었지만, 시장경제로 전환한 1980~90년대까지 상당 기간 단기, 중장기 계획 입안이나 가격통제 유지, 그리고 산업정책의 입안과 집행 등 계획경제 관리제도가 갖는 근간을 그대로 유지해 왔다. 그 과정에서 두 개의 제도가 공존함으로써 조성된 정책적 혼란이나 정책의 비효율성 같은 것은 중요하지 않고 제도를 어떻게 유지하고 존속시킬 것인가 하는 것이 주요 관심사항이었던 것이다.

사회주의 계획경제제도는 경제 상황이 예측가능하며 그렇기 때문에 과학적으로 관리될 수 있다고 가정한다. 그러나 과학적 방법을 통해 최적의 정책적 산출이 가능할 것이라는 전망과는 달리 대약진운동 시기 중국의 경제는 최악의 결과 즉 의도하지 않는 결과를 만들어 냈다. 제도의 비효율성과 비현실성이 이미 노정되었음에도 불구하고 제도전환을 하지 않았다. 제도의 비효율성에 대해 "기존 제도가 가지고 있는 제약성으로 인해 정형화된 정책행위양식의 결과"라고 한 홀과 테일러(Hall and Tayler 1996, 939-957)의 주장이 설득력 있는 이유는 1950년 후반 중국의 대약진운동 시기의 중국 현실에 그대로 적용 가능하기 때문이다. 이 시기를 역사적 제도주의 시각으로 분석할 때 우리가 착목해야 할 것은 '이미 형성된 제도가 특정한 정책 결정 과정에 참여하는 행위자 즉 경제 관료의 정책 결정 과정에의 참여 가능성과 그 정도를 제약할 뿐만 아니라 그들의 정책적 선호와 이익, 그리고 중국정치 엘리트 상호 간에 맺고 있는 관계 즉 네트워크까지를 제약하고 있다'는 점이다. 따라서 대약진운동 시기의 중국 경제 관료와 경제 정책 결정 과정에 대한 연구는 '제도적 맥락'(institutional context)을 분석하는 데 초점을 두어야 한다. 그렇다면 중국에서 계획경제에서 시장경제로의 제도적 전환은 어떻게 설명할 것인가 하는 문제가 제기된다.

역사적 제도주의는 이미 형성되어 고착화된 제도가 어떤 계기와 원인에 의해 변화되는가 하는 점에 대해 정리된 해석을 제시하지 못하고 있다. 제도 자체가 경로 의존적 성격이 강하기 때문에 역사적 연속성이 갖는 현재적 의미를 파악하는 데 집중하게 되고, 제도가 왜 그리고 어떤 과정을 통해 변화하는지 하는 것에 대한 설명력은 제한적이라는 지적을 받아왔다(하연섭 2003, 63). 이에 대해 역사적 제도주의자들은 제도 내적 모순이나 갈등을 통해 제도 변화가 일어난다기보다는 '중대한 사건'이나 '외적 충격'에 의해 제도 변화가 발생한다고 주장한다. 즉 제도 변화를 제도외적 충격으로 인한 급격한 변화 즉 제도의 "단절"로 설명하려 한다. 역사적 제도주의들에게 "비일상적인 위기상황"으로까지 간주되는 변화는 급격하고 단절적이다(Krasner 1984, 223-246).[12] 이러한 제도 변화에 대한 논의 속에는 '요인의 외부성'과 '변화의 급진성'이라는 설명력이 약한 두 가지 요소가 밀접하게 연관되어 있다. 그런데 이를 중국적 상황에 적용하려 한다면 한계에 봉착하게 된다. 일단 중국의 사회주의 체제의 등장은 분명 혁명과 전쟁 과정에서 발생했다는 설명은 제한적이지만 일면 가능할 수는 있겠으나 계획경제에서 시장경제로의 전환이라는 제도적 변화를 이 틀로서는 설명할 수 없다. 계획에서 시장으로의 제도적 단절은 외적 충격보다는 문화혁명이라는 체제 내적 요인이 더 강하게 작용했기 때문이다.

본서에서 앞으로 더 자세히 다루겠지만, 계획에서 시장으로의 경제 제도의 전환을 "단절균형"에 의한 전환으로 설명하기보다는 대약진운동으로부터 문화혁명으로 이어지는 비교적 점진적인 과정을 통해 제도 간의

12_여기에서 크래스너는 제도 변화를 설명할 때 '단절균형'(punctuated equilibrium)이라는 진화론의 개념을 활용한다. "단절평형"이라고도 하는 이 개념은 장기간의 안정된 상태를 지난 후 급속한 종의 변화가 발생하는 것을 크래스너는 제도 변화의 과정 역시 이와 비슷하다는 의미를 부여한다.

내적인 분화와 갈등이 누적되면서 일어난 전환으로 파악한다. 오렌과 스코로넥(Orren & Skowronek 1996, 111-146)이 지적한 바 있는 제도의 "병행발생"(intercurrence) 이론, 즉 "제도의 구성요소 간에는 각기 다른 고유한 역사가 있으며, 형성될 시점에서 제도의 각 구성요소 사이에는 이를 지지하는 행위자 간 권력 관계가 이미 내재되어 있고 이들 간의 상호작용의 결과로 인해 제도의 변화가 발생한다"[13]는 주장이 더 설득력이 있어 보인다. 아울러 한 가지 더 언급해야 할 것은 역사적 제도주의가 제도 변화에 대해 더 설득력 있는 해석을 제시하기 위해서는 요소마다의 다양한 "경로의존"이 존재함을 인정해야 한다는 것이다. 제도를 구성하고 있는 다양한 요소 속에서 각기 다양한 역사적 맥락이 존재하며 이러한 역사적 맥락으로 인한 경로의 의존과 선택이 요소 내에서 다르게 이루어진다고 봐야 한다. 비록 특정 시점에서 지배적인 제도라 할지라도 전일한 역사적 맥락을 담고 있는 것이 아니라, 다양한 요소가 다양한 맥락과 연결되어 있다는 점이다.

신중국의 제도형성 과정은 다양한 제도의 구성요소들이 융합되는 과정이었다. 과거의 전통적 요소, 자본주의적 요소, 사회주의적 요소, 심지어 무정부적 요소들까지 공존하면서 경쟁했다. 다른 한편으로는 계급 간 협력과 공존을 받아들이는 '신민주주의적 요소'와 철저한 계급투쟁을 목표로 하는 '옌안공산주의적 요소'가 병행 발생하고 있었다고도 할 수 있다. 그리고 이데올로기 우선의 혁명성을 의미하는 '홍'(紅)과 문제해결 우선의 전문성을 말하는 '전'(專)의 요소가 얽혀 갈등하고 있었다(羅平漢 · 盧毅 · 趙

13_한편 하연섭은 "intercurrence"를 "제도의 병렬적 구성"이라고 번역하고 있다. 본서에서 "제도의 병행 발생"으로 번역하여 제도의 동적 특성을 강조하고자 한다.

鵬 2013). 국가가 안정되고 경제발전이 순조로운 시점에서는 요소 간 갈등은 수면 아래에 잠복되어 있지만, 국가적 위기상황이 되면 제도요소 간의 경쟁이 시작된다. 대약진운동 역시 마찬가지였다(윤휘탁 2004, 155-195). 중소분쟁과 기근 등으로 인해 신생 중국 사회주의는 위기를 맞고 있었고, 잠재되어 있던 다양한 제도의 구성요소들이 상호경쟁하고 있다고 할 수 있다.

III. 중국정치경제의 제도 지속성

1949년 이후 강력한 중앙집권적 당국가체제를 유지하면서 계획기구에 의한 '사회주의적 경제발전노선'을 걸어왔던 중국은 1978년 이후 개혁개방정책을 추진, 기존의 사회주의 계획경제가 안고 있는 문제점들을 대폭 개선하면서도 기존의 당국가체제를 유지할 수 있는 새로운 발전 모델을 탐색하게 된다. 한편으로는 대약진운동(大躍進運動)과 문화혁명(文化革命) 등으로 인해 발전동력을 상실한 중국경제를 회생시키고 성장의 새로운 계기를 마련하는 것을 목표로 삼았다. 지속되는 사회경제적 혼란으로 인한 경제적 어려움은 중국공산당에 대한 신뢰를 약화시켰다. 중국공산당으로써는 경제발전이야말로 당의 존망을 결정하는 중대한 과제였으며, 기초적인 '먹고 사는 문제'의 해결이야말로 중국공산당의 존재 이유를 증명하는 지표가 되었다. 따라서 중국 인민의 경제상의 문제를 해결함으로써 '문혁 10년(文革十年)'의 후과(後果)인 당과 체제에 대한 불신을 해소하고자 하였다. 당시 덩샤오핑(鄧小平)을 중심으로 한 중국 지도부의 입장에서는 경제발전과 정치적 안정은 체제 유지를 위해 결코 양보할 수 없는 절대적인 문제였으며, 양자는 결코 분리될 수 없는 사안이었다. 따라서 이들은 정치적 안정을 훼손하지 않으면서 경제적 성과를 축적할 수 있는 대안적 경제발전 모델로서 '동아시아 발전 국가 모델'을 주시하기 시작한다(張琢 1990).

사실 국가와 시장 간의 관계에서 볼 때 시장기능이 고도로 발달했던 중상주의 경제시기조차 '중앙집권화된 행정체제'에 따른 국가의 개입을 필요로 해왔다. 중상주의가 상업화를 지향했음에도 불구하고 토지와 노동이라는 기본적인 두 가지 생산요소가 상업적으로 거래되는 것을 막았다는 것이다(Polanyi 1959, 54).[14] 즉 상업화를 국가정책으로 추진했음에도 불구하고 '오직 시장만이 통제하고 조정하며 방향을 결정한다'는 시장경제의 원리와는 반대로 국가가 산업에 광범위하게 개입해 왔다. 이러한 국가의 시장경제 과정에의 개입은 오늘날의 자본주의에서도 다양하게 진행되어져 오고 있다. '시장이 자기 조정이 가능하도록 하는 필요한 조건들을 생산하고 이를 유지'시키는 소극적인 역할에서부터 국가 스스로가 시장을 형성하고 시장을 발전시키는 역할을 하는 적극적인 개입에 이르기까지 각양각색의 국가와 시장 관계가 형성되는 것이다. 이러한 측면에서 볼 때, 자본주의 경제는 국가의 개입과 함께 진행된 것이라고 할 수 있으며, 국가의 역할은 자본주의적 시장경제의 출현과 함께 주어진 '태생적 개입'이라고 할 수 있을 것이다. 결국 현존하는 모든 경제체제 하에서의 국가와 시장 간의 관계의 다양한 유형과 개입양식은 각 국가가 가진 역사적 경험과 대내외적 환경에 따른 차이라고 할 수 있다(Block 1994, 691-710).

14_폴라니는 1563년 영국의 직인조례(Statute of Artigicers)과 1601년의 구민법(Poor Law) 등을 그 대표적인 사례로 들고 있다.

중국의 경우, 봉건적 경제체제가 해체되고 근대적 경체체제로 편입되면서부터 '사회주의 시장경제체제'를 표방하고 있는 현재에 이르기까지 동아시아 그 어느 국가보다 국가중심적 경향이 강하다. 이러한 경향은 서구에 의해 강제적 개항이 이루어졌던 1840년 아편전쟁(阿片戰爭)에서부터 WTO 가입 이후 현재 시진핑 체제에 이르기까지 중국의 가장 중요한 국가적 목표가 바로 '경제발전을 통한 부강한 중국의 건설'이라는 "중국의 꿈 실현"에서 잘 나타난다. 1861년 중체서용(中體西用)을 내세우며 청조(淸朝)를 중심으로 한 개혁을 추진하려 했던 양무운동(洋務運動)과 1898년 입헌군주제로의 정치체제 개혁을 통해 부국강병을 이루려고 했던 변법자강운동(變法自疆運動)은 말할 것도 없고, 1911년의 신해혁명(辛亥革命)과 1949년의 사회주의 혁명, 그리고 최근 1978년의 개혁개방정책을 통해 시장경제로 전환에 이르기까지 중국 근현대사에서 진행되거나 진행 중인 모든 개혁과 변화과정에서 동일하게 나타난다(서진영 1985). 하지만 목표는 동일할지라도 이러한 목표를 달성하기 위한 국가의 기능과 역할 그리고 국가 성격은 매우 다르게 나타난다.

국민당 정부에 의해 추진된 '현대화' 전략은 봉건 경제에서 탈피하여 자본주의 발전을 촉진한 측면이 없지 않지만 국가권력과 '4대 가족'의 연줄 관계에 기초한 정실 자본주의(Crony Capitalism) 성격이 강하며, 국민당 국가는 대자본으로부터의 자율성(autonomy)을 획득하지 못했으며, 이러한 유착관계에 저항해 제어할 만큼의 시민사회 역시 성장하지 못했다. 또한 산업혁신을 통한 경제발전을 성취할 수 있을 만큼의 국가 능력(state capacity)을 지니지 못한 채 가중한 세금과 통화팽창 등을 통해 전시 물자를 조달했던 점 등에서 '약탈 국가'(predatory state)적 성격 지닌 국가라고 할 수 있겠다(Weiss and Hobson 1995, 234-235). 반면 신중국 성립 이후 중국의 국가는 마오쩌둥 시기의 1949~1952년 '국가자본주의' 경제체제 하에서의 신민주주의 경제정책을 추진하는 짧은 시기를 제외하고는 계획기구에 의한 중앙집권적 계획경제하의 발전경로를 걸었다. 중국공산당의 국가는 전형적인 '사회주의적 동원국가'였으며, 경제적 측면에서 본다면 '군사화된 경제체제'였다고 할 수 있을 것이다(Naughton 1991, 239-240). 일면 마오쩌둥 시기의 현대화 과정은 국가에 의한 경제의 조직과 관리 등이 이후 개혁개방 시기의 정책과 유사한 측면이 존재하지만 찰머스 존슨의 지적처럼 사회주의 하에서의 계획은 경제의 효율성과 합리성을 추구하기보다는 사회주의적 이념에 따른 계획이 진행되었다. 따라서 이 시기의 계획은 경제 사회 모든 분야에서 전방위로 이루어져 경제의 효율성과 시장 합리성을 담보하기보다는 이를 방해하는 결과를 가져왔다(Johnson 1982, 18).

그리고 1978년부터 현재까지는 시장경제를 바탕으로 하는 국가 주도의 '현대화' 추진 시기이다. 이 시기는 '사회주의적 시장경제'를 공식적으로 표방한 중국공산당 제14차 당대회를 기점으로 하여 경제운영의 두 가지 주요 기제인 계획과 시장의 역학관계에 따라 다시 두 시기로 나누어진다. 개혁개방의 전반기에 해당한다고 할 수 있는 1978년부터 1992년까지의 덩샤오핑 시기는 '계획주도 시장보안'을 근간으로 마오쩌둥 시대의 경제적 폐해를 시정하고 경제도약을 위한 다양한 법, 제도적 조치들이 시행되었던 시기라 할 수 있으며, 시장경제를 전면화하기 시작한 1992년 이후 현재까지는 시장경제 부문이 계획 부문을 잠식하고 이를 대체하면서 경제적 도약을 이룬 시기라고 할 수 있다.

이와 같이 현대 중국 정치사에서 추진된 '현대화' 사례를 볼 때, 첫째, 국가 주도적 경제건설과 선진국에 대한 '추격발전전략'이라는 공통된 특징을 지니고 있고, 둘째, 이를 가능하게 하고 추진할 수 있게 한 강력한 관료체제를 갖추고 있었으며, 셋째, 민족주의와 사회주의 등과 같은 이념에 기초한 자원의 물리적 동원을 가능하게 했다는 점 등에서 제도상의 상당한 경로 의존성을 보인다. 그러나 국가의 구체적인 기능과 역할과 관련해 1949년 그리고 1992년 이전과 이후를 비교해 보면 연속성보다는 단절적 특성이 더 많이 나타난다.

IV. 중국정치경제의 제도 단절성

1978년 11기 3중전회 이후 시작된 약 30여 년간의 중국의 경제개혁과 경제성장은 일본, 한국, 대만 등에 이은 또 하나의 경제 기적을 이루고 있다고 평가받고 있다(林毅夫 · 蔡昉 · 李周 1999). 이러한 기적적인 경제성장을 이룰 수 있었던 그 핵심요인을 든다면 국가의 역할이다. 즉 행위자로서의 중국국가는 개혁개방 전반기에서는 시장경제의 '창출자'(demiurg), 그리고 1992년 이후에는 경제성장의 '산파'(midwifery)라는 역할을 충실해 했다는 점을 들 수 있을 것이다(Evans 1995, 79-80). 즉 1950년대 후반 대약진운동과 1960년대의 문화혁명으로 인해 고사되어 버린 시장을 창출해 내고 시장경제의 전환을 위한 제도와 규칙 등을 생산해 내는 역할을 했으며, 이를 기반으로 하여 이후 동아시아 발전 국가들로부터 학습한 발전 국가 모델을 채택하여 이를 적극적으로 추진하였던 것이 경제발전의 주요 요인이었다고 할 수 있을 것이다. 이는 계획관리자로서의 역할에서 발전 선도자로서의 역할 전환을 의미한다.

계획경제 하 사회주의 국가는 다음과 같은 특징을 갖는다. 첫째, 국가의 제일 목표는 경제적, 사회적, 문화적 후진성을 극복하여 선진국을 추격

발전(catching up)하는 것으로 이는 중공업 우선 발전전략으로 나타난다(Senghass 1990, 209-254). 이를 위해 국가는 중공업 분야에 대한 집중적 투자와 투자의 자원을 축적하기 위한 다른 산업 분야의 희생을 강요한다. 예를 들어 경공업이나 소비재 공업을 우선성장 부문으로 삼을 경우 시장 협소와 수요부족에 부딪히게 되고 공업화에 필요한 자본축적이 불가능하지만 중공업에 대한 투자는 자체 순환하는 산업적 특징을 가지고 있기 때문에 이로 인한 유효수요를 창출할 수 있다고 믿는다(李明星 2006, 20). 그러나 이는 산업구조를 왜곡하게 되고 산업 간 연관 효과를 통한 조화로운 발전 메커니즘의 형성을 저해하게 된다.

둘째, 국가는 계획경제의 관리자이다. 국가의 모든 업무가 계획을 편제하고 집행을 관리하며, 계획에 필요한 자본, 노동, 원자재 등의 생산요소를 분배하는 역할을 한다(Kornai 1992, 114-116). 즉 경제와 정치가 분화되어 있지 않다. 생산요소의 관리를 위해 국가가 보다 세부적인 계획관리 체제를 구축하게 된다. 또한 새로운 산업과 업종이 생겨나면 이를 관리하기 위한 기구가 생기는 악순환이 반복된다. 따라서 국가기구는 비대화해지고 관료주의가 만연하여 '계획 합리성'이 점차 소멸되어간다.

셋째, 강력한 당-국가체제 통제와 이데올로기적 구속성을 갖는다. 중공업 위주의 사회주의 발전전략은 강제적 저축과 소비의 억제를 기반으로 한 동원적 축적메커니즘 하에 작동된다. 따라서 강제적 동원과 소비의 희생을 합리화하기 위한 강력한 이데올로기적 기제가 필요하게 되는데, 이러한 이데올로기는 종종 최고지도자나 당의 대한 충성 그리고 극단적 평등주의와 집단적 소유의 형식으로 전환된다(Kornai 1992, 18-22). 한편으로 당국가체제에서 관료의 선발은 전문성과 능력보다는 충성도나 출신성분이 중요한 기준이 되기 때문에 관료들은 적극적인 정책행위보다는 당의 공식적 방침과 노선에 수동적으로 반응하고 정책 일관성을 유지하기보다는 정치적 변화에 따라 민감하게 반응할 수밖에 없게 된다.

반면 사회주의하에서의 관료는 당 간부이면서 동시에 국가기구의 간부이기 때문에 당의 방침과 노선에서 벗어나는 정책의 입안이나 집행상의 중대 문제는 조직 내의 당조나 당위원회를 통해 일차조정이 되지만 각 부처 간 그리고 각 지역 간에 발생하는 이견은 상급 조직이나 당 중앙의 관련 계통(系統)을 통해 조정하도록 되었다. 특히 종합경제 부문, 중국의 경우 국가계획위나 국가경제위원회 등은 당 중앙의 경제 관련 부서나 중앙재정경제영도소조 등과의 직접적인 채널이 존재하기 때문에 전문 부문 간에 발생하는 의견의 차이를 조정하는 조정력이나 특정 정책을 수행하는 데 있어서 정책 실행력이 전문 부처보다는 높다고 할 수 있다. 이러한 점은 발전 국가 선도기구의 주요 역할 중 하나인 정책조정 역할을 수행하는데 있어 과거 사회주의 국가기구가 갖는 장점이라고 할 수 있겠다.

이렇듯 사회주의 시장경제로의 전환과 함께 중국 국가는 계획관리국가에서 발전 국가로 변화되었다. 여기에서 전환된 발전 국가의 특징을 살펴볼 필요가 있다. 먼저 발전 국가론에서 국가는 자율적 행위자로 간주한다. 즉 국가는 자신의 정책적 선호를 실행할 수 있는 힘을 가지고 있다는 것이다. 국가가 자신의 이해관계를 현실화하고 그 정책목표를 실현하기 위해서는 두 가지 요소를 갖춰야 한다. 첫 번째 요소는 국가의 자율성(autonomy)이며, 두 번째 요소는 국가의 능력(capacity)이다. 여기에서 국가의 자율성은 국가가 단순히 사회집단, 계급 등의 이해를 반영하는 것이 아니라 독자적인 목표를 가질 수 있는 역량을 의미한다. 그리고 국가의 능력이란 이러한 국가목표를 수행할 수 있는 조직적 능력을 의미한다고 할 수 있다. 즉 관료조직의 전문성과 이러한 전문성을 기초로 기존의 국가적 목표를 달성하기 위해 정책과 조직을 조정하고 각 부문 간 협력을 유도하는 한편, 변화하는 환경에 맞게 새로운 국가목표를 제시하는 능력을 말한다.

발전 국가론에서의 국가 자율성과 국가 능력을 강조하는 것은 경제에 대한 국가의 효율적인 개입의 전제조건이 되기 때문이다. 즉 국가는 구조적 측면에서 잘 발달된 관료기구가 강력한 정치적 후원을 기반으로 지배계급으로부터 상당한 정도의 '상대적 자율성'(relative autonomy)을 지닐 때에야 비로소 효율적인 기능수행이 가능하다고 할 수 있다(Skocpol 1985, 9-10.).[15] 하지만 이러한 자율성은 사회로부터 고립되어서는 확보될 수 없다. 사회와 끊임없이 상호작용하면서 그리고 사회로의 침투과정을 통해서 관철되어야 하는 것이다. 이런 의미에서 국가의 자율성은 '배태된 자율성'(embedded autonomy)라 할 수 있는 것이다(Evans 1995, 12-13).

국가의 자율성이 강하다고 해서 국가의 정책능력이 자연스럽게 높아지는 것은 아니다. 국가는 사회로부터 충분히 자율적이면서도 적절한 정책수행능력을 갖춘 조직과 정책수단을 갖추고 있을 때에 비로소 자율성과 함께 국가목표를 성취하는데 시너지 효과를 발휘할 수 있다. 따라서 국가의 능력은 국가가 사회의 여러 다양한 집단에서 분출되는 요구와 압력에서 자유롭게 독자적으로 행동할 수 있을 때에라야 성취가 가능하다. 만일 국가 능력은 없고 자율성만 강하다면 국민의 복지와 국민경제의 성장을 가로막는 약탈적 행위만을 하는 국가가 되며, 이러한 국가는 사회로부터 잉여를 추출하여 사적 이익을 위해 이용하는 '약탈 국가'(predatory state)

15_발전 국가에서의 관료는 경제적 지배계급으로부터 충원되지 않으면서도 고위직으로 승진하더라도 지배계급과 개인적, 경제적 유대관계를 맺지 않을 때를 '상대적으로 자율성을 지닌다'라고 할 수 있다.

라 할 수 있을 것이다(Evans 1995, 44-45).[16]

반면 발전 국가는 국가 자율성을 기반으로 투자를 통한 성장의 유인을 제공하고, 투자의 위험을 줄임으로써 전체 국민경제를 위해 국가 능력을 사용한다는 차이점이 있다. 따라서 국가의 능력은 약탈 국가와 발전 국가를 구별하는 중요한 구성요소라 할 수 있다. 국가 능력은 구체적으로 정책개발능력, 정책조정능력 그리고 정책환경조성능력 등을 말한다. 다시 말해 국가 능력이란 국가목표 달성을 위해 이러한 능력을 정책적 수단으로 활용하고 실행하는 능력이라고 할 수 있다. 따라서 발전 국가에서는 '유능하고 효율적이면서 조직적 응집을 지닌 국가기구와 관료'가 반드시 필요하게 된다. 이와 관련하여 다음 2부와 3부에서 발전 국가로의 중국적 경로가 갖는 특징을 신중국 성립 이후 20세기 말까지 중국의 경제기구와 관료가 어떤 과정을 거쳐 제도적, 인적 변화를 겪어 왔는지에 대해 중국 정치경제체제의 변환과정 속에서 탐색해 보고자 한다.

16_개혁개방 이전 중국의 계획국가를 약탈적 성격을 갖는 국가로 규정하는 의견도 있다(조성환 2000, 152-153) 그러나 본서에서는 당시 국가계획위를 중심으로 한 경제 관료들은 이전 국민당 시기보다 높은 전문성을 지니고 있었으며, 제1차 5개년 계획의 추진과정과 결과를 통해서도 알 수 있듯 국가 능력이 상당히 높았다는 점을 지적하고자 한다. 또한 계획경제하의 관료들이 사적인 이익을 위해 사회적 잉여를 편취(騙取)하지 않았다는 점에서도 더욱 더 그러하다.

제2부

계획경제 시기 중국의 계획기구와 경제 관료

4장

계획경제체제 확립 시기 국가계획위와 경제 관료[17]

Ⅰ. 중국 계획관리제도의 형성과 재정경제위원회 구성

소련의 사회주의 혁명 이후 사회주의 국가에서는 일반적으로 국가의 계획경제를 관리하기 위해 소련의 '고스플란'(Gosplan)[18]을 모방한 국가계획위라는 경제관리 핵심기구를 설립한다(Donnithorne 1964, 111-124; 馬敏 2000, 70). 중국 역시 1952년 11월 국가계획위를 설립하고 1953년부터 시작되는 제1차 경제개발 5개년 계획의 실시와 관리를 담당하게 하였다. 국가계획위가 설립되기 전인 1949년부터 1952년까지 신중국의 국가경제계획을 담당한 기구는 중앙인민정부 정무원 재정경제위원회(中央人民政府政務院財政經濟委員會, 이하 중앙재경위)이었는데 국가계획위는 이러한 중앙재경위 산하의

17_이 장의 내용은 서상민, 「중국 경제 관료 네트워크의 형성과정 연구: 1950년대 국가계획위를 중심으로」『중국과 중국학』 제22호(2014), pp.1-33을 수정 보완하였다.

18_고스플란에 대해서는 데이비스(Davies 1960, 286-306)를 참고할 수 있다.

재정경제계획국(財政經濟計劃局)을 기초로 설립되었다.

신중국 성립 이후 항일전쟁과 내전으로 피폐해 있던 국민경제를 회복하기 위해 「공동강령」(共同綱領)의 정신에 따라 설립되었던 중앙재경위는 1952년 국민경제의 회복 시기가 완료되고 사회주의 사회로 진입하기 위한 '과도기 총 노선'(過渡期總路線) 방침의 실행, 그리고 경제정책 전반이 급격하게 계획모델로 전환됨에 따라 그 역할과 위상이 급격하게 축소되었다. 이에 중앙재경위가 담당하고 경제업무는 점진적으로 계획 부문으로 흡수 통합되고 국가계획위의 기능을 보완하는 수준에 머물다가 1954년 폐지되게 된다. 그러나 중앙재경위는 국가계획위의 조직적 모태로서 계획위원회 성립에 커다란 영향을 주었으며, 이후 중앙재경위의 지도부와 국가계획위의 지도부가 밀접한 연관을 갖고 있기 때문에 이 기구의 성립 과정과 조직과 인적 구성에 대해 먼저 살펴보는 것이 필요하다.

신중국 국가기구는 1949년 10월 중국인민정치협상회의 제1차전체회의에서 통과된 「중화인민공화국중앙인민정부조직법」(中華人民共和國中央人民政府組織法)에 의거해 설립된 중앙인민정부 정무원(政務院)의 구성과 함께 차례대로 설립되었다.[19] 정무원은 국가 최고권력기관인 중앙인민정부위원회의 관할 하에 행정집행을 맡은 최고의 정책집행기관으로서 산하에 정치법률위원회, 재경경제위원회, 문화교육위원회, 인민감찰위원회 등 4개의 위원회를 두고 각 위원회별로 35개의 정부부서를 관할하는 체제로

19_중앙인민정부조직법은 1949년 9월 21-30일까지 개최된 중국인민정치협상회의 제1차전체회의에서 통과되었다. 이 회의에서는 정부조직법 뿐만 아니라 「中國人民政治協商會議共同綱領」, 「中國人民政治協商會議組織法」 등이 통과되었는데, 이 중에서 「中國人民政治協商會議共同綱領」(이하 공동강령)은 신중국의 대외 내외 정책의 기초를 규정하고 있으며, 사회주의로 진입하기 위한 초기 단계로서의 '신민주주의 사회'의 행정관리의 기본적인 법률과 규범 등을 제공하고 있다.

꾸려졌다(國家行政學院 2002, 25).[20] 따라서 중앙재정경제위원회는 신중국의 경제정책 전반을 관할하게 되는 역할을 부여받았다. 그러나 신중국의 재정과 경제정책을 전담할 기구를 설치하고자 하는 신중국 지도부의 방침은 이미 신중국 성립 전인 1949년 3월의 중국공산당 제7차 2중전회에 결정되었다. 이 회의에서는 중국공산당 중앙위원회 산하의 재정경제부와 화북인민정부(華北人民政府)에 설치되어 있었던 화북재정경제위원회를 통합하여 정부수립 이후 재정경제위원회를 설립하기로 결의하였고 조직의 임무와 구성에 관해서 류샤오치(劉少奇)가 「중앙재정경제위원회설립에 관한 대강」(關於中央財政經濟委員會設立大綱, 이하 「대강」)을 작성하였다(薄一波 1991, 69). 류샤오치가 작성한 이 「대강」에서는 중앙재경위와 하급기구의 설립과 대행정구, 성, 중대 도시에서의 재경위 설립 등을 요구하도록 규정하고 있다.

중화인민공화국 조직법에 의해 중앙재경위는 16개 경제부처의 활동을 지도하도록 되어 있는데, 행정부처인 부(部) 소속 기관에 대해 결의나 명령을 하달하거나 그 집행상황을 감사하는 등 경제정책과 관련된 최고의 의사결정기관으로서 각 부처 간의 의견을 조정하는 기관이다. 중앙재경위 내부조직 편성을 보면, 중앙재경위의 실무를 담당하는 판공청(辦公廳)과 소련의 경제 관련 법규와 이론 그리고 정책을 번역한 편역실(編譯室)이 있었으며, 직속 경제전문기관으로 경제계획국, 기술관리국, 사영기업국,

20_정치법률위원회(政治法律委員會, 主任: 董必武)는 내무부, 공안부, 사법부, 법제위원회, 민족사무위원회를 책임지고, 재정경제위원회(財政經濟委員會, 主任: 陳雲)는 재정부, 무역부, 중공업부, 연료공업부, 방직공업부, 식품공업부, 경공업부, 철도부, 우전부, 교통부, 농업부, 임간부(林墾部, 1951년 임업부로 개칭), 수리부, 노동부, 인민은행, 관세청을, 문화교육위원회(文化教育委員會, 主任: 郭沫若)는 문화부, 교육부, 위생부, 과학원, 신민총서, 출판총서를, 인민감찰위원회(主任: 譚平山)는 정부 기관과 공무원 감찰을 맡았다.

합작사업관리국, 외자기업국, 광산지질탐사국(鑛山地質勘探局), 기관기업관리국 등 7개의 전문 기관이 설치되었다. 이 중에서 핵심 기관은 경제계획국(經濟計劃局)인데 이는 회복기 국민경제건설에 필요한 제반 정책 방향과 계획과 관련된 주요 사항을 연구하고 정책을 마련하는 역할을 담당하였다. 경제계획국 내에는 주요 경제부처와 나란히 종합계획처, 재정금융계획처, 무역계획처, 중공업계획처, 연료공업계획처, 경공업계획처, 교통운수계획처, 물자공급계획처 등 중앙 부처와 협의할 수 있는 전문 처(處)가 설치되었으며, 계획에 필요한 데이터를 수립 분석하는 통계처(統計處) 외에 비서처(秘書處)와 기본건설계획처(基本建設計劃處) 등 13개의 처, 서(署), 회(會)가 있었다(曹應旺 2005). 이들 경제계획국 내의 처(處)는 정무원 산하의 부(部)와 대부분 중복되어 배치되어 있어 그 권한과 기능이 명확하지 않았다.

〈그림 2〉 정무원 중앙재정경제위원회 기구 구성

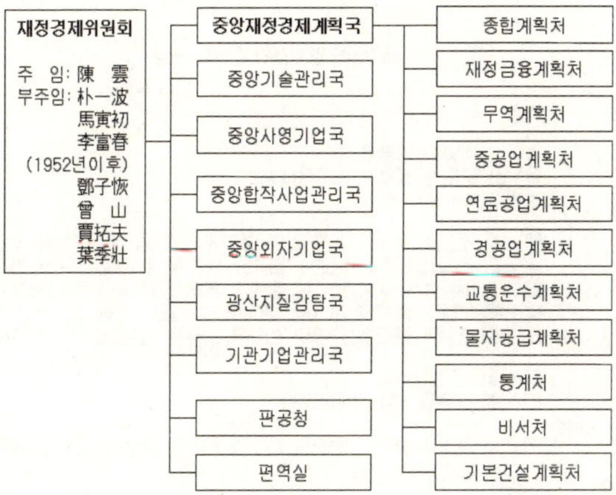

* 설명: 1951~1952년 당시의 재정경제위원회의 조직구성 중 중앙재정경제계획국을 중심으로 작성한 것임
** 출처: 何虎生(2003, 231-232)를 참고하여 필자 재구성

설립 당시 중앙재경위의 주임으로는 정무원 부총리 겸 중공업주장인 천윈(陳雲)이 임명되었다. 부주임으로는 재정부장인 보이보(薄一波)와 경제학자 마인추(馬寅初)가 공동으로 맡게 되었다. 이후 부주임을 시기에 따라 보충하였는데, 1950년 4월에는 리푸춘(李富春), 1952년 8월에는 쩡산(曾山), 자퉈푸(賈拓夫), 예지좡(葉季壯) 그리고 1952년 11월에는 덩쯔후이(鄧子恢)가 충원되었다. 그리고 1953년 9월 리웨이한(李維漢)이 1954년 6월에는 리셴녠(李先念)이 합류하여 비교적 규모가 큰 위원회 지도부를 구성하게 되었다. 1949년 10월 21일 열린 중앙재경위 첫 번째 회의에는 천윈을 비롯해 중앙정부 경제 부문 책임자와 각 행정구의 경제 책임자 등 총 49명이 참석하였다. 이들은 당시의 정무원의 구성이 그러하듯 공산당뿐만이나 각종 사회단체와 무당파(無黨派) 그리고 상공업자 등 다양한 출신성분을 가진 인사들이 배치되었다. 천윈이 이끄는 이 중앙재경위는 신중국 초기 경제 부문 최고의 경제전문가들로 구성되었다고 할 수 있을 것이다.

〈표 1〉 중앙재경위의 인적 구성

主 任	陳雲
副主任	薄一波, 馬寅初, 李富春, 曾 山, 賈拓夫, 葉季壯, 鄧子恢(1952~) 李維漢, 李先念(1953~)
委 員	陳 鬱, 黃炎培, 滕代遠, 朱學範, 章伯鈞, 李書城, 梁 希, 傅作義, 李立三, 南漢宸, 孔 原, 戎子和, 何長江, 錢之光, 宋裕和, 薛暮橋, 宋劭文, 曹菊如, 錢昌照, 孫曉村, 範子文, 鍾 林, 孟用潛, 冀朝鼎, 梅龔彬, 章乃器, 胡厥之, 盛丕華, 包達三, 俞寰澄, 冷 遹, 吳羹梅, 李士豪, 千家駒, 李民欣, 劉子久, 羅淑章, 陳淑通, 簡玉階, 候德榜, 胡子昂, 周蒼栢, 宋裴卿, 程子華, 李伯球
秘書長 副秘書長	薛暮橋, 宋劭文(1952~) 胡子嬰, 周榮鑫, 曹菊如, 徐壽軒
局 長	宋劭文, 範子文, 鍾 林, 薛暮橋, 孟用潛, 冀朝鼎, 許滌新, 王寅生, 譚錫疇, 鄧 潔
辦公廳 主任	徐壽軒

** 자료: 何虎生(2003, 231-232)을 참고해 필자 재구성

중앙재경위 주임을 맡은 천윈은 사회주의 경제건설 전문가로서, 1935년 소련으로 건너가 소련에 머물면서 1937년까지 소련의 경제모델에 대해 공부했다. 1944년에는 서북경제판사처(西北經濟辦事處) 부주임으로서 섬감녕변구(陝甘寧邊區)[21]의 재정경제 임무를 수행하였다. 1946년 이후에는 당시 중국의 중공업의 중심지라고 할 수 있는 동북지방에서 경제 책임을 맡은 행정위원으로 있으면서 동북지방의 경제부흥을 위해 소련식 경제건설모델을 적용하여 큰 업적을 축적하였으며, 이러한 경험과 정책적 성공을 평가받아 정무원 부총리와 중공업부장 그리고 재경위 주임을 맡게 된 것이라 할 수 있다(中共中央組織部 2004)[22]. 부주임인 보이보의 경우, 싼시성(山西省) 출신으로 싼시국민사범학교를 졸업하고 1925년 공산당에 입당, 싼시지방을 중심으로 하여 반군벌, 항일전쟁 과정에서 당조직과 군사활동에서 두각을 나타낸 인물이다. 국공내전 시기에는 류보청(劉伯承)이 사령원, 덩샤오핑이 정치위원이었던 진기예군구(晉冀豫軍區)의 부정치위원으로 활동했고 1948년 이후에는 중국공산당 중앙화북국(中央華北局) 제2서기(제1서기=류샤오치)와 제1서기를 거치면서 성장했다. 신중국 성립 이후에는 정무원 재정부장과 재경위 부주임을 겸임하게 된 것이다(劉賢俊 · 田爲本 1999, 396-405).

한편 부주임인 마인추는 비공산당원으로서 미국에서 경제학 박사를 받고 1929년 이후 국민정부 입법원경제위원회 위원장과 재정위원회 위원

21_변구(邊區)는 항일전쟁 시기 중국공산당이 통치하던 특별구역을 말한다. 특히 섬감녕변구(陝西, 甘肅, 寧夏의 변경지역)는 변구의 모델이라고 할 수 있는데, 1942~1943년 국민당의 경제봉쇄와 일본군의 침략에 대항하여 대규모의 생산 운동과 정풍운동 등을 전개하였으며, 마오쩌둥 숭배가 비교적 강했던 지역이었다.

22_이하 경제 관료와 관련된 인물정보는 2004년 中共中央組織部 中共中央黨史研究室이 편찬한 『中國共産黨歷屆中央委員會大辭典 (1921-2003)』을 참고하였다.

장을 역임하였으나, '4대 가족'에 대해 비판하였다 하여 체포되었고 장기간 구금된 바 있다. 이후 무당파(無黨派) 인사로서 공산당에 협력하였고 신중국 건국 이후 재경위 부주임과 베이징대학교 학장을 역임하였다(高增德 1983, 32-72). 1950년 4월에 중앙재경위 부주임으로 합류하게 되는 리푸춘(李富春)은 저우언라이, 덩샤오핑과 같이 프랑스 근공검학(勤工儉學)했던 유학파이다. 그는 1925년 모스크바 동방노동자공산주의대학에서 공부하고 항일전쟁시기 중국중앙조직부 부장, 재정경제부 부장, 중앙판공청 주임 등 주요 요직을 거쳐, 1945년 중국공산당 제7차 전국대표자대회에서 중앙위원으로 선출되었다. 이후 국공내전기 줄곧 동북지방을 중심으로 활동하였으며, 1946년 이후부터는 동북지구 재정공작에만 전념하였다. 신중국 건국 이후 천윈을 이어받아 중공업부장, 그리고 국가계획위 주임 등으로 오랫동안 활동하였다(中共中央組織部 2004, 325).[23]

다음으로 국장급 인사들의 인적 구성상의 몇 가지 특징을 살펴보면, 비서장과 사영기업 국장을 겸임한 쉐무차오(薛暮橋)는 마르크스주의 경제학의 권위자로 알려져 있는 인물이다. 그는 1943부터 1947년까지 산동성(山東省) 항일근거지에서 산동성 정부 상공업 국장을 지낸 바 있는 사회주의 경제이론과 실무에 정통한 인물이다(陳永富 1990, 365-374). 부비서장 중 차오쥐루(曹菊如)는 국공내전기에 동북은행 총경리와 동북재정위원회 비서장을 역임한 금융전문가이고, 쉬서우쉬안(徐壽軒) 역시 동북인민정부 위생부 제1부장을 역임한 바 있다. 이들 두 사람은 소련식 경제건설방식을 동북지방에 적용해 봤던 인물들이라는 특징이 있다. 이들은 천윈이나 리

23_1952년 8월에는 曾山, 賈拓夫, 葉季壯이 같은 해 11월에는 鄧子恢가 부주임으로 추가 임명되면서 1954년 중앙재경위가 폐지될 때 까지 주임 1명 부주임 7명의 체제를 유지하였다(何虎生 2003, 231-232)

푸춘과는 국공내전기에 같이 활동했던 바, 긴밀한 인적 네트워크를 형성하고 있었다고 할 수 있다. 반면 중앙재경위 재정경제계획국장인 쑹사오원(宋劭文)은 베이징대학교 경제학과를 졸업하고 국공내전기에는 류샤오치와 보이보가 제1서기, 제2서기로 있던 화북지방을 중심으로 활동했다. 쑹사오원은 화북재경경제위원회 비서장을 거쳐 중앙재경위 계획국장으로 발탁된 인물이다(中共黨史事件人物錄編寫組 1983, 639-950).

이 시기 중앙재경위의 인적 구성상의 특징으로는 첫째, 소련의 경제건설 모델을 직간접적으로 학습하고 이를 중국에 적용했던 인물들이 주축을 이루고 있다. 특히 당시 중국 최대의 중공업 지대라고 할 수 있는 동북지방과 베이징을 중심으로 하는 화북지방에서 활동했던 혁명 간부들 대부분이 신중국의 경제정책을 주도하고 있다는 점이 특징이라고 할 수 있다. 둘째로는 학계를 비롯해 민주당파, 사회단체, 상공업자 등 비공산당원들이 적극적으로 이 기구에 참여했으며, 마인추와 같이 국민당 정부에서 경제정책에 참여했던 인물들까지 포함되어 있다는 점이다.

신중국 성립 이후 중국의 중앙재경위의 역할은 내전과 항미원조운동(6.25 한국전쟁) 등으로 인한 재정적자를 해소하는 것과 폭등하는 물가를 안정시키는 것이었다(陳雲 1984, 82-85). 이를 위해 중앙재경위는 제일 먼저 재정경제의 전국적 통일을 추진하였다. 당시 1949년 4월에서 1950년 2월까지 4번에 걸친 전국적인 물가폭등이 있었으며, 물가가 매월 평균 46%씩 상승하였다(武力 1999, 179). 이러한 인플레의 원인은 구 국민당 정부의 과도한 통화발행에도 원인이 있으나, 신정부의 세수입과 재정지출의 심각한 불균형에도 한 요인 있었다고 할 수 있다. 장기간의 전쟁으로 인해 세수입은 줄어들었으나 계속되는 내전과 항미원조(抗美援朝) 등으로 인한 군사비의 지출은 줄어들지 않았고, 혁명과 전쟁으로 인한 실업자의 증가에 따른 실업자의 구제비용 그리고 900만에 이르는 막대한 공무원의 인건비 등을 지출하기 위해 계속해서 통화를 발행하지 않을 수 없었기 때문이다.

중앙재경위는 재정적자와 물가폭등의 방안으로 「국가의 재정경제공작 통일에 관한 결정」(關於統一國家財政經濟工作的決定) 초안을 마련하였다. 이 초안은 천윈이 기초한 것으로 1950년 3월 정무원을 통과하여 본격 시행되었는데, 「결정」 속에는 재정수지와 통화관리와 지출을 통일하고(統收統支), 재정권을 중앙에 집중해 그동안 해방국에서 발행해 왔던 통화발행을 통일하며, 국영기업관리를 중앙소유 중앙 직접관리와 중앙소유 지방위탁관리 그리고 지방소유 지방관리 등으로 3분하여 관리하는 안이 들어있었다. 그리고 중국인민은행을 국가금융관리 기구로 지정하는 것 등을 골자로 하는 회복기 정책도 제시하였다(房維中 1984, 40).

이러한 중앙재정위의 재정적자 해소와 물가안정을 위한 정책은 상당한 성과를 거두었다. 급격한 물가상승은 1950년 중반에 안정되기 시작하였으며, 1950년도 재정수지 또한 세입 62.5억 위안, 세출 68.1억 위안으로 적자규모가 대폭 줄어들었다(Lardy 1987, 152). 천윈은 1950년 4월 중앙인민정부위원회 제7차 전체회의에서 '재정상황과 식량상황'에 대한 보고에서 물가안정과 재정수지 균형 공작이 일정한 성공을 거두었다고 평가한 후 인플레를 잡기 위한 정책이 불황으로 이어져 사영상공업의 도산과 국민경제의 수요부족이 발생하고 있다고 진단하고 향후 중앙재경위는 공사(公私) 관계 조정, 노자(勞資) 관계 조정, 생산판매(產銷)관계 조정 등 상공업 부문의 조정에 역점을 두는 '상공업정돈'(整頓工商業) 정책을 실시한다고 보고하였다(陳雲 1984, 92-110). 이러한 보고에 따라 1950년 5월 중앙재경위는 전국 7대 도시 상공 국장 회의를 개최하여 상공업 정책을 재검토하고 사영경제의 축소와 계획경제의 확대 방향으로 점진적으로 이동하게 된다(武力 1999, 179).

1949년 이전 중국경제의 대부분은 국가자본과 관료자본으로 이루어져 있었다. 국민당 정부의 정부자원위원회(政府資源委員會, 위원장=蔣介石)에서는 전력공업 60%, 철강공업 90%, 제당공업 90% 등을 관리하고 있었으며, 교통운수의 대부분을 국가가 관리했다. 신중국 성립 후 중국공산당은 이들 '4대 가족'이 소유하고 있던 기업과 기타 관료소유의 기업을 몰수하였는데, 국가 및 지방은행 2,400여 곳, 공업기업 2,858곳, 철로 20여만 킬로, 자동차 4,000여 대, 객차 4,000량, 화차 47,000, 각종 선박 20여만 톤과 자동차 선박 제조기업 30곳 등을 접수하여 사회주의 국유기업으로 전환시켰다. 국가에 귀속된 기업들은 1950년 3월 '통일재경'(統一財經)이 추진되고 중앙소속기업, 중앙소속 지방관리기업, 지방소속기업 등으로 3분하여 관리된 이후 국영기업으로 편입되어 전체 경제에서 국영기업이 차지하는 비중이 1949년 9.5%에서 52년 26.9%로 증가되었으며, 상업의 경우도 국가가 담당한 부분이 전체 상업의 42.6%를 점하게 되었다(蘇星 1999, 188-189).

사영기업에 대한 지원정책도 동시에 진행되어 사영기업을 지원하기 위해 가공, 생산발주, 구입, 그리고 대출 방면에서의 적정한 조치를 취했으며, 사영기업에 대한 조세도 합리적으로 조정되었다(陳雲 1984, 92-110). 사영기업에 대한 정책은 중앙재경위 내에서 민주당파가 많이 모여 있었던 중앙재경위 사영기업국을 중심으로 하여 「사영기업투자 임시조례」(私營企業投資暫行條例)를 마련하고 사영기업 투자촉진과 국영기업과의 관계 등에 조치들을 시행하였다. 그 결과 1952년 중국경제는 취약한 초기경제 조건과 항미원조에 따른 막대한 국방비의 지출에도 불구하고 기본적으로 물가는 안정되었으며, 상공업 분야의 생산 또한 상당한 진전을 이루었다.

예를 들면 공업 총생산은 1949년에 비해 2배 이상 증가했으며, 농업생산액 역시 1949년 비해 1.4배 이상 증가하는 것으로 나타나고 있다. 또한 철강, 면화, 식량 등 농산품의 생산이 대폭 늘었으며, 공산품 역시 2배 이상의 생산을 기록하였다(謝明幹 · 羅元明 1990, 6).

II. 국가계획위의 설립 과정

국민경제가 점차적으로 회복되기 시작하자 마오쩌둥은 1951년 2월 중앙정치국 확대회의에서 "3년 준비, 10년 계획경제건설"이라는 비전을 제시하면서 1952년까지 '국민경제 회복기'의 각 부문 활동을 완료하고 1953년부터는 사회주의 공업화와 사회주의 개조를 위해 준비하자고 요구한다(薄一波 1991, 36).[24] 중앙정치국 확대회의에서 마오쩌둥의 이러한 요구에 따라 정무원은 1953~1957년간 실시될 「제1차 5개년 계획」(第一個五年計劃, 이하 「1 · 5계획」)의 편제에 돌입하였다. 정무원 내에 '편제공작영도소조'(編制工作領導小組)를 구성했고[25] 한편 중앙재경위원회의 중앙재정경제계

24_이러한 마오쩌둥의 생각은 '과도기 총 노선'(過渡期總路線)으로까지 이어진다. '과도기 총 노선'은 1952년 9월 24일 중앙서기처 회의에서 마오쩌둥이 최초로 거론하면서 사회주의 완성을 위한 과도기는 적어도 10~15년 필요하다고 점을 지적한다. 이어 1953년 6월, 중앙정치국 회의에서 '신중국 성립 이후 사회주의적 개조가 성취될 때까지는 과도기이며, 과도기시 당의 총 노선과 총임무는 적어도 10~15년에 국가의 공업화와 농업, 수공업, 자본주의 상공업에 대한 사회주의적 개조를 기본적으로 실현하는 것이다'라고 천명하면서, 이를 각 부문 공작의 등대로 삼아야 한다고 지적한다. 그리고 이 총 노선에 이탈하게 된다면 '우'(右) 또는 좌경의 오류를 범하게 된다고 주장한다(毛澤東 1977, 89).

25_편제공작영도소조의 구성원으로는 저우언라이, 천윈, 보이보, 리푸춘, 예룽전(聶榮臻), 쑹샤오원 등이 참여하였다. 소조가 꾸려지긴 하였지만 당시에는 전국경제정황에 대한 파악이 불충분

획국을 중심으로 계획업무에 착수해 1951년 5월 중국 최초의 전국적 계획이라고 할 수 있는 초보적인 수준의 '1952년 국민경제계획요점'(1952年國民經濟計劃要點)을 중앙재경위 계획국이 보고하였다. 이어 중앙재경위는 1951년 7월 '전국재경통계공작회의'(全國財經統計工作會議)를 개최하여 실효성 있는 계획안 작성을 위해 1951부터 1952년까지 각급 통계기구를 설립하기로 결정하는 한편, 같은 해 11월에는 중앙재경위 주최로 전국재경계획회의[26]를 개최하여 계획경제로의 전환을 위해 계획기구를 더욱 강화할 것을 결정함과 동시에 계획관리와 행정관리를 통합해 성급 중 · 대도시급 재경위가 이를 책임지도록 하였다(姚開建 陳勇勤 2003, 46-47).

이러한 조직적 편성에 대한 결정이 마무리된 후 중앙재경위는 1952년 1월, 「국민경제계획편성임시방법」(國民經濟計劃編成暫行方法)을 마련하였는데, 계획편성방법은 소련의 계획방식을 모델로 하여 작성한 것이었다. 즉 상급기관에서 하급기관까지의 생산목표 숫자를 제시하면 중앙재경위의 이러한 생산목표를 달성하기 위해 하급기관들은 생산계획을 작성하여 상급기관에 보고하고 상급기관은 이를 검토하여 하급기관의 계획을 비준하는 '위에서 아래로, 아래에서 위로, 다시 위에서 아래로 진행되는 이하일상제'(二下一上制)가 계획체계의 기본 골격이 되었다.[27] 이러한 계획방법은

하고 한국전쟁 전황에 대한 전망이 불투명하여 「1 · 5계획」의 초보적인 설계만 제출되는 실정이었다(姚開建 陳勇勤 2003, 52).

26_중앙재정경제회의는 국가계획위 설립이 이후 전국계획회의로, 2003년 국가발전개혁위원회의 설립과 함께 전국발전개혁회의로 전환된다. 매년 개최되는 계획과 관련 전국의 모든 조직이 베이징에 모여 전국회의를 여는데, 이 회의를 통해 각 부처 그리고 각 지역의 의견이 수렴되고, 협력과 조정방안이 제시된다.

27_'두 번 내려보내고 한 번 중앙에 올리는 이하일상제(二下一上制)'는 개혁개방 이후 이하이상(二下二上制)로 변화된다.

연차계획 뿐만 아니라 중앙재경위가 작성하여 공포한 「기본건설공작 임시방법」(基本建設工作暫行辨法)에도 동일하게 적용되었다. 이러한 계획방법에 따라 중앙재경위는 1952년 7월에 1953년의 중요 목표 숫자를 설정하고 같은 해 9월에 이를 경제 관련 각 부와의 회의를 거쳐 10월에는 중앙 각 부서와 지방 행정구에 목표 수치를 하달했다. 이에 중앙 각 부처와 행정구에서는 목표달성을 위한 계획편성이 전국적으로 시행되어 나갔으며, 계획편성을 위한 지방의 기구들도 동북지방의 '인민경제계획위원회'를 시작으로 전국적으로 조직되기 시작하였다(何健章 · 王積業 1984, 639).

이에 앞서 1952년 8월, 정무원 총리 저우언라이는 중앙재경위 주임 부주임 등과 함께 직접 「1 · 5계획」과 관련해 「5년계획 편제의 윤곽에 관한 방침」(關於編制五年計劃輪廓方針, 이하 「윤곽초안」)을 작성하고, 이를 중국공산당 중앙에 제출한다. 그리고 이것을 저우언라이, 천윈 그리고 리푸춘 등이 소련을 방문했을 때 스탈린에게도 제시되었다. 저우언라이를 단장으로 하여 소련을 방문한 중국 대표단은 「윤곽초안」에 근거한 경제건설 계획에 소련의 경제원조가 절실하다는 점을 강조하면서 스탈린에게 대규모의 지원을 요청했다(金沖及 1998, 53-54; 趙士剛 1997, 215). 하지만 1952년 11월 계획편제를 전담할 국가계획위가 설립되면서, 정무원-중앙재경위로 연결되는 「제1차 5개년 계획」 편제작업은 새로운 기구에 그 임무를 넘겨주게 된다.

중국에서 사회주의 계획경제체제의 심장부라고 할 수 있는 국가계획위 성립은 이와 같은 중앙재경위의 계획공작 과정을 통해 1952년 11월 중앙인민정부위원회 제19차 회의를 거쳐 결정되었다. 이 회의에서는 두 가지의 중요한 결정이 있었는데, 먼저 「대행정구 인민정부(군정위원회) 기구와 임무의 개편에 관한 결정」(關於改變大行政區人民政府(軍政委員會)機構與任務

的決定)을 통해 기존 지방행정 기관이 '대행정구인민정부'(東北)나 '군정위원회'(華東, 中南, 西南, 西北) 등으로 일률적이지 않던 것을 전부 행정위원회(行政委員會)로 변경하여 정무원이 각 지방행정위원회를 관리, 감독하는 행정의 일원화와 중앙집권을 강화하였다.[28] 둘째로는 「중앙인민정부기구 증설에 관한 결의」(關於增設中央人民政府機構的決議)를 통해서 '중앙인민정부 국가계획위'를 설치하여 「1 · 5계획」을 준비토록 하는 결정이 있었다.[29]

이러한 두 가지의 결정을 통해 행정조직적 측면에서 '신민주주의 경제체제'에서 '사회주의 계획체제'로의 전환을 위한 기반을 구축하게 되었다고 할 수 있는데 특히 새로 설립된 국가계획위는 행정최고기관인 정무원의 소속기관이 아니라 정무원과 동등한 위상을 갖는 독립조직으로 설립되었다는 점에서 경제 부문에서의 막강한 권한을 갖게 되었다. 당시 국가계획위는 '경제 내각'(經濟內閣)이라는 별칭을 얻을 정도로 경제정책을 종합관리 · 감독하는 신중국 경제건설의 총사령탑이 되었다(劉智峰 1998, 292). 국가계획위 설립에 따라 '국민경제 회복기'에 경제를 담당했던 중앙재경위는 우선 계획관련 업무부터 국가계획위로 이관하였다. 그러나 설립 당시 경제정책 전반을 관리할 조직적 정책적 능력을 갖추고 있지 못한 국가계획위로서는 일반 경제정책은 중앙재경위에 상당 부분 의존했고, 국가계획위의 중앙하부기관이 설치되는 1953년 2월에서야 경제 각 분야의 기능과 역할을 접수할 수 있게 되었다.

28_「中央人民政府關於改變大行政區人民政府(軍政委員會)機構與任務的決定」, 『江西政報』(1952年11期) http://www.cnki.com.cn/Article/CJFDTotal-HXZB195211008.htm(검색일: 2013. 2. 10.)

29_「關於增設中央人民政府機構的決議」『江西政報』(1952年11期) http://www.cnki.com.cn/Article/CJFDTotal-HXZB195211010.htm((검색일: 2013. 2. 10.)

III. 국가계획위 설립 초기 기구 및 경제 관료 편재

중앙인민위원회 19차 회의 결정과 함께 국계획위원회는 주임을 비롯한 부주임 그리고 12명의 위원 등 지도부를 임명하였다. 그리고 하부기관에 대한 조직편성은 1953년 2월에나 완성되었다. 국가계획위는 정무원과 독립되어 활동하는 기관이기 때문에 중앙의 하부기관은 정무원의 부처조직과 나란히 배치 · 구성되었고 중앙재경위 내의 재경경제계획국의 편재와 유사한 조직이 되었다. 국가계획위 초기 조직편성을 보면 중앙에 종합계획국, 재정금융계획국 등 16개의 전문 국(局)을 두고 있으며, 이러한 중앙의 편성에 나란히 정무원의 각 부처에는 계획사(計劃司)를, 지방의 각 행정위원회에는 계획처(計劃處), 중앙소속기업에는 계획과(計劃科)나 계획고(計劃股) 등이 설치되었다(姚開建 · 陳勇勤 2003, 47).

〈그림 3〉에서 보듯, 설립 당시 국가계획위 중앙기구의 편재는 중앙재경위의 재정경제계획국을 확대 개편하는 듯한 인상을 준다. 앞서도 지적했듯이 중앙재경위 재정경제계획국은 종합계획처, 재정금융계획처, 무역계획처, 중공업계획처, 연료공업계획처, 경공업계획처, 교통운수계획처, 물자공급계획처, 통계처, 기본건설계획처 등 경제 관련 10처를 중심으로 운영되었다. 반면 국가계획위는 중공업계획처를 제1기계공업계획국과 제2기계공업국으로 분산 배치하고, 새로이 노동임금계획국(勞動工資計劃局), 지방공업계획국, 농림수리계획국, 생산원가 · 물가계획국(成本物價計劃局), 문교위생계획국, 물자배분계획국을 신설했고 정무원의 부처와 나란히 배치하여 각 부처와의 긴밀한 협조하에 계획업무를 담당토록 하고 있다. 이러한 조직편성은 1954년 「54 헌법」이 공포되고 「국무원조직법」(國務院組織法)에 따른 국무원 조직배치가 바뀌면서 한 차례 더 커다란 변

화를 거친다. 그러나 설립 당시 국가계획위 중앙 조직은 중앙재경위원회의 조직적 특성이 여전히 많이 남아있다고 할 수 있으며, 국무원 국가계획위로 가기 위한 과도기적 조직편성이라고 할 수 있다.

〈그림 3〉 국가계획위의 설립 초기 기구편성

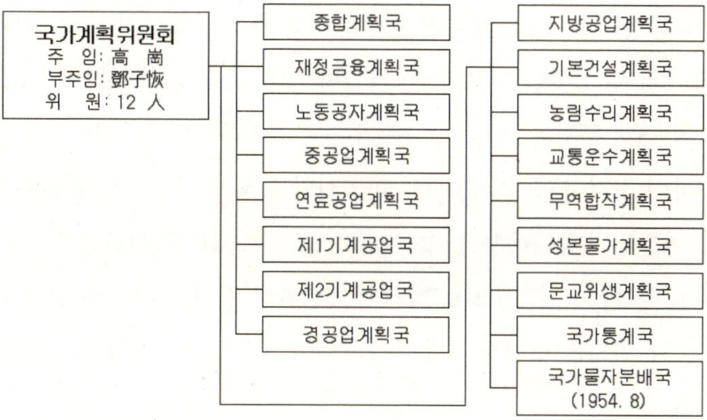

** 자료: 何虎生(2003, 229-230)에 근거해서 필자 재구성

국가계획위 설립 초기의 인적 구성상의 가장 큰 특징은 중앙재경위와는 다르게 순수한 경제전문가들로만 구성되어 있지는 않고 당과 군의 지도자들이 대폭 여기에 참여하고 있다는 점이다. 이러한 특징은 임명된 위원들을 살펴보면 더 분명하게 드러나는데, 그 원인은 정무원이 「공동강령」의 정신에 따라 구성된 중앙인민정부의 최고집행기관으로서 중국공산당 뿐만 아니라 민주당파, 기업인, 지식인, 사회단체 등 다양한 출신성분의 인사들과 함께 '민주연합정부'였던 점과는 달리 국가계획위는 정무원과는 독립된 기관으로 출발했으며, 기구의 역할이 「1 · 5계획」의 과도기 총 노선 하에 사회주의 공업화와 사회주의적 개조를 주도하기 위해 구성

된 기구이기 때문이다. 중국공산당은 이 기구를 통해 잔존해 있는 시장경제적 요소를 축소 내지 폐지하고 이를 계획경제로 전환시키는, 진정한 의미에서 사회주의적 개조를 위한 사령탑이라는 역할을 부여하였다는 인상을 준다. 즉 '신민주주의 혼합경제' 시기를 지나 '사회주의 계획경제'로 향하는 조타수(操舵手)로서의 성격을 갖는다고 할 수 있다.

「공동강령」의 정신에 따라 구성된 신중국 최초의 내각인 정무원은 〈표 2〉에서 알 수 있듯이 부총리 4명 중 2명, 그리고 각 부처 부장 11명, 그리고 정무원 35개 부처의 직속기관 104개 정부직위 중 49명을 비공산당 인사로 배치하여 철저히 공산당 인사와 비공산당 인사가 균형을 맞추도록 인사안배가 이루어져 있다(中國行政管理學會 2002, 24). 그리고 이러한 인사안배 원칙에 따라 핵심 경제부처였던 중앙재경위의 인사도 마인추 등을 비롯해 비공산당 인사들이 상당수 부주임과 국장 그리고 처장 등으로 발탁 배치되었다.[30]

〈표 2〉 중앙인민정부 인적 구성 중 비공산당 인사비율

직책	이름	비공산당비율
人民政府主席 副主席	毛澤東 朱德, 宋慶齡, 張瀾, 劉少奇, 高崗, 李濟深	3/6(50%)
政務院總理	周恩來	
副總理	董必武, 陳雲, 郭沫若, 黃炎培	2/4(50%)
秘書長	李維漢	

30_〈표 2〉는 제1기 중앙인민정부의 구성에 기초해 작성하였다. 비공산당 인사로는 인민정부 부주석으로는 宋慶齡, 李濟深, 張瀾이 비공산당 인사이고, 정무원 부총리로는 郭沫若, 黃炎培, 부장에는 朱學範, 章伯鈞, 李書誠, 梁希, 傅作義, 深雁冰, 馬敍倫, 李德全, 史良, 何香凝, 胡愈之 등이 비공산당 인사이다. 이들은 총 16명이다. 아울러 鄧小平은 1952년 8월 부총리에 임명된다.

部 長	謝覺哉, 羅瑞卿, 史良, 陳紹禹, 李維漢, 薄一波, 葉季壯, 陳雲, 陳鬱, 曾山, 楊立三, 黃炎培, 滕代遠, 朱學範, 章伯鈞, 李書誠, 梁希, 傅作義, 李立三, 南漢宸, 孔原, 深雁冰, 馬敍倫, 李德全, 郭沫若, 胡喬木, 胡愈之, 周恩來, 何香凝, 鄒大鵬, 安子文	11/31(35.5%)

** 자료: 何虎生(2003, 228-232); 中國行政管理學會(2002, 24)에 근거해 필자 작성

반면 국가계획위는 전적으로 공산당 인사로만 구성되었다(Li 2001, 33). 1952년 11월 임명된 주임과 부주임 그리고 위원 명단, 1953년 임명된 각 국의 국장들의 명단을 살펴보면 이 점이 더 분명해진다. 또한 위원들의 경력을 살펴보면 구성의 중심을 동북지방에서 활동했던 간부들에 두었지만 각 대행정구별로 균형을 잡아 안배되었음을 확인할 수 있다. 설립 당시 국가계획위 구성 간부 중 가장 큰 세력으로는 동북지방을 중심으로 활동했던 인사들 상당수가 참여하고 있다. 국가계획위 초대 주임인 가오강(高崗)은 중국공산당 동북국 서기, 동북인민정부 주석, 동북군구 사령관으로 동북지방의 '영수'(領袖)라고 할 수 있는 인물이다. 가오강이 초대 국가계획위 주임으로 임명된 배경에는 동베이지역의 책임자라는 것이 큰 작용을 했다고 할 수 있다. 앞에서도 지적했듯이 동베이지역은 해방 전후 중국의 최대의 중공업지역이었으며, 어느 지역보다 빨리 해방되고 내전이 종결되어 사회주의적 모델에 대한 실험을 조기에 할 수 있었고 경제회복 속도 또한 매우 빠른 편이었다(Lardy 1987, 153).

이러한 지역적 특성으로 인해 동북지방을 중심으로 경제건설 공작을 했던 천윈(陳雲)을 비롯해 리푸춘(李富春), 그리고 차오쥐루(曹菊如), 쉬서우쉬안(徐壽軒) 등은 중앙재경위에서 주임과 부주임 그리고 부비서장과 판공청 주임으로 활동하는 등 당시 중국의 주요 경제전문가들이 동베이지역의 최고의 실권자였던 가오강과 함께 근무했던 경력이 있었기 때문에 신설된 국가계획위의 주임으로 가오강이 최적임자라고 판되었을 것이다.

초기 국가계획위 간부 중 동북지방을 근거로 활동했던 인사는 앞서 지적했던 위원인 천윈과 함께 린뱌오(林彪), 안즈원(安志文) 그리고 1953년 부주임으로 발탁된 리푸춘 등이 있다. 이 중 천윈과 리푸춘은 중앙재경위의 요직을 담당하고 있는 경제전문가들로서 회복기 적지 않은 경제적 성과를 축적한 인사들이었다. 안즈원의 경우 역시 마찬가지이다. 안즈원은 1937년 항일군정대학을 졸업한 후 섬감녕변구와 중국공산당 서북국(西北局)에서 활동하다 항일전쟁 종결 후 중국공산당 동북국(東北局) 비서로 동북지방에서 활동을 시작한다. 이후 동북국 정책연구실 부주임을 거쳐 1949년 동북행정위원회 공업부 부부장을 거쳐 국가계획위 위원으로 발탁되었다(沈學明 · 鄭建英 2001, 246). 1953년부터 소련식 경제건설 모델에 따라 본격적으로 시작되는 '1 · 5계획'을 수행하는 데 있어 동북지방의 경험은 매우 중요한 것이었다.[31]

〈표 3〉 국가계획위 설립 초기 인적 편재

主任	高崗
副主任	鄧子恢 李富春, 賈拓夫(1953.9 -)
委員	陳雲, 彭德懷, 林彪, 鄧小平, 薄一波, 彭眞, 習仲勳, 黃克誠, 劉瀾濤, 張璽, 安志文, 薛暮橋 韓哲一(1954.8 -) 梁膺庸, 狄景襄, 劉星(1954.9 -)
秘書長	王光偉
局長	楊英傑, 倪偉, 宋平, 柴樹藩, 王新三, 張有萱, 孫泱, 胡明,

31_〈표 3〉를 보면, 1953년 9월 李富春과 賈拓夫가 부주임으로 추가 임명되었고, 1954년 8월, 화북행정위원회 재경위 부주임인 韓哲一을 위원으로 임명하였다. 그리고 1954년 9월, 楊膺用(중앙화북국 부비서장), 劉星(서남행정위원회 재경위 부주임), 狄景襄(서북행정위원회 재경위 부주임)이 일시적으로 위원에 임명되었다(中共中央文獻硏究室 1993, 132; 何虎生 2003, 226).

	宋乃德, 李斌, 顧大川, 葉林, 劉明夫, 駱耕漠, 邵筌麟, 薛暮橋, 韓哲一(1954.8 -)
辦公廳 主任 副主任	王光偉 梅行, 韓增勝

** 자료: 中共中央文獻研究室(1993, 132); 何虎生(2003, 226)에 근거 필자 재작성

이를 반영하듯 국가계획위 국장급 간부 중 양잉제(楊英傑), 왕광웨이(王光偉), 왕신싼(王新三), 쑨양(孫泱), 쑹핑(宋平), 니웨이(倪偉), 쯔수판(紫樹藩), 예린(葉林), 장유쉬안(張有萱), 류밍푸(劉明夫) 등이 동베이지역에서 경제 관료로 활동했다. 따라서 국가계획위의 설립은 동북지방 출신의 경제전문가들을 중심으로 하고, 각 지역의 당군간부 그리고 경제 분야 간부를 배치했다고 해도 과언은 아니다.[32] 반면 초기 국가계획위 인사 중 린뱌오와 연결시킬 수 있는 인물들이 다수 포함되어 있는 점이 흥미롭다. 린뱌오(林彪)는 동북지방과 관련이 있긴 하지만 동베이지역에서 경제공작보다는 군사 방면에서 활동했던 인물이다. 린뱌오의 경력을 보면 1945년 중국공산당 7전대에서 처음 중국공산당 중앙위원이 되었고, 이후 동북지방으로 부임해 동북만주연합군, 동북인민해방군, 제4야전군 사령관을 역임했으며, 1949년 6월 화중군구(華中軍區) 제1서기 겸 군구사령원(軍區司令員)으로 전임되었다가 화중군구가 중남군구로 변경되면서 중남군정위(中南軍政委)가 성립된 후 이 곳 주석을 맡는다. 가오강이 린뱌오 뒤를 이어 동북지방 최고 사령관이 되기 전까지 린뱌오는 동북지방의 군사 최고지도자였

32_전 국무원 총리로 주룽지(朱鎔基) 역시 대학 졸업 후 첫 근무지가 동북지방이었다. 주룽지 1951년 칭화대 전기과를 졸업한 후 곧장 동북인민정부 공업부에서 활동을 시작해서 공업부계획처 생산계획실 부주임을 거쳐 1952년 국가계획위가 설립됨과 동시에 국가계획위 연료공급계획국, 종합국 조장, 국가계획위 주임판공실 부처장 등을 거쳤다(中共中央組織部 2004, 1156).

다(沈學明 · 鄭建英 2001, 499). 중남군정위로 자리를 옮긴 후 린뱌오는 덩쯔후이(鄧子恢), 황커청(黃克誠), 장시(張璽) 등과 연결되었는데, 국가계획위 부주임을 맡은 덩쯔후이는 해방구를 중심으로 오랫동안 농촌경제 정책을 다루어 왔으며, 항일전쟁과 내전기를 거치면서 그리고 회복기 동안 토지개혁문제에 집중하였다. 이러한 업적으로 인해 1952년 중앙재경위 부주임에 임명되었고 중앙재경위에서도 회복기 농촌문제 해결에 많은 활약을 했다. 덩쯔후이가 중앙에 진출할 수 있었던 것은 자신의 능력과 함께 린뱌오의 영향이 컸다고 할 수 있다. 황커청과 장시 역시 린뱌오가 주석으로 있던 중남군구 행정위원회의 위원에서 국가계획위 위원으로 중앙에 진출한 사례라고 할 수 있다.

한편 화북지구에서는 당시 베이징시장을 맡고 있던 펑전(彭眞)과 화북행정위원회 주임이었던 류란타오(劉瀾濤), 그리고 중앙재경위 부주임이고 재정부장이었던 보이보(薄一波) 등이 여기에 속한다. 서북지구에서는 서북지구군정위원회 주석이었던 펑더화이(彭德懷)를 비롯하여 시진핑(習近平) 현 국가주석의 아버지인 군정위원회 부주임였던 시중쉰(習仲勳)이 있었다. 시중쉰은 서북지구에서 토지개혁위원회 주임을 맡아 활약했고 경제문제에 정통했다는 점에서 국가계획위의 위원으로 발탁되었다. 그리고 서남지구에서는 서남군정위원회 부주석 겸 서남군정위원회 재정경제위원회 주임이었던 덩샤오핑(鄧小平)은 1952년 8월 정무원 부총리로 임명된 이후 국가계획위 위원을 겸임하였다. 마지막으로 쉐무차오(薛暮橋)는 정통 마르크스 경제이론을 공부한 경제전문가로서 천윈을 도와 중앙재경위 비서장과 사영기업계획국장을 역임하면서 능력을 인정받아 국가계획위 위원과 국가통계국장에 임명되었다.

Ⅳ. 중국 사회주의 계획경제체제 확립과 경제 관료 네트워크

1. 「54헌법」을 통한 중국 사회주의 계획경제체제 확립

1954년 9월 제1기 전국인민대표대회(全國人民代表大會, 이하 전인대)에서 「공동강령」을 대체하는 사회주의 중국의 최초의 헌법인 「중화인민공화국헌법(1954)」(中華人民共和國憲法, 이하 「54 헌법」) 그리고 이전의 「중앙인민정부조직법」(中央人民政府組織法)을 대체하는 「국무원조직법」(國務院組織法)이 통과되면서 정부조직의 커다란 변화가 발생했다. 가장 큰 변화로는 정무원 산하에 있었던 정치법률, 재경경제, 문화교육, 인민감찰 등 4개 위원회를 폐지하고 1952년 11월에 독립기관으로 설립된 국가계획위를 국무원 산하의 위원회 중 하나로 개편하였다. 즉 계획업무를 국무원에서 직접 관장하며, 국가계획위는 국무원의 지시를 받아 계획업무를 수행하도록 변경되었으며, 국무원의 각 부서는 사회경제정책의 세부항목을 집행하고 하급기관들을 관리하면서 국가계획위의 계획업무에 협조하도록 규정하였다(中國行政學管理會 2002, 8).

「54 헌법」의 최대의 특징은 그동안 국민경제 회복기의 경제적 성과를 기초로 하여, 1953년부터 시작되는 「1 · 5계획」을 충실히 수행할 정치적, 행정적 체제를 갖추고자 하는 데 있다. 따라서 마오쩌둥이 제시한 '과도기 총 노선'은 이를 중심으로 사회주의 공업화와 사회주의적 개조를 통해 사회주의로의 진입을 위한 제도적 준비였던 것이다. 이는 1949년의 「공동강령」과는 매우 다른 맥락에 서 있다. 「공동강령」은 중국의 신정권 성격을 노동동맹 기초로 민주적인 계급이라고 할 수 있는 소자산가, 민족자산가를 포괄하는 인민민주정전(人民民主專政)으로 규정하였다. 그러나 「54

헌법」은 '인민민주주의통일전선'이 갖는 과도기의 임무를 긍정하면서도 "점진적으로 자본가적 소유제를 전인민소유제로 변화시켜 갈 것이다"라고 명시하고 있다는 점에서 '신민주주의' 단계를 마무리하고 '사회주의 단계'의 전환을 명백하게 선언한 사회주의적 성격의 헌법이라고 할 수 있다. 이는 정치협상회의를 권력기관에서 제외하고 단순히 '통일전선조직'으로 격하한 반면 이를 '인민대표대회'로 대체하였다는 점에서 더욱 분명해진다(袁瑞良 1994; 조영남 2000).

신중국 성립 5년 만에 중국공산당 지도부가 정치경제적 제도를 사회주의 계획체제로 급격하게 전환시킬 수 있었던 요인은 무엇인가? 먼저, 회복기 경제적 성과에 힘입어 경제건설을 위한 물자와 자금이 형성되었기 때문이었다. 앞에서도 지적했듯이 1952년 기본적으로 토지개혁이 완성되었고 중국의 농공업생산량은 종전의 최고 수준에 이르렀다. 철강재, 면화 등 경제건설에 필요한 물자의 자급률 또한 증가하였으며, 상업과 경공업 산업의 회복으로 인해 정부 수입이 큰 폭으로 증가해 만성적인 재정적자를 해소할 수 있었으며, 항미원조로 인한 막대한 군사비의 지출에도 불구하고 정부의 재정지출의 26.5%를 기본건설에 투자할 수 있었다(曾培炎 1999).

한편 사영공업들의 생산이 점차적으로 국가계획하에 흡수되어 갔다. 회복기를 거치면서 사영공업이 크게 성장하였지만 공업 총생산량에서 차지하는 비중은 오히려 하락하였다. 1949년과 비교해 1952년의 사영공업의 총생산량은 54%, 사영공업의 고용은 25%로 성장하였지만 총 공업생산량에서 차지하는 비중은 1949년이 비해 39%가 하락하였다. 그러나 사영공업 성장이 정부의 주문가공생산에 크게 의존한 성장이었고 사영공업의 자체 생산은 85%에서 39%로 크게 하락하였다(武力, 앞의 책 290). 특히

'5반운동'(五反運動)을 거치면서 사영공업의 정부 주문가공생산이 더 확대되면서 국가계획경제에 점차적으로 흡수되었다.

다음으로 농촌에서의 사회주의적 생산방식이 확대되었다는 점이다. 토지개혁이 완성된 1951년 9월 사회주의 과도기적 형태로 중국공산당 중앙은 「농업생산호조합작에 관한 결의」를 비준하고 이를 확대시켜 나가 1953년경에는 농촌에서 사회주의적 생산방식에 일정한 성과를 축적했다. 호조조(互助組) 운동은 중앙재정위원회 부주임인 덩쯔후이(鄧子恢) 등이 중심이 되어 추진하였으며, 강제적인 방식보다는 농민의 자발성과 상호이익을 원칙으로 하여 진행되었기 때문에 1952년 말에 40%가 넘는 농가가 이에 참여하여 계획경제로의 이행의 객관적 조건을 마련하였다(Meisner 1999, 91-220). 이와 함께 소련을 비롯한 동구 사회주의 국가들의 중국에 대한 경제원조 또한 '1 · 5계획'을 추진하고, 사회주의로의 급격한 전환을 가능하게 한 요인 중 하나라 할 수 있다. '1 · 5계획'은 소련과 긴밀한 협의를 통해 마련되었던 것처럼 초기 조건이 열악한 중국적 상황에서 소련의 적극적인 도움 없이는 이를 달성하기가 매우 어려웠다고 볼 수 있다. 소련은 중국 사회주의 경제건설의 모델로서 후발 사회주의 국가인 중국으로 하여금 시간과 비용을 절약할 수 있게 해주었다. 중국이 '1 · 5계획'안에 마련한 156개의 공업건설사업에 대한 기술과 장비 그리고 기초자료 등을 제공했을 뿐만 아니라, 38,000명 정도의 중국의 과학자, 기술자 그리고 노동자들을 불러 교육을 시켰으며, 직접 11,000명 정도를 중국에 파견하여 중국의 사회주의 경제건설을 지원하도록 하였다(Naughton 1991, 226-254; 沈志華 2003, 205).

'과도기 총 노선'에 따른 제도적, 전략적 준비로서의 「54 헌법」의 제정과 뒤이은 국무원의 설치는 계획중심의 경제관리를 위한 소련식 국가체제를 갖추는 것이었으며, 발전전략으로서의 중공업 우선의 성장을 그대로 따르고 있다는 점에서 의의가 있다고 할 수 있을 것이다(薛暮橋 1988; 林毅夫 · 蔡昉 · 李周 1996). 앞에서 언급한 바 있듯, 소련식 발전전략은 저발전국가의 '추격발전전략'적 성격이 강하다. 이 전략의 특징이라고 한다면, 경제성장 제일주의, 공업발전 집중화, 중공업중심의 경제성장, 고율의 저축 및 투자동원, 농업의 희생, 농업 및 기타 경제 부문의 제도전환, 생산기술의 자본집약적 방식 채택 등을 들 수 있다(Eckstein 1977, 31-65). 이러한 소련식 발전전략의 모방은 이를 관리하는 관료체제 역시 소련식의 관료체제를 모방하게 되어 중국의 행정체계도 대규모 확장 및 세부화가 필수적으로 뒤따르게 되었다. 1953년 8월 '과도기 총 노선'의 선언과 함께 확대되기 시작한 중국의 관료조직은 1953년 42개 기구에서 「54 헌법」이 발효되고 국무원이 설치되면서 64개로 급격하게 증가했으며, 그중 경제관리 부문은 1953년 21개였던 것이 1954년에는 14개의 기구가 새로 설치되어 35개로까지 세분화되었다. 이는 경제 분야에서 고도의 중앙집권적 계획경제를 추진하고, 부문관리와 업무별 상품별 관리기구를 별도로 두어 국가적 목표인 사회주의 공업화와 시장적 요소를 개조하여 계획경제에 흡수하기 위한 것이었다. 이로써 경제건설과 국가행정이 일체화되는 사회주의 전형적인 행정관리제도가 형성되었다(張立榮 1998, 108).

2. 계획경제체제 확립 시기 국가계획위 기능과 역할

1952년 11월 정무원과 동급의 독립기관으로 설립된 국가계획위의 최대의 임무는 '1 · 5계획'을 입안하고 실행하는 것이었다. '1 · 5계획'은 중국 사회주의 경제건설에 있어 최소의 중장기 계획이었기 때문에 매우 복잡한 과정을 거치면서 1955년 7월 제1기 전인대 2회의에서 통과되면서 확정된다. 이 과정에서 국가계획위는 독립기관에서 국무원 소속 기관으로 위상이 약화되었지만 이 계획과 관련된 실무적인 작업을 총괄하는 역할을 수행했다.

앞에서도 지적했다시피 제1차 5개년 계획은 이미 중앙재경위가 1951년경부터 작성을 시작하였고, 1952년 8월 저우언라이, 천윈, 리푸춘 등이 중국의 국내외 정치 경제 상황에 대한 분석과 5년 건설의 주요임무와 지도방침 그리고 주요경제지표를 담아 「윤곽 초안」의 형식으로 중국공산당 중앙에 제출했다(當代中國的計劃工作辦公室 1987, 14). 이 회의 상에서 중국공산당 중앙에 의해 제출된 「1953년 계획과 장기 계획 강요 편제에 대한 약간의 문제에 관한 지시」(關於編制一九五三年計劃及長期計劃綱要若幹問題的指示)에 따라 중앙재경위와 국가계획위, 중앙 각 부처 그리고 지방 대 행정구 계획담당자들이 모여 각 지방의 경제 상황에 따른 자원의 재분배와 기본 건설투자 등에 대한 토론과 함께 「윤곽초안」을 수정하였다. 이후 국가계획위를 중심으로 계획년도가 시작된 후인 1953년 6월에 소련에 이미 제출되어 있던 「윤곽초안」에 대한 소련 국가계획위와 경제전문가들의 의견을 받아 이를 참고하여 공업 부문의 연평균 성장 속도를 20%에서 14~15%로 하향 조정하고, 농업과 교통운수부문의 발전을 가속화 하는 방안을 추가하는 등 다시 한번 「윤곽 초안」에 대한 대폭적인 수정을 가했다(姚開建 · 陳勇勤 2003, 53).

이 같이 수정을 거듭하면서, 「윤곽 초안」에 따라 「1 · 5계획」이 개시되었고, 소련에 의한 지원 항목이 확정된 후 본격적인 경제건설이 진행되었다. 중국공산당 중앙은 상황발전에 대응하기 위해 1954년 4월 5개년 계획의 영도간부를 교체하기로 하고 천윈을 조장으로 하는 '5년계획강요편제를 위한 8인 공작소조'(編制五年計劃綱要八人工作小組, 이하 '8인 소조')를 구성했다. 이 소조에는 국가계획위 주임과 부주임으로 구성되었으며, 위원 외 외부인사로 중국과학원 부원장(中國科學院副院長) 겸 중앙농촌공작부부장(中央農村工作部副部長)인 천보다(陳伯達)를 특별히 포함시켰다. 이렇게 구성된 '8인 소조'는 국가계획위가 제출하고 소조에서 심사, 검토, 수정한 안인 「5년계획강요(초고)」(五年計劃綱要)를 6월에 마오쩌둥에게 제출하고, 마오쩌둥은 심사와 검토 후 당 중앙에 이를 회람시키는 것을 비준한다. 국가계획위는 당 중앙의 회람한 결과를 취합, 반영하여 『중화인민공화국발전 국민경제발전 제1개5년계획초안』(中華人民共和國發展國民經濟的第一個五年計劃草案)을 작성하여 '8인 소조'에 제출, '8인 소조'는 1954년 8월부터 17차에 걸친 회의를 개최하여 재차 수정해 초안작성의 1단계 작업을 종료했다.

이후 '8인 소조'와 국가계획위에 의해 완성된 초안은 중국공산당 지도부에게 제출되었고, 10월 마오쩌둥, 류샤오치, 저우언라이 등 당 최고 지도부가 광주(廣州)에서 한 달간의 수정작업을 통해 이를 중앙정치국회의에 제출하였고, 중앙정치국은 11월에 장시간의 토론을 거쳐 이를 중앙 각 부위(部委) 당조와 각 성, 시, 자치구 당위원회의 토론을 결정했다. 1955년 3월, 각 부위와 지방 당 조직의 토론결과를 반영하여 천윈은 중국공산당 중앙 전국대표대회에서 「국민경제발전 '1·5계획'에 관한 보고」(關於發展國民經濟的第一個五年計劃的報告)를 하면서, 초안작성과 관련된 당 중앙의 실무적인 절차를 마무리했다. 이후에는 제12차 국무원 전체회의를 거쳐 이 안을 통과시키고 전인대에 통과를 요청하기로 결정하였으며, 1955년 7월 제1기 전인대 2차회의에서 리푸춘(당시 국가계획위 주임)이 보고한 「국민경제발전 제1차 5개년 계획에 관한 보고』가 통과되면서 확정되었다(當代中國的計劃工作辦公室 1987, 72).

〈그림 4〉「제1차 5개년 계획」 성안(成案) 과정

국가계획위원회(중앙재경위원회) ▶ 8인공작소조(편제공작영도소조) ▶ 당 중앙 ▶ 당 전국대표대회 ▶ 국무원 ▶ 전국인민대표대회

1951년부터 시작된 계획안 작성이 이렇게 늦어진 이유는 일단 중국의 경제자원에 대한 조사와 관련 통계가 매우 부족해 각 부문과 지역의 경제상황과 계획목표가 맞지 않았으며, 다음으로는 미국의 봉쇄정책과 한국전쟁 그리고 국지적 내전 등으로 여전히 국내외 정세가 불안했고 소련이 제공하기로 한 156개의 건설항목 중 91개가 1953년 5월에 결정되었기 때문에 한편으로는 경제건설을 추진하면서 추진상황에 맞춰 계획안을 계속해서 수정하고 보완해야 했기 때문이다(Lardy 1987, 159). 또한 당내 정책갈등 역시 계획안을 늦춘 중요한 요인 중 하나였다. 이는 농업생산에 있어서의 집단화 문제와 연결되어 있는데, 류샤오치, 덩쯔후이 등의 농업정책 담당 간부들은 '선기계화 후합작화'를 주장한 반면, 마오쩌둥은 '선합작화 후기계화'를 주장하면서 장기간 농업 분야의 사회주의 개조와 관련된 정책갈등을 빚었다(宇野重昭 1989, 78-93).

3. 당내 권력투쟁과 경제 관료 네트워크 분화

농업정책에 대한 내부의 논쟁이 진행되고 있을 때, 신중국 건설 이후 최초의 권력 투쟁적 사건이라고 할 수 있는 '가오강 · 라오수스 반당사건'(高崗 · 饒漱石反黨事件)이 일어나면서 가오강이 주임으로 있었던 국가계획위의 위상 또한 약화되었다. 가오강 · 라오수스 사건의 발생은 그 이면에 과도기 총 노선을 둘러싼 정책갈등과 이를 이용한 '홍구'(紅區)와 '백구'(白

區) 출신 간의 권력갈등이라는 일면과 함께, 1953년 스탈린의 사망에 이은 중국 정치지도부 간의 마오쩌둥 이후 후계 구도를 둘러싼 갈등, 그리고 경제건설 과정에서의 중앙과 지방 간의 권한 충돌 등 여러 가지 요인이 있다고 할 수 있다(馬畏安 1991; 中國共産黨中央文獻硏究室 1990). 이 사건의 영향으로 인해 국가계획위가 독립기관에서 국무원 소속 위원회로 바뀌었으며, 1954년 국무원 조직 역시 정무원와 국가계획위로 계획과 행정이 이원화되어 있던 것을 국무원을 중심으로 행정과 계획이 통합되는 일원체제가 되었다. 이와 함께 그동안 국가계획위의 주임 역시 총리급에서 부총리급으로 하향 조정되었다.

그러나 1954년 11월 임명된 국가계획위의 인적 구성을 보면, 동북지방을 중심으로 활동했던 리푸춘을 비롯한 경제 간부들이 여전히 상당수 포진하고 있음을 알 수 있다. 이는 동베이지역 인맥의 '영수'라고 할 수 있는 가오강이 반당음모 사건과 연루되어 있음에도 불구하고 여전히 동베이지역 출신이 국가계획위에 남아 있을 수 있었던 것은 동베이지역의 경제 관료의 실질적 지도자가 가오강이 아니라 천원이었다는 것을 반증한다. 즉 1954년 국무원 설립 시 (선임)부총리에 임명된 천원을 정점으로 해서 부총리 겸 국가계획위 주임으로 임명된 리푸춘이 위원회의 부주임과 위원들 중간에서 이들과 밀접한 관계를 맺고 있었다고 할 수 있겠다.

〈표 4〉 국무원 국가계획위 인적 구성(1954. 11.)

主 任	李富春
副主任	張璽, 薛暮橋, 彭濤, 顧卓新, 韓哲一, 楊英傑, 駱耕漠
委員	王光偉, 王新三, 王逢源, 宋平, 宋養初, 胡明, 倪偉, 紫樹藩, 張有萱, 葉林, 劉明夫, 顧大川

** 자료: 國分良成(2004, 66)에 근거해 필자 재작성

〈표 4〉를 보면, 1952년 국가계획위에서 1954년 8월 위원으로 임명되었던 국가물자분배국장였던 한저이(韓哲一)를 포함하여 장시(張璽), 쉐무차오(薛暮橋)가 부주임이 되었으며, 국가계획위 선임 국장이라고 할 수 있는 종합계획국장 양잉제(楊英傑)와 원가와 물가계획국장(成本物價計劃局長) 뤄겅모(駱耕漠)가 국무원 소속 국가계획위의 부주임에 임명되었고 나머지 부주임인 펑타오(彭濤)와 구쭤신(顧卓新) 등은 지방에서 발탁된 인사들이다. 새롭게 위원으로 임명된 왕펑위안(王逢源), 쑹양추(宋養初), 후밍(胡明) 등도 새로 편성된 국을 맡았고, 그들 역시 지방 등지에서 발탁된 간부들이라고 할 수 있다(「新華月報」 1954/12, 4; 國分良成 1987, 70). 나머지 위원들은 전부 이전에 국장에서 위원으로 임명되었다. 특이한 점은 1952년 국가계획위와는 달리 부주임과 위원들이 담당 국장으로서 경제업무를 맡고 있다는 점이다.

국무원 소속 국가계획위의 인사 구성의 특징으로는 첫째, 여전히 동베이지역 출신들이 중요한 역할을 하고 있다는 점이다. 동북출신으로는 동북인민정부 부주석이었던 주임인 리푸춘을 비롯하여 부주임인 구쭤신(顧卓新), 양잉제(楊英傑), 위원인 왕광웨이(王光偉), 왕신싼(王新三), 쑹핑(宋平), 니웨이(倪偉), 장여우쉬안(張有萱), 류밍푸(劉明夫) 등이 있다. 구쭤신은 동북인민정부 경제계획위원회 부주임 겸 재정부장이었으며, 양잉제는 헤이룽장성(黑龍江省) 인민정부 부주석, 왕광웨이는 동북인민정부 통전부 비서장 겸 판공실 주임이었고, 왕신싼은 랴오닝성(遼寧省) 푸순시(撫順市) 인민정부위원이었으며, 쑹핑은 동북총공회 주석 겸 동북문화교육위원회 위원, 니웨이는 동북인민정부 재정부 부부장을, 장여우쉬안은 동북인민정부 공업부 기계관리국장, 류밍푸는 동북인민정부 계획위원회 부비서장 겸 무역부 부장대리 등을 역임하였다.

둘째, 1952년에는 국가계획위보다 경제 분야에 전문성 갖춘 인사들로 배치되었다는 점이다. 예를 들면, 펑타오(彭濤)는 서남군정위원회 토지개혁위원회 위원이었으며, 한저이는 화북행정위원회 재정국장,뤄경모는 화동군정위원회계획국장이었다. 또한 이들의 학력 사항 또한 주목할 만하다. 왕광웨이와 양잉제는 옌안 마르크스-레닌주의학원을 졸업했고, 쑹핑은 칭화대학, 장여우쉬안은 여순공과대학, 니웨이는 옌안중앙당교, 예린(葉林)은 상하이 통지(同濟)대학, 류밍푸는 상하이 푸단대학, 구쮜신은 베이징대학, 쑹양추는 베이징민국학원 등을 졸업한 당시로써는 학력 수준이 높은 인사들이 부주임과 국장을 담당하고 있었다고 할 수 있겠다.

한편 1955년 10월에 『중화인민공화국 국가계획위임시조례』(中華人民共和國國家計劃委員會暫行條例, 이하 「임시조례」)가 발표됨에 따라, 국무원 국가계획위는 22개의 경제 분야 담당국이 설치되었으며 여기에 판공청과 주임판공청 그리고 연구편집실이 추가되어 총 25개 기관으로 구성되었다. 「임시조례」에서 국가계획위는 국무원 지도 아래 연도별 국민경제발전 계획안 등 경제계획과 관련된 전반적인 업무를 주관하도록 되어 있다. 특히 분야별로 심사 총괄하는 종합성 계획국과 산업별 부문별 계획국을 따로 배치하고 산업별 담당국을 더욱 세분해 배치하고 있다는 점에서 1952년의 국가계획위보다 업무의 범위가 더 넓어졌고 세분화되었음을 알 수 있다. 그리고 종전에 국가계획위 하나의 국으로 배치되어 있던 통계국(統計局)을 소련의 모델에 따라 독립시켰다. 하지만 국가계획위가 요구하는 자료를 작성하거나 제공하도록 규정함으로써 국가계획위와 긴밀한 업무협력이 가능하도록 배치했다. 국민경제종합계획국은 각 연도별 경제계획에 대한 최종 초안을 작성하는 책임을 맡고, 국민경제장기계획국은 5개년 계획 등 장기 경제계획 초안을 작성하도록 하여 단기 계획과 장기 계획을 분리하여 작성하도록 하였다(國分良成 2004, 66).

〈그림 5〉 1955년 국가계획위 기구편성

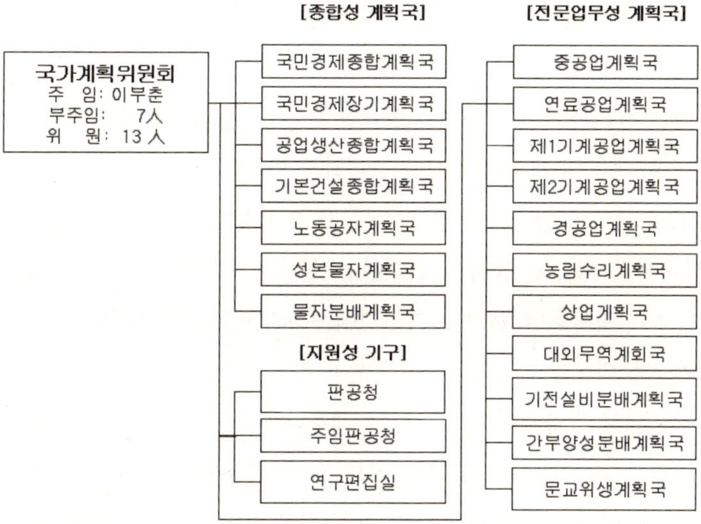

** 자료: 國分良成(2004, 66)에 근거해 필자 재작성

「1 · 5계획」안이 완성되어 전인대를 통과하면서 본격적인 경제건설이 시작됨에 따라 새로운 업무와 새로운 기능을 갖는 기구들의 필요성이 제기되었다. 국무원은 1955년 4월 지방국영기업과 공사합영, 합작사영, 전자공업을 전담할 제3기계공업부, 도시건설업무를 지도할 도시건설총국, 출국 노동자의 동원과 교육을 담당할 출국노동자관리국을 설립하였고, 1955년 7월에는 연료공업부를 석탄공업부, 전력공업부, 석유공업부로 나누는 등 행정조직이 더욱 확대되어 갔다. 또한 계획업무를 좀 더 세분화할 필요성이 제기되어 1956년 5월에는 제1기 전국인대 상임위원회 제4차 회의에서 「국무원소속 재경부문 조성기구에 관한 결의」(關於國務院所屬財

經部門造成機構的決議)를 통과시켜 장기 계획과 년도 계획 작성을 구분하고 있는 소련의 방식에 따라 국가경제위원회'(國家經濟委員會)를 설립하였다.

국가경제위원회의 설립과 함께 국무원의 관리하에 중장기 계획은 국가계획위가 담당하고 각 연도별 계획은 '국가경제위원회'가 맡아 계획의 작성과 관리를 책임지도록 하였다. 특히 국가경제위원회는 연도계획의 집행을 관리하고 국민경제의 열악한 환경을 개선하기 위한 방안을 제출하는 한편, 연도계획의 집행을 관리하는 범위 내에서 각 공업 부문 간의 협조 관계를 형성하고 중앙 각 부문을 조정하며 균형 있게 중앙과 지방 간의 생산계획 및 물자를 관리하는 임무가 주어졌다(國家行政學院 2000, 59). '1 · 5계획'이 끝나는 1957년경에는 국무원은 모두 81개 부문을 관리하게 되었다(任曉 1998, 105). 이를 통해 한편으로는 그동안 계획관리 전담 부서로서의 국가계획위의 위상이 국가경제위원회가 설립되면서 축소되었다고 할 수 있으나 다른 한편에서 볼 때, 국무원이 경제 관련 행정기관을 종합적으로 관리하게 되었다는데 더 큰 의미가 있다고 할 수 있다. 즉 '1 · 5계획'의 실시와 국무원을 중심으로 행정이 더욱 중앙집중화, 비대화, 관료화되었다고 할 수 있다.

V. 소결

국가계획위는 중국의 사회주의 성립과 함께 소련식 기구 모델을 따라서 설립되었다. 따라서 '경제 내각'이라 불리울 만큼 그 경제적 권한은 막강하였으며, 그 기구가 포괄하고 있는 범위 또한 전방위적이었다. 초기 국가계획위를 구성하는 주임과 부주임 그리고 위원들 또한 천윈, 리푸춘 그리고 쉐무차오와 같이 동북지방을 중심으로 활동했던 인민들이 소련식 경제발전모델의 전문가들로 구성되었다. 그러나 국가계획위는 소련식 모델의 발전전략을 바탕으로 중국식 발전 모델을 모색하는 대약진운동 시기 동안 권한과 역할이 대폭 축소되었고, 조정기를 거치면서 복원되었다가 문혁시기 전반적인 중앙정부 기구의 간소화에 따라 또 한 번 대폭 축소되었다. 그러나 문혁의 종결과 함께 재복원되는 과정을 겪었음에도 불구하고 국가계획위는 단 한 번도 폐지되거나 합병되지 않고 개혁개방 이전 20여 년간의 중국 사회주의 경제제체의 경제계획을 입안과 계획관리 그리고 경제정책 전반을 조율해 왔었다.

국가계획위는 기능과 역할에 있어서의 불연속성을 보인다. 마오쩌둥 체제에서 덩샤오핑 체제로 전환하는 과도기 시기 국가계획위는 경제회복을 위해 화궈펑의 지도하에 중공업 우선 발전을 통한 추격 전략인 '신약진' 정책을 주도하였고, 이후에는 천윈의 '조롱경제론'에 입각한 경제관리 역할을 담당하였으며, 1992년 이후 시장경제로의 전환과 함께 그 주요 역할은 시장기제를 활용한 거시경제 조절 역할로 점차적으로 전환되었다. 장쩌민 체제의 등장으로 신권위주의적 정치체제와 시장경제가 결합되면서 중국식 경제발전 모델로써 '동아시아 발전 국가' 모델 적용이 시도되고, 이 과정에서 국가계획위는 '선도기구'(pilot agency) 역할로 전환하게 된다. 국가계획위는 과거부터 담당해 온 중장기 계획수립은 물론이거니와 거시경제 조절 그리고 산업정책 수립 등 경제정책을 담당하는 종합경제관리 기구로 전환되었다. 중국의 국가계획위의 역할 변화 과정을 살펴보면, 신중국 성립 이후부터 개혁개방이 심화된 1997년까지 일정한 '경로 의존성'(path-dependence)을 보이다가 1998년과 2003년에 이르러 이전과는 다른 성격과 역할을 갖는 국가계획위로 전환되었다. 이 과정에서 국가계획위가 활용한 정책수단 또한 미시적 경제관리는 직접적 개입에서 정책수단을 통한 지도와 간접적 개입으로, 지령성 계획보다는 지도성 계획과 시장조절로, 그리고 거시경제 조절과 산업정책 등 유인과 규율에 중심을 두어왔다. 이와 같은 수단의 활용은 국가발전계획위를 거쳐 현재의 국가발전개혁위원회에서 더욱 강화되고 있다고 할 수 있다. 이러한 정책수단의 변화에도 불구하고 원래 국가계획위의 역할 중 하나였던 중장기 경제사회발전전략 수립과 관련된 기능은 계속해 왔으나, 산업정책과 산업기술정책 그리고 산업구조조정정책 등은 국가경제무역위로 이양되었다가 다시 국가발전개혁위가 넘겨받아 추진하고 있다. 한편 계획편제와 수정 그리고 부문 간, 지역 간 정책조정의 중요 수단 중 하나였던 전국계획회의 또한 전국발전개혁공작회의라고 명칭을 바꿔 여전히 개최하고 있다. 이는 계획경제하의 계획체계가 시장경제하에서 그 형식을 그대로 유지하고 있다는 점에서 선도기구의 중국적 특징이라고 할 수 있을 것이다.

5장

중국 사회주의 발전노선 정립과 국가계획위 관료[33]

Ⅰ. 중국 사회주의 계획발전노선 탐색 과정

'과도기 총 노선'이라는 슬로건 하에 진행된 「1 · 5계획」의 목표는 사회주의 공업화와 농업, 수공업 그리고 자본주의 상업의 사회주의적 개조에 두었다. 특히 「1 · 5계획」에서 중점적으로 발전시키고자 했던 것은 사회주의 공업화의 초보적인 완성을 이루는 것이었다. 소련이 지원한 156개 항의 공업방면 기본건설을 중심으로 투자하는 한편 계획 외의 694개 항의 기본건설사업을 더 추진해 원래 계획상의 총 투자액인 388억 4천700만 원(元)을 초과해 427억 4천만 원(元)이 투자되었다(曾培炎 1999, 53). 분야별 투자구성을 보면, 전체 투자액 중 공업이 58.2%, 운수 · 우편 19.2%, 농림 · 수리 7.6%, 과학연구 및 문교위생과 사회복지 7.1%, 도시공공사업 3.7, 무

33_본 장의 내용은 서상민. 「대약진운동 시기 중국 계획경제제도의 동학과 경제 관료: 역사적 제도주의 시각을 중심으로」, 『한국동북아논총』 74, (2015). pp 25-46를 수정, 보완하였다.

역 · 은행 · 물자저축 3.0%, 기타 1.1%로 나타나, 공업 분야에 집중적으로 투자되었음을 알 수 있다.[34] 기본건설에 대한 투자가 계획을 초과할 수 있었던 것은 국내 자본축적이 안정적으로 진행되었기 때문이다(中國國家統計局 1981, 17-18).

공업 분야 투자 중 중공업은 85%, 경공업은 15%가 투자되었는데, '1 · 5계획'의 중점투자항목인 156개의 프로젝트가 모두 중공업 부문에 편성되어 있었기 때문이다. 예를 들면 제1자동차 공장(第一汽車廠), 제1중기공장(第一重機廠), 뤄양트랙터 공장(洛陽拖拉機廠)에 대규모의 투자가 이루어졌으며, 철강생산과 관련된 야금업에 전체 중공업투자액의 21.9%가 투자되었다. 이러한 투자에 힘입어 「1 · 5계획」 동안 공업 생산액은 연평균 14.7%를 목표로 했으나 이를 초과하여 18% 성장하였다(中國國家統計局 1981, 18-19). 반면 농업 부문의 생산은 공업 부문에 비해 성장 속도가 빠른 편이 아니었다. 계획의 목표는 연평균 4.3%로 예상했지만 4.5% 성장에 그쳐 목표에 조금 웃도는 수준에 머물렀다. 이는 농업생산기술에 대한 투자가 이루어지지 못했던 측면과 자연재해와 정부의 졸속적인 농업정책으로 인해 농업생산에 차질이 발생했기 때문이기도 하다. 특히 신중국 성립 이후 정부가 추진했던 계획구매와 생산(統購統銷) 정책에 농민들이 충분히 적응하지 못한 상황에서 무리하게 실시되었으며, 과도기 총 노선과 함께 추진되기 시작한 농촌생산의 합작화가 지나치게 조급하게 추진되면서 생산증대의 유인을 주지 못했기 때문이기도 했다(李德彬 1987, 253).

34_Naughton에 따르면 이 시기에 중점대학과 연구소로 구성된 네트워크가 형성되었으며, 기술 및 직업훈련 학교들이 전국적으로 광범위하게 설치되어 장기 경제성장의 인적인 토대를 마련했다고 한 바 있다(Naughton 1991, 226-254).

〈표 5〉 1953-1957년 국민경제성장 속도

(단위: %)

	1952년 대비 1957년 성장률	연평균성장률
국민 수입	53.0	8.9
공업 총생산	128.6	18.0
농업 총생산	24.8	4.5

** 자료: 『中國統計年鑑』(1981, 17~20)을 필자 재구성

〈표 5〉에서 보는 바와 같이 「1 · 5계획」 기간 동안 국민 수입은 「1 · 5계획」이 시작되기 전인 1952년에 비해 53%로 증가하였으며, 공업 총생산 역시 빠른 성장 속도를 보여 공업 부문에서 사회주의적 기초를 마련할 만큼 발전하였다. 그러나 농업의 총생산은 다른 부문의 성장 속도에 비하면 매우 낮은 편이었다고 할 수 있는데, 이는 공업 부문의 성장이 농촌의 희생에 기반한 것이었다는 해석을 가능하게 한다. 급속한 공업발전을 위해 기본건설투자에 소요되는 막대한 자본 확보가 가능했던 이유는 국가가 부과하는 상대적으로 높은 농업세와 높은 공산품 가격으로 인한 높은 간접세, 그리고 낮은 가격으로 정부에 팔아야 하는 곡물의 할당량을 크게 늘림으로써 초기 자본축적을 이뤘기 때문이다(Lardy 1991, 161-162). 뿐만 아니라 급격한 공업발전으로 인해 도시의 인구는 급증하고 도시의 식량난이 심화되면서 농촌으로부터의 과도한 식량을 징발하지 않을 수 없었다. 따라서 산업 부문 간의 불균등 성장을 기록하게 되었다. 이러한 농업 희생 공업우선 발전전략으로 인해 당시 중국 농촌에서도 소요와 저항이 빈번하게 발생하였다.[35]

35_도시인구는 1950년에 비해 1953년에는 27%로 증가하였으며, 1954년에는 대수해로 인해 식량 생산량이 급감했음에도 불구하고 1953년도 매입량보다 3백50만 톤이 많은 4천5백10만 톤의 식량을 정부가 매입하였기 때문에 농촌의 식량부족이 심각한 지경이었다고 한다(陳雲 1995, 191-193) 이로 인해 농업집약 지역인 저장성(浙江省) 등지에서는 농민 소요가 발생하였으며,

이러한 경제적 문제뿐만 아니라 사회주의적 개조의 속도와 방향과 관련된 중국공산당 지도부의 갈등이 표면화되었으며, 논쟁이 종결될 시점에 이르러 사회주의의 급진적 진입을 모색하게 된다. 정책갈등이 특히 심각했던 이슈는 농촌합작화와 관련된 것이었다. 논쟁은 1954년의 식량난으로부터 시작된다. 덩쯔후이(鄧子恢)를 비롯한 농촌 부문의 활동 책임자들은 식량난의 원인이 농촌에서의 '성급함과 모진'(急躁冒進)에 있다고 본 반면 마오쩌둥은 농촌에서의 자본주의적 요소가 남아 있기 때문에 발생한다고 보았다. 따라서 해결방법 또한 달랐다. 덩쯔후이는 급조된 농촌에서의 합작화에 대해 우려를 표명하고 1955년 1월, 「농업생산합작사의 정돈과 강화에 대한 통지」를 통해 지역 실정을 감안해 계획의 축소와 기존 합작사에 대한 정돈 등을 지시하고, 4월에는 랴오닝성, 산동성, 하북성 등의 합작사를 축소하거나 해산하는 정돈을 단행하였다. 덩쯔후이는 '소농경제 현상을 변화시키려면 상당한 시간이 필요하며' 농촌에서의 사회주의적 개조는 대량의 농업기계나 비료공급이 가능하게 되었을 때에만 달성될 수 있는 것이라고 주장하면서 '선기계화 후합작화'를 주장하였다.

그러나 마오쩌둥은 농촌에서의 집단화의 실시는 농촌이라는 광대한 지역에서의 자본주의적 뿌리를 잘라내는 것이라고 주장했다. 농업공작부가 부유한 농민들만 신경 쓰고 가난한 빈농들의 이익을 외면하고 있다고 하면서 더 강력하고 빠르게 합작사를 추진해야 한다고 하면서 농업이 합작화가 되고 대규모 경영이 되어야 비로소 기계의 사용이 가능하다는 '선합작화 후기계화'를 제시한다(鄧子恢, 1953.7.22.). 그리고 1955년 5월 합작사 수를 100만 개까지 확대하라고 지시하고 7월 성·시 자치위원회 서기

합작사에 탈퇴하거나 가축을 도살하는 사건이 빈발하였다고 한다(Lardy 1991,.167).

회의에서 「농업촌합작화의 문제에 관하여」(關於農業合作社的問題)를 보고하였다. 이 보고에서 마오쩌둥은 "전국의 농촌에서 새로운 사회주의적 대중운동이 고양되고 있는데 일부 동지들은 마치 발이 작은 여인처럼 비틀비틀 걸으면서 너무 빠르다 빠르다 하며 불만만을 터뜨리고 있다"[36]고 덩쯔후이 등을 강하게 비판하였다.

이후 10월 제7기 6중전회에서 마오쩌둥의 보고를 기초로 하여 작성된 「농업합작화문제에 관한 결의」(關於農業合作社的問題決議)가 통과되었고, 이 회의에서 덩쯔후이는 자기비판을 하면서 합작화 문제를 둘러싼 당내 갈등은 봉합되었다. 이후 중공중앙은 농업과 수공업 분야에서의 합작화를 더욱 급속히 추진하기 위한 조치로 11월의 중앙정치국회의에서 「자본주의 상공업의 개조문제에 관한 중공중앙의 결의」(中共中央關於資本主義工商業改造問題的決議)를 채택하였다. 이로써 과도기의 정책목표였던 '1화 3개'(一化三改) 중 3대 개조인 농업과 사영 상공업 그리고 개인 수공업에 대한 사회주의적 개조가 급진전되게 되었다. 그 결과 농업의 경우 1952년 합작화라기보다는 협동농업에 가까운 호조조(互助組)[37]가 39.9%로 다수를 차지하고 합작화의 형태인 초급합작사(初級合作社)[38]는 0.1%에 불과하던 비

36_"在全國農村中, 新的社會主義群眾運動的高潮就要到來. 我們的某些同志卻像一個小腳女人. 東搖西擺地在那里走路, 老是埋怨旁人說:走快了, 走快了."(毛澤東 1977, 168-191)

37_십 여 개의 농가로 구성되며 협동노동과 생산재료의 공동사용을 원칙으로 하는 조직으로 토지와 생산재료는 개인소유이고 수확물 또한 개인의 소유이다. 이는 계절에 따라 조직되는 임시호조조(臨時互助組)와 그렇지 않은 매년호조조(常年互助組)가 있는데, 후자의 경우는 제한적으로 공유재산이 존재하기도 한다(綦好東 1998, 77).

38_집단적 경제조직으로 토지의 소유는 개인이나 이를 대형 농기구나 농경용 가축 등과 함께 합작사에 공동출자하고 통일적으로 관리하는 준 사회주의적 조직이다. 집단노동과 노동에 따른 분배가 원칙이며, 가정부업이 허용되었고 소규모의 생산도구나 과실수 그리고 가금류의 소유가 허용되었다(綦好東 1998, 77).

율이 1956년에 와서 고급합작사(高級合作社)[39] 87.8%, 초급합작사 8.5%로 4년 만에 기본적으로 합작화가 완료되었으며, 수공업의 경우 역시 1957년에 92.9%가 합작화되었다(蘇星 1980, 156). 이렇게 농업과 상공업 부문에서 합작화로 인해 사회주의 진입이 눈앞에 보이자, 마오쩌둥은 나머지 하나의 목표인 사회주의 공업화(工業化)를 위해 일로매진하게 된다.

II. 대약진운동 시기 당내 노선 갈등과 경제 관료

사회주의 경제건설과 관련하여 결합되기 쉽지 않은 두 가지 정책 대안이 공존하면서 경쟁하고 있는 국면이 조성되었다. 하나의 대안은 차질 없는 공업화 추진을 위해 농촌은 도시에 안정적 식량 공급의 배후기지가 되어야 한다는 입장이었고, 한편으로는 농촌에서의 사회주의 개조는 선후를 따질 수 없는 중국 사회주의의 근간이라는 주장이 서로 맞섰다. 결국 1955년 10월, 제7기 6중전회에서 마오쩌둥의 「농업합작화문제에 관한 결의」(關於農業合作社的問題決議)가 통과되고 덩쯔후이가 자기비판을 하면서 합작화 문제를 둘러싼 당내 지부 간 갈등은 일시적으로 봉합되었다. 그리고 「자본주의 상공업의 개조 문제에 관한 중공중앙의 결의」(中共中央關於資本主義工商業改造問題的決議)를 채택하면서 이른바 '3대 개조'(三改: 농업, 사영상공업, 개인수공업 개조)가 급진전되게 되었다.[40] 농업과 상공업 부문에

39_사유하고 있는 토지를 모두 합작사에 무상으로 편입시키고, 농사용 가축이나 대형 농기구는 합작사에서 정상가격으로 수매하지만 소규모의 농기구나, 가금류, 과실수 등에 대한 개인 소유는 허용되었다. 총수입 또한 노동에 따라 분배되었다(綦好東 1998, 78).

40_1952년 합작화라기보다는 협동농업 형태에에 가까운 호조조(互助組)가 39.9%로 다수를 차지

서 대대적인 합작화와 관련해 정책적 우위를 점한 마오쩌둥은 나머지 하나의 목표인 사회주의 공업화를 위해, 이른바 "우경기회주의자"들의 방식이 아닌 대중동원을 통해 성취하고자 했는데 이것이 바로 "대약진운동"(大躍進運動)이다(Teiwes & Sun 2016, 53-82).

"과도기 총 노선"에서 "대약진"에 이르는 과정의 권력 투쟁적 요인을 사상(捨象)하고 지극히 제도적 맥락에서 이 시기를 다루고자 한다. 본장에서 다루고자 하는 주요 문제는 중국 사회주의 하에서 어떤 제도를 정착시켜 나갈 것인가 하는 제도형성과 관련된 문제이며 결국 각각 다른 맥락을 가진 제도들을 지속시키고 지탱해줄 수 있는 제도의 행위자인 정치엘리트나 경제 부문 관료들 간 '관계' 등이다. 예를 들면 저우언라이를 비롯한 국무원 소속 지도부는 생산력의 향상이 곧 중국 인민의 실질적인 생활 수준을 높일 것이라는 보고 생산력 우선 전략, 도시중심 전략으로 중공업을 우선 성장시키고 그 다음 단계에서는 경공업과 농업을 차례대로 발전시켜 점진적으로 사회주의 발전 기반을 마련하려 하고자 했고 농업 부문을 책임지고 있던 덩쯔후이를 비롯해 류샤오치(劉少奇), 천윈(陳雲), 리푸춘(李富春), 덩샤오핑(鄧小平) 등이 이를 지탱해주고 있었다. 그러나 이러한 정부주도의 계획경제제도는 과도한 중앙집중화와 관료화와 같은 부정적 문제를 발생시킬 수밖에 없다(Lieberthal 1987, 87-105; Bachman 2006, 133-156).

그러나 마오쩌둥은 1·5계획이 이룬 경제적 성과보다는 이를 추진하는 과정에서 발생한 '부정적' 문제에 더 많은 관심을 보였다. 농업 합작화

하고 합작화의 형태인 초급합작사(初級合作社)는 0.1%에 불과했는데, 과도기 총 노선이 마무리될 시점인 1956년에는 고급합작사가 87.8%, 초급합작사가 8.5%를 차지하여 불과 4년 만에 농업에서의 기본적 합작화가 완료되었다. 수공업의 역시 1957년에 92.9%가 합작화되었다(蘇星 1980, 156).

논쟁 과정에서도 드러났듯 그는 관료 주도의 계획경제와 '관료주의'가 농촌 경제를 악화시키는 가장 큰 문제라고 진단했던 것이다. 그리고 1955년 이후 이 문제를 국정의 최우선 의제로 설정하는 데 성공했다. 비록 마오쩌둥이 중공업과 경공업, 중앙과 지방, 도시와 농촌 등의 동시적 발전을 주장하고 있지만, 과도한 공업 성장의 그림자에 쌓인 농촌에서의 사회주의 기반 확보에 더 집중했다. 그리고 도시나 공업 중심의 발전을 추진했던 중앙집중화되고 관료화되고 있는 정부 부문의 관료 그리고 당 외부에서 경제발전과정에 참여했던 학자와 전문가들이 지탱하고 있는 관료주도의 계획경제제도에 대한 견제를 시작했던 것이다(Teiwes & Sun 2016, 83-92).

과도기 총 노선 시기의 경제관리는 중국 사회주의 최초의 경제발전계획으로써 신중국 계획경제와 관련된 "제도형성"의 과정이라고 할 수 있다. 정책의 목표와 실행과정 그리고 정책의 우선순위와 속도를 둘러싸고 어떤 제도를 만들어갈 것인가 하는 논쟁이 '모진'(冒進)과 '반모진'(反冒進)으로 나타났으며, 구체적으로 정책아이디어와 정치엘리트 간 경쟁으로 현실화되었다고 할 수 있다. 현실을 고려해 안정적으로 경제를 운영함으로써 인민의 먹고사는 문제를 해결하자는 "반모진파"는 단계적이며 점진적인 산업 간, 부문 간 그리고 도농 간 균형발전을 모색하면서 객관적 조건에 대한 고려 없이 조급하게 성과를 거두려고만 하고 달성하기 어려운 높은 계획지표를 세워 이를 실현하려는 "모진파"가 국가 경제를 어렵게 한다고 비판했다(薄一波 1991, 532-533).

반면 마오쩌둥은 관료 중심의 계획경제제도가 인민의 의지로 현실적 장애를 극복하고 조기에 사회주의를 실현하는 데 있어 장애가 되고 있으며, 객관적 조건이 어렵다하더라도 옌안 시기의 '대생산운동'과 같은 대중운동에 의한 공업화가 충분히 가능하다고 봤다. 이른바 사회주의 경제전문가들은 이미 특권화되어 있고 관료화되었기 때문에 이들을 개조의 대상으로 인식했다. 이와 같이 제도를 구성하고 있는 이데올로기, 정책아이디어, 관료조직 등 사회주의 계획경제제도에 대한 각기 다른 맥락과 대안의 경쟁이 현실화되기 시작되었다. 이러한 갈등과 경쟁의 중심에는 당시 거대 경제 관료 기구였던 국가계획위가 위치해 있었다고 할 수 있다 (Teiwes & Sun 2016, 114-115).

중국 사회주의 건설방향을 둘러싼 "모진"과 "반모진" 논쟁이 진행되는 과정에서 1956년 9월에 중국공산당 제8차 당대회가 열렸다. 저우언라이는 정치보고를 통해 '1 · 5계획'이 성공적이었음을 자평하고 사회주의적 제도는 기본적으로 수립되었음을 천명하였다. 그리고 향후 사회주의 중국의 주요과제는 낙후된 생산력 제고와 인민의 물질적 요구에 부응하는 것이라고 제시하고 이를 실현하기 위해 "우경보수주의"도 경계해야 하지만 지나친 모진도 경계하여 각 부문이 균형 있게 발전할 수 있도록 건설방향이 수정되어야 함을 표명하였다.[41] 이어 발표된 「1958~1962년 제2차 5개년 계획 건의안」은 이러한 문제의식을 반영하고 있다. 「1 · 5계획」과 같이 중공업 위주의 공업건설을 추진하면서도 '점진적으로' 사회주의 개조를 완성하여 농업 분야에서 집체소유와 전인민소유제 구성을 확대, 공고히 한다는 목표를 세웠다. 즉 사회주의적 개조는 지속되어야 하지만 그 속도는 「제3차 5개년 계획」이 마무리될 시점까지 차분히 단계적으로 추진되어야 한다는 것이다.[42]

41_「中國共産黨第八次全國代表大會關於政治報告的決意」(1956. 9. 27.), 『建國以來重要文獻選編』 第九冊, (北京: 中央文獻出版社, 1994), p.347. "모진"과 "반모진" 논쟁과정에서 저우언라이의 역할에 대해서는 汪浩(2006, 141-145)를 참조.

42_"수요와 가능성에 근거하여 국민경제의 발전속도를 합리적으로 규정하고, 계획은 적극적이면

하나의 다른 흐름도 형성되었다. 8차 당대회에서 당과 정부 내의 관료주의와 주관주의는 대중들의 감독을 통해 처리되어야 한다는 주장이다. 이에 계획경제를 관리하고 있던 경제 관료들의 반발이 있었으나 1957년 2월 '백화제방과 백가쟁명'(鳴放) 정책이 '인민 내부의 모순을 올바로 처리하는' 주요 방법이며, 민주당파들과의 '장기공존과 상호감독'이 필요하다는 마오쩌둥의 연설을 계기로 '명방'과 '반관료주의'가 결합되면서 당과 정부의 '관료주도'의 경제관리에 대한 비판의 강도가 강해졌다. 이 흐름은 「정풍운동에 대한 중국공산당 중앙위원회 지시」(中國共產黨中央委員會關於整風運動的指示)로까지 연결된다(新華月報編輯部 1999, 155). 여기에서 마오쩌둥은 지식인들의 비판을 활용하여 사회주의 계획체제 하에서 인민과 괴리되고 있는 관료주의를 공격하고자 했던 것이다. 그러나 '명방'(鳴放)은 양날의 칼이었다. 마르크스-레닌주의와 중국공산당에 대한 정면 비판으로까지 발전함에 따라(Teiwes 2017, 333-351) 마오쩌둥은 결국 지식인들과 민주당파의 협력을 통하여 사회주의의 건설과 관료에 대해 감시·감독하려는 시도가 실패했음을 인정하고 농민을 비롯한 인민대중을 이용한 보다 급진적인 방법을 모색하게 된다. 그 해결책이 바로 '3면 홍기운동(三面紅旗運動)'이었다(彭世畦 2005, 44-47).

3면 홍기운동은 총 노선(總路線), 대약진(大躍進), 인민공사(人民公社) 등 3대 운동을 결합한 자력에 의한 공업화와 농업발전의 병행추진 전략이라고 할 수 있다. 즉 이는 농민의 노동력을 조직화해 공업화 등 경제건설에 필요한 자본을 축적하고 자원을 조달하며, 농촌은 도시경제나 국가 예산

서도 온당하고 믿을 만한 기초 위에 세움으로써 국민경제의 비교적 균형 잡힌 발전을 보증해야 한다"(中國共產黨中央文獻硏究室, 1997, 236).

에서 자원을 끌어오지 않고서도 농민 스스로 동원을 통하여 자력갱생한다는 발전전략이었다. 이러한 발전전략은 계급 연합적 성격의 신민주주의 정치체제와 사영과 국영이 결합된 혼합경제체제로부터 사회주의 정치경제체제로 점진적으로 이행시킨다는 '신민주주의적 발전전략'을 포기하고 인민들의 혁명적 열의와 노동력을 동원하여 집단화와 국유화를 통해 급진적으로 사회주의로 이행한다는 '옌안공산주의적 발전전략'으로 전환하였음을 의미한다.[43]

Ⅲ. 노선갈등 중심에 선 경제 관료 네트워크의 분화

대약진운동이 발생하면서 국무원의 기능은 매우 축소되었다. 이는 당정관계가 당 일원적 지도체제로 전환되었다는 것을 의미하는 것으로 당으로의 정책 결정권이 대부분 넘어갔다는 것이다. 이는 「2 · 5계획」의 편제권을 둘러싸고 국무원과 당 간의 갈등에서 비롯되었다. 마오쩌둥은 「2 · 5계획」 편제와 관련해 당의 입장을 대변하였고, 대약진운동을 거치면서 정책 결정이 사실상 당의 수중으로 들어갔다. 이런 이유로 당의 사무기구는 대폭 확대되었으며, 국무원 각급 기관에 대한 직접적인 집행관리와 감독이 이루어졌다. 당 사무국은 정치국이나 정치국 상위의 결정과 지시를 국무원의 당조(黨組)나 당 위원회에 전달하고 이를 감독 · 관리함으로써 행정 전반이 당의 지도하에 편입되는 현상이 발생하여 당과 정부의 기능과

43_중국 사회주의에서의 두 가지 역사적 유산이라고 할 수 있는 '신민민주의 전통'와 '옌안공산주의 전통'이 갖는 특성과 원리 그리고 영향에 대해서는 서진영(1997, 23-26)을 참조할 수 있다.

업무 그리고 인적 구성의 중복은 물론이고 중앙에서부터 지방에 이르기까지 모든 행정적 업무와 권한이 당에 귀속되었던 것이다. 이는 당이 행정을 대신하는 '이당대행'(以黨代行)이 보편화되어 갔다(中國行政管理學會 2002, 180-182). 따라서 국무원과 정부 기구는 당의 정책적 결정을 집행할 시에도 중국공산당 중앙판공청에 협의하여 집행하는 등 단순히 정책 수행기관을 벗어나지 못하였다. 당과 정부의 업무가 불분명해지면서 책임이 불분명해졌으며, 1966년 78개이었던 국가기구가 1970년에는 절반에도 못 미치는 32개로 대폭 축소되었다.[44]

대약진이 개시되기 전인 이 시기 국가계획위 고위 관료의 인적 구성은 1954년 11월의 국무원 성립 시와 크게 다르지 않았다(中國行政管理學會 2002, 180-182). 여전히 리푸춘을 주임으로 하여 몇 명의 부주임이 보완되고 새로운 위원이 발탁되는 등의 변화가 있긴 했지만 1954년 체제가 유지되고 있다고 할 수 있다. 인사변동을 살펴보면, 부주임이었던 한저이(韓哲一)는 1956년 5월 국가계획위 하나의 국으로 편제되어 있던 물자분배계획국이 독립하여 국무원 직속 물자공급총국으로 승격되면서 같은 해 11월 물자공급총국 국장으로 임명되어 부주임에서 제외되었고, 왕펑위안(王逢源)이 한저이를 따라 물자공급총국 부국장으로 전임하면서 국가계획위 위원에서 제외되었다(國分良成 1987, 70).

1954년 국무원 설립 당시 위원이었던 왕신삼(王新三)과 예린(葉林)은 1956년 국가경제위원회가 설립되면서 국가경제위로 이동하여 국가계획

44_1956년 81개까지 늘어났던 국무원의 부위, 직속기구, 판사기구 등은 1958년에 8개의 부위, 5개의 국무원 직속기관이 감소해 총 68개로 축소되었으며, 1959년에는 더 줄어 총 60개만 남았다. 국무원 기구수의 변화와 관련해서는 中國行政管理學會(2002, 168); 中國社會科學院公共政策研究中心 2001, 33)를 참고할 수 있다.

위의 위원에서 제외되었고 이들의 공석을 쑨양(孫泱), 위젠헝(餘建亨), 우준양(吳俊揚), 판무한(範慕韓), 가오윈핑(高雲屛) 등이 위원으로 임명되었다. 이들 중 쑨양은 동화대학(東華大學)를 졸업하고 일본 메이지대학(明治大學)을 나온 유학파로서 팔로군 정치부 선전부장과 동북군구 정치부 선전부장 겸 문화부장을 역임한 인물이며, 위젠헝은 중앙군사위 군사공업국과장과 천윈 비서를 거쳐 건국 후 동북반적공업관리 부국장으로 있다가 국가계획위 공업생산종합계획국 국장으로 발탁되어 중앙에 진출하였다. 그리고 우준양(吳俊揚)은 옌안 마르크스-레닌주의학원을 졸업하고 동북민주연군총사령부 직속 전기공장 부정치위원을 거쳐 건국 후 리푸춘 주임의 판공실 주임을 거쳐 국가계획위 국민경제계획종합국 국장을 맡았으며, 판무한(範慕韓)은 베이징대학을 졸업하고, 섬강령변구(陝甘寧邊區) 공업국과장을 거쳐 동북군구 공업재료처 처장과 군공업국 부국장 등을 지내고 국가계획위 군공업국 국장으로 들어왔다. 마지막으로 가오윈빙(高雲屛)은 옌안대학비서장, 중앙교육출판사 비서장 등을 거쳐, 국가계획위 문교국 부국장으로 국가계획위에 들어와 문교국 국장이 되었다.[45]

1957년 초에 약간의 변화가 있었는데, 후밍(胡明)과 장유쉬안(張有萱)이 위원에서 해임되고 니웨이(倪偉), 쑹핑(宋平), 쯔수이판(紫樹藩), 류밍푸(劉明夫) 등 4인이 부주임으로 승진하였다. 이들 국가계획위 고위 관료들의 특징은 비교적 학력이 높았고, 주로 동베이지역 출신의 경제전문가들이었다는 것이다. 특히 쉐무차오와 같이 학계에서 계획경제를 전공했던 학자와 경제전문가들이 국가계획위 고위 관료로 발탁되었다. 그러나 대약진

45_이들 고위 관료의 인적정보는 中共中央組織部(2004) 자료와 바이두(www.baidu.com) 검색을 활용한 내용이다. 이후에 등장하는 관료들 역시 같은 방법을 통해 정보를 수집하였다.

운동이 본격적으로 시작되는 1958년 이후 국가계획위의 권한과 위상 그리고 역할에는 상당한 변화가 있었다.

〈표 6〉 국가계획위 인적 구성(1957. 11.)

主 任	李富春
副主任	張 璽, 薛暮橋, 彭 濤, 顧卓新, 楊英傑, 駱耕漠, 王光偉, 宋 平, 倪 偉, 紫樹藩, 劉明夫
委 員	宋養初, 顧大川, 孫 泱, 餘建亭, 吳俊揚, 範慕韓, 高雲屏

** 자료: 國分良成(1991, 70)에서 재인용

중국 계획체제의 변화는 1958년 9월 중국공산당 중앙과 국무원이 공동으로 발표한 「계획관리체제 개선에 관한 규정」(關於改進計劃管理體制規定, 이하 「계획관리개선규정」)에 따라 진행되었다.[46] 「계획관리체제개선규정」에서 제시한 계획관리체제는 '통일계획'(統一計劃), 분급관리(分級管理), 협력강화(加强協作), 공동책임(共同負責)라는 원칙 하에 지역 간의 종합균형을 위해 전업부문(專業部門)과 지역을 결합시키는 것을 기본으로 하고 있다. 즉 계획안 작성은 중앙을 통해 통일적으로 마련하되, 그것의 관리와 집행은 지방과 중앙부서가 공동으로 그리고 그 책임 또한 공동으로 하도록 하였다. 이는 중국공산당 당조와 당위를 중심으로 하여 수직적인 관리계통인 '조조(條條)'와 지역 간 수평적 협력관계인 '괴괴(塊塊)'의 결합을 시도한 제도라 할 수 있다. 이는 마오쩌둥의 「십대관계론」에서 제기했던 인민대중에게 실질적 권한을 이양함으로써 그들의 자발성과 적극성을 통해 사회주의 건설에 활용하자는 정신과도 부합되는 것이었다(毛澤東 1977, 267-

46_「國務院關於改進計劃管理體制的規定」 http://cpc.people.com.cn/GB/64184/64186/66665/4493224.html(검색일: 2014. 3. 6.)

288). 이 규정에 따라 중앙정부는 첫째, 중앙 소속 기업의 관리를 지방에 이양하였으며, 둘째, 국가계획위에서 담당하던 계획관리 권한 그리고 셋째, 기본건설항목심사권과 노동관리권, 넷째, 재정과 세입권 등을 이양하였다.[47] 그 결과 중앙정부 소속의 기업 단위는 1957년 9,300여 개에서 1958년 1,200여 개로 감소했으며, 중앙직속 기업의 공업 총생산액이 전 공업 총생산에 차지하는 비중 또한 1957년 37.9%에서 13.8 %로 대폭 감소하였다(武力 1999, 437).

특히 국가계획위가 관리하는 공업생산품이 1957년 300여 종에서 1959년에는 215종으로 감소되었고 공업생산액에서는 42%가 지방관리로 이양되었다. 중앙재정이 직접 징세하는 비율도 40%에서 20%로 감소했다. 이리하여 중앙재정지출의 80%를 지방으로부터의 상납에 의존할 수밖에 없게 되었다. 중앙의 국가계획위가 관리하던 물자(統配物資)와 중앙 부처가 관리하던 물자(部管物資)는 75%가 감소되어 532종 중 132종만 남게 되었다. 또한 지방 스스로 계획 외의 건설항목을 추가하여 1958년의 중 · 대형 프로젝트가 1,589개, 1959년에는 1,361개, 1960년에는 1,815개로 폭증하였다. 이는 매년 '1 · 5계획'의 총 건설 항목 수를 넘어서는 것이었으며, 총 건설투자액도 1960년에 3백89억 元으로 1957년에 비해 2.7배 증가하였다. 또한 노동력 관리 권한이 지방과 하부단위로 이양됨에 따라 노동자와 직원의 수가 대폭 상승하는 바람에 도시인구가 팽창하여 1957년 도시인구가 9천9백49만 명에서 1960년에는 1억 3천만 명으로 증가하였다(武力

47_이는 1957년 국무원이 반포한 「공업관리체제 개선에 관한 규정」(關於改進工業管理體制的規定), 「상업관리체제 개선에 관한 규정」(關於改進商業管理體制的規定), 「재정관리체제 개선에 관한 규정」(關於改進財政管理體制的規定) 등의 3개 문건에 의해 진행되었다(姚開建 · 陳勇勤 2003, 101; 中國行政管理學會 2002, 177).

1999, 456-458).

각 부문의 적극성을 촉진하여 사회주의 개조와 생산력을 향상시킨다는 기존의 경제건설의 목표와는 달리 대약진운동 시기에는 당정불분(黨政不分), 정기합일(政企合一), 정사불분(政社不分) 등이 전국적으로 실행되면서 고도의 행정 집중화가 진행되었으며, 자발성보다는 행정명령의 작풍(作風)을 조성하였다(中國行政管理學會 2002, 178). 표면적으로는 지방정부와 국영기업의 권한이 확대된 것으로 보이나 실질적으로는 당조나 당위를 중심으로 한 '티아오-티아오'가 이전에 중앙정부가 담당하고 있던 정책 결정권과 집행권을 확보함으로써 중국공산당으로의 고도의 집중화가 이루어졌다고 할 수 있다. 마오쩌둥식의 계획제도가 확립된 것이다.

인민대중의 혁명적 자발성에 의지해 농업과 공업의 사회주의적 개조로 공산주의로 진입할 수 있다는 마오쩌둥의 경제건설 전략은 농촌경제의 와해와 경제관리체제 전반의 혼란으로 이어져 사회적 혼란을 초래하였다. 아울러 소련의 경제원조와 기술자들의 철수 등으로 인해 대약진운동은 '대실패'로 마무리 되었다(MacFarquhar 1993, 112-113). 대약진운동의 실패는 마오쩌둥이 이끄는 중국공산당의 리더십에 대한 회의와 함께 중국공산당 내부의 심각한 노선갈등을 촉발시키는 결정적인 계기가 되었고, 결국 1959년 4월 마오쩌둥은 건강상의 이유로 국가주석직을 류샤오치에게 넘기고 스스로 2선으로 물러나게 된다. 류샤오치 저우언라이, 덩샤오핑을 중심으로 한 관료엘리트들이 대약진으로 혼란해진 경제관리체제를 재확립하기 위해 경제관리조직에 대한 재조정의 권한을 얻게 된 것이다. 이렇듯 1956~7년의 경쟁을 통해 대세를 확립했던 "모진파"의 정책아이디어는 「1·5계획」을 입안하고 실행했던 원래의 아이디어로 정책주도권이 넘어갔다.

계획제도의 재조정 정책에 따라 국가계획위는 경제재건과 관련된 계획수립 임무를 담당하였다. 대약진운동 종결 후에서도 여전히 국가계획위 주임을 맡고 있던 리푸춘은 1960년 7~8월 베이다이허(北戴河)에서 개최된 중국공산당 중앙위원회 공작회의에서 "정돈, 공고, 제고"(整頓, 鞏固, 提高)에 입각한 「1961년 국민경제계획」을 제출하고 이를 국무원에 회람했다. 이 계획안을 검토한 저우언라이는 이를 '충실'(充實)을 보완하여 '조정, 공고, 충실, 제고'(調整, 鞏固, 充實, 提高)라는 '8자방침'(八字方針)을 제출하고, 중공중앙은 같은 해 9월 30일 저우언라이의 '8자방침'이 반영되어 있는 「1961년 국민경제계획 (통제 숫자)에 관한 보고」(關於一九六一年國民經濟計劃(控制數字)的報告)을 하부기관에 전달하였다. 이 보고에서는 농업을 가장 우선적인 위치에 놓고 모든 생산 건설사업은 발전해 가는 과정 속에서 조정, 공고, 충실, 제고를 이루어야 한다고 지적하였다.[48]

국가계획위에서 마련한 이 경제계획조정안은 1961년 1월 8기 8중전회에서 정식으로 비준됨에 따라 시행되기 시작한다(姚開建 陳勇勤 2003, 91). 조정정책의 주요 목표는 농업생산의 회복에 있었다. 자연재해와 '공산풍'의 인민공사운동으로 인해 식량생산이 급감함에 따라 식량부족과 수천만 명의 아사자가 발생했고, 중공중앙은 1961년 5월, 「농촌인민공사공작조례」(農村人民公社工作條例, 이하 「농업 60조」)를 발표하고 농촌의 식량수매량을 대폭 낮추면서 인력 · 물자 · 자금 면에서의 농업에 대한 지원을 강화하였다.[49] 이를 위해 대약진운동 기간 폭발적으로 늘어났던 기본건설에

48_「關於一九六一年國民經濟計劃控制數字的報告」 http://cpc.people.com.cn/BIG5/64184/64186/66668/4493464.html(검색일: 2014. 3. 18.)

49_「農村人民公社工作條例」 http://cpc.people.com.cn/GB/64184/64186/66668/4493484.html (검색일: 2014. 4. 6.)

대한 투자와 중공업 생산을 축소하였으며, 1961년 9월 「당면 공업문제에 관한 지시」(關於當面工業問題的指示)에 이은 「국영공업기업 공작조례」(國營工業企業工作條例, 이하 「공업 70조」)를 통해 공업기업을 폐쇄, 합병하여 공기업 직원 수를 줄이고 도시인구를 감소시켜 도시의 식량난을 해결하였다.

국가계획위 리푸춘 주임은 1961년 8월, 국가계획위 중앙공작회의 석상에서 "대약진 기간의 활동 중 각 방면의 수요와 (생산)가능성에 대한 전반적인 고려와 종합균형에 대한 생각이 없었고 그럴만한 여유가 없었다"라고 하면서 "그 점에서 국가계획위와 국가계획위의 책임을 맡고 있는 저에게 책임이 없지 않다"라고 자아비판을 했다(李富春 1992, 271). 같은 해 9월 루산(廬山)에서 개최된 중앙공작회의에서 "종합균형에 대한 국가계획위의 주의가 부족했다. 공업방면의 편성에만 주의했지 기타 방면의 계획에 대해서는 주의하지 않았다"라고 하면서 각급 당 위원회는 계획업무의 지도를 강화하여 종합균형업무에 집중할 것을 중앙에 요구하고, 자신이 맡고 있는 국가계획위는 각 중앙의 국(局)에 대한 계획업무의 관리와 기관의 기능을 강화하고 성, 시, 자치구의 계획위원회의 업무관리를 강화하겠다고 하였다(李富春 1992, 283). 이를 통해 국가계획위는 그동안 당과 지방정부가 담당하던 업무를 재정비함으로써 계획제도의 중핵기관으로 전면에 재부상했다. 1961년 1월 기본건설의 일원화 지도 방침에 따라 대약진 운동 기간 기본건설정책을 주관했던 국가기본건설위원회가 폐지되어 국가계획위의 하나의 국으로 '복귀'했으며, 같은 해 10월에는 「계획공작 개선에 관한 몇 개항 규정」(關於改進計劃工作的幾項規定)이 중국공산당 중앙에서 비준됨에 따라 정식적으로 국가계획위의 권한강화가 결정되었다(中國共産黨中央文獻硏究室 1997, 744-754).

〈표 7〉 국가계획위 인적 구성(1962.10)

主任	李富春
副主任	李先念, 譚震林, 薄一波, 陳伯達, 鄧子恢, 宋劭文, 張 璽, 薛暮橋, 彭濤, 顧卓新, 楊英傑, 駱耕漠, 王光偉, 宋平, 倪偉, 柴樹藩, 劉明夫
計劃領導小組	李富春, 譚震林, 薄一波, 陳伯達, 鄧子恢, 程子華* 薛暮橋

* 청쯔화(程子華)는 1960년까지 상업부장을 역임하고 1962년 10월 현재, 국가기본건설위원회부주임에 임명되었다(何虎生 · 李耀東 · 向常福 2002, 280).

** 자료: 樊天順 · 趙博(1991, 159)에 근거해 작성.

이러한 국가계획위의 강화를 뒷받침하기 위해 인적 충원이 진행되었다. 〈표 7〉에서와 같이 1962년 10월 국무원전체회의 18차 회의에서는 국가계획위의 부주임으로 새로이 리셴녠(李先念), 탄전린(譚震林), 보이보(薄一波), 천보다(陳伯達), 덩쯔후이(鄧子恢), 쑹사오원(宋劭文) 등이 임명되었다. 리셴녠은 당시 재정부장, 탄전린은 국무원 농림판공실 주임, 보이보는 국가경제위원회 주임, 덩쯔후이는 당 농촌공작부장이었다. 이들의 직책에서도 알 수 있듯이, 주요 경제 지도자들이 국가계획위에 합류하면서 국가계획위의 지도체제가 확고하게 정립되었다(樊天順 · 趙博 1991, 159). 여기에서 주목해야 할 점은 덩쯔후이(鄧子恢)가 당 농촌공작부장과 국가계획위 부주임으로의 재등장과 천보다(陳伯達)의 부주임 임명이다.

대약진운동 개시 전 농촌합작화와 관련해 마오쩌둥과의 논쟁 이후 1956년 중국공산당 농촌공작부장에서 해임되었던 덩쯔후이가 마오쩌둥의 비서였으며 중앙정치국 후보위원이면서 『홍기』(紅旗) 총편집장인 천보다와 나란히 국가계획위 부주임에 임명되었다는 점에서 부주임 인선에서 마오쩌둥과 '조정파' 간의 균형이 작용했다고 할 수 있을 것 같다. 새로 임명된 부주임들은 국가계획위의 일상업무에는 참여하지 않았고, 대신에 1963년부터는 대부분 영도소조에 편성되었다. 새롭게 구성된 지도부를 중심으로 하여 국가계획위는 1962년 4월 중국공산당 중앙 내에 구성된 중앙경제영도소조(中央經濟領導小組)의 지도[50] 하에 조정기 경제업무를 진행하게 되었다.

IV. 소결

대약진운동이 중국 사회주의 경제 제도의 지속과 변화의 동학에서 어떤 의미가 있는지를 역사적 제도주의 시각으로 살펴보았다. 역사적 맥락이 다른 "병행 발생"(intercurrence)의 제도 간 자신을 유지하고 존속시키려는 속성이 경쟁하고 갈등과정을 가장 분명하게 보여주는 사례였다고 할 수 있다. 제도는 그 본질적인 특성상 자발적인 제도 변화 속성보다 유지의 속성이 훨씬 강하다. 왜냐하면 앞선 제도는 다음에 생긴 제도를 제약하고 역으로 새로 만들어진 제도는 어떤 형태로든 역사적 맥락을 유지하면서 연속성을 담지하고 제도가 일단 형성되면서 행위자 간 관계 역시 형성되고 이러한 네트워크는 제도가 파국을 맞지 않는 한 지속되기 때문이다.

1952년 소련의 모델과 자국에서의 경험을 기초로 하여 중국에서 계획경제관리 시스템이 확립되었다. 동시에 계획경제 부문의 관료제도 또한

50_조장 천윈, 부조장 리푸춘(국가계획위 주임)과 리센넨(재정부장), 조원은 저우언라이, 탄전린, 뤄루이칭(羅瑞卿, 중국공산당 중앙서기처 서기), 청쯔화(程子華, 국가기본건설위원회 부주임), 구무(穀牧, 국가경제위원회 부주임) 야오이린(姚依林, 상업부장), 쉐무차오 등으로 구성되었다. 이 당시 중앙경제영도소조는 경제영역의 비상사태대비 임시지도부라고 할 수 있다(陳雲 1986, 36).

등장하였다. 이렇게 형성된 제도는 이후 대약진운동 시기와 문화혁명 시기와 같은 제도환경의 큰 변화에도 불구하고 이데올로기, 정책 그리고 기구와 관료 등에서 변화를 제약하는 요인으로 작동하였다. 과도기 총 노선을 거쳐 대약진운동 그리고 문화혁명과 이후 개혁개방에 이르기까지 계획제도와 제도 내에서의 경제 관료 네트워크는 지속되어 왔다. 그러나 지속되어 온 제도의 근저에는 제도의 지속과 변화라는 동학이 있었다.

중국 사회주의 체제의 '위기 시기'였다고 하는 대약진운동이나 문화혁명 시기에도 중국의 정치지도부 내 중국공산당 내의 정책 노선을 둘러싼 갈등과 분화는 '자본주의적 길'을 걸을 것이냐 아니면 '사회주의적 길'을 고수할 것이냐 하는 체제전환을 둘러싼 논쟁은 아니었다. 또한 이와 관련된 고정된 세력 또한 존재하지 않았다.[51] 중국공산당 지도부들은 사회주의 정치경제체제를 유지하는 것에 대해 절대적 합의가 있었고, 모든 정책과 방침은 이러한 합의에 기초해 준비되고 실행되었기 때문이다. 문제는 체제와 행위자 사이를 묶어주는 중범위 수준의 '제도' 영역에서의 동학이다. 이 수준에서는 상당한 많은 갈등과 경쟁이 존재했으며, 변화의 힘과 지속이 힘이 첨예하게 부딪히기까지 했다.

국가계획위는 중국공산당 내의 정책이나 발전 방향과 논쟁의 한 복판에 자리 잡고 있었고, 국가계획위 소속 경제 관료들은 당시의 최고의 전문가들이었다. 그리고 이들은 소련식 계획경제 모델을 적용한 동북지방을 중심으로 계획경제를 실험하고 그 속에서 사회주의 경제관리 방법을 터득한 사회주의 경제 관료들이었다. 그렇기 때문에 국가계획위는 '경제내각'이라고 할 만큼 막강한 경제적 권한을 행사했으며, 사회주의 계획경

51_이와 같은 견해에 대해서는 서진영(1984, 135)을 참고할 수 있다.

제제도의 핵심업무라 할 수 있는 '연차계획'과 '5개년 계획' 하에서 계획을 입안하고 이의 집행을 관리해 왔다. 비록 대약진 시기에는 전반적인 국가기구의 역할 축소와 권한 하방으로 중앙정부의 경제적 역할이 당에 집중되고 세부생산계획 역시 인민공사를 중심으로 자체적으로 수립, 집행되면서 역할은 축소되었지만 중국경제발전 전략이나 정책에 대해 강력한 영향력을 유지했다. 마오쩌둥이 국가계획위를 '독립왕국'을 건설하고 있다고 비판하고 '종합균형론자'인 천윈과 리푸춘 등의 동베이지역 출신 경제 관료들에 대해 불신했을 때도 그들이 가진 경제 전문성이나 영향력은 무시할 수 없었다. 이렇듯 사회주의 경제체제하에서 제도의 변화와 지속의 힘과 힘이 가장 치열하게 경쟁하는 곳이 국가계획위이었다.

케네스 리버설은 『거버닝 차이나』(Governing China)에서 현재의 중국은 정치, 경제, 사회, 문화, 이데올로기 등의 영역에서 전통으로부터 상당히 많은 제도적 유산을 물려받았다고 주장한다(Lieberthal 2004). 이를 중국식 표현으로 바꾼다면 '중국 특색적' 사회주의라 할 수 있을 것인데, 여기에서의 '중국 특색적'라는 의미는 서양의 사회주의와 비교해 중국만이 가진 특수한 상황을 강조하고자 하는 것도 있지만, 한걸음 더 나아간다면 중국의 전통적인 정치, 사회, 경제, 문화 등의 제도와 완전히 단절되지 않은 체제이며 제도적으로 '경로 의존'적이었음을 내포하고 있다고 할 수 있다. 이는 장기적 맥락에서만 적용될 수 있는 것은 아니다. 1921년 중국공산당 창당 이후 더 짧게는 지난 1949년 신중국 성립 후에서도 이러한 제도 상호 간의 역사적 맥락과 경로 의존이 존재할 수 있다고 해야 할 것이다. 그동안 다양한 제도들이 실험되었으며 그 과정에서 경쟁하고 갈등해 왔다. 사회주의 중국이 성립된 후 몇 차례의 큰 환경변화 속에서 이들 제도 간의 밀고 당기는 동학이 되풀이되었다고 할 수 있다. 다시 말해 경로

의존에 의한 제도의 유지와 지속이 진행되는가 하면, 지속에 필요한 내적 동력이 상실되면서 다른 제도에 자리를 내주는 과정이었다.

본서에서는 중국의 계획제도는 크게 이데올로기, 정책아이디어, 경제 관리기구, 경제 관료 네트워크라는 네 가지 요소로 구성되어 있다고 봤다. 중국이 계획경제에서 시장경제로 경제 제도의 변화가 일어났다고 해서 크래스너의 주장처럼 '단절균형'이 이루어졌다고 단적으로 결론 내리기는 어렵다. 계획과 시장으로 단절은 있지만, 과거의 제도를 구성하고 있던 구성요소 모두가 동시에 단절되었다고 할 수는 없다. 어떤 요소는 제도 변화에 따라 급격하게 전환되는가 하면 어떤 요소는 그 특성이 장기간 유지 지속되거나 아주 점진적으로 변화하기 때문이다. 따라서 중국이라는 국가체제에서 "병행 발생"하는 제도 간 어떤 요소가 어떤 특성을 갖는지에 대해 향후 더 많은 연구가 필요하다 하겠다.

6장

문화대혁명과 국가계획위

Ⅰ. 문화대혁명으로 가는 길: '3선 건설'(三線建設) 전략과 국가계획위

'8자방침'에 따라 농촌지역을 중심으로 하는 경제조정이 시작되면서, 농촌에서 인민공사의 후퇴가 표면화되었다. 1962년부터는 일부 농촌지역에서 생산력의 발전수준에 적합한 농가생산청부제(包産到戶)가 생겨났으며, 일부지역에서는 개인에게 토지를 분배하여 개인이 경영하는 흐름(單幹風)이 발생하기도 하였다(中國共産黨中央文獻硏究室 1997, 337). 류샤오치를 비롯한 덩샤오핑, 천윈 등은 농업의 생산력 발전을 위해서는 인민공사화는 후퇴되어야 하며, 농가생산청부제를 비롯한 어떤 정책도 실시할 수 있다는 실용주의적 입장을 표명하였다.[52] 당시 당 농촌공작부장이었던 덩쯔

52_이에 대해 덩샤오핑은 "류보청(劉伯承) 동지는 늘 '노란 고양이든 검은 고양이든 쥐만 잡으면 좋은 고양이다'라는 사천성 속담을 말한 바 있다. (중략) 현재 농업생산의 회복이 필요하며, 생산관계상 일종의 고정불변의 형식을 취하기 어려운 상황을 직시해야 한다."(劉伯承同志經常講一句四川話 : '黃貓, 黑貓, 只要能捉住老鼠就是好貓.'(中略)現在要恢複農業生産, 也要看情況, 就是在生産關系上不能完全采取一種固定不變的形式)라고 한 바 있다(鄧小平 1992, 323).

후이는 농업집단경제 속에 존재하는 평균주의 폐단에 대처하기 위해 농가생산청부제를 포함해 농업 생산성을 높일 수 있는데 유리한 엄격한 생산책임제를 실시하자고 주장하고, 1962년 5월 중국공산당 중앙회의에서 「농촌문제에 관하여」(關於農業問題)라는 보고를 통해 집단경제가 중국 농촌사회제도의 주축인 상황에서 농민에게 보다 많은 경영의 자유를 주는 것은 사회주의적 길에서 벗어나지 않는 것이기 때문에 이를 더 확대하여 줄 것을 건의하였다(劉賢俊 · 田爲本 1999, 277).

1. 마오쩌둥과 국가계획위의 노선 갈등

마오쩌둥은 덩쯔후이 의견에 반대했다. 그러면서 덩쯔후이를 비롯한 당 간부들이 자본주의 길을 걷고 있다고 비판했다. 더 나아가 경제정책의 중심에 서 있는 국가계획위를 비롯한 중앙의 경제관리기관에 대해 '독립왕국'(獨立王國)이라고 비판하면서 불만을 제기하기도 하였다.[53] 그리고 9월 중국공산당 제8기 10중전회에서 사회주의 모든 단계에서 자산계급은 계급으로서 존재하고 그 부활을 기도할 것이라고 주장하고 '사회주의 교육'의 필요성과 대중운동을 요구했다. 이와 비슷한 시기에 그동안 문제가 되었던 덩쯔후이의 해임과 덩쯔후이가 부장으로 있던 당 농촌공작부를 해체하였다. 이로써 덩쯔후이는 1956년에 이어 마오쩌둥으로부터 두 번

53_마오쩌둥은 8월에 北戴河에서 열린 중앙공작회의에서 "현재 일부 농민들이 개인경영, 토지분배, 농가생산책임제 방식에 열을 올리고 있다. 이러한 풍조는 상층으로 올라갈수록 더 심하다. 가장 근본적인 문제는 자본주의를 할 것인가, 아니면 사회주의를 할 것인가? 농업합작화가 여전히 필요한가 그렇지 않은가? 어떤 길을 걸을 것인가? 농가생산책임제 토지분배인가 아니면 합작화인가? 하는 문제이다"라고 덩쯔후이를 비판한다(秦宏毅 2004, 111-115; 高峻 1995 84-96).

의 비판과 두 번째 해임을 당하게 되었다(秦宏毅 2004, 114-115).

1963년 봄, 마오쩌둥과 당 중앙은 베이징에서 중앙공작회의를 개최하고 '5반운동'(五反運動: 부정과 횡령 반대, 투기와 매점매석 반대, 겉치레와 낭비 반대, 분파주의 반대, 관료주의 반대) 전개에 관한 지시(「中共中央關於厲行增產節約和反對貪汙盜竊,反對投機倒把,反對鋪張浪費,反對分散主義,反對官僚主義運動的指示」)를 발표하면서 도시 지역에서 간부들에 대해 "사회주의교육운동"을 실시하도록 지시하였다.[54] 이는 1962년 가을부터 농촌에서 불기 시작한 공금착복과 독직 그리고 공금횡령 등을 저지른 간부들의 색출운동인 '4청운동'(四清運動, 장부정리, 창고정리, 재물정리, 임금계산단위정리)과 함께 반관료운동이면서 계급투쟁이라고 인식되었다(中國共産黨中央文獻研究室 1997, 341; 中國行政管理學會 2003, 215).

이러한 운동은 1963년 5월 「농촌사업 중 몇 가지 당면 문제에 대한 결정」(關於目前農村工作中若幹問題的決定)이라는 「前 10조」의 제정으로 이어졌으며, 9월 이를 보완 · 수정하여 「농촌 사회주의 교육운동 중 일부 구체적인 정책에 관한 규정」(關於農村社會主義教育運動中一些 具體政策的決定)이라는 「후 10조」를 제정하여 계급투쟁을 기본으로 농민 군중과 농촌 간부가 단결하여 이 운동을 이끌고 나갈 것을 제시하였다. 이와 같은 사회주의 교육운동은 점점 더 급진적인 형태로 발전하여 1964년 9월에는 기층조직과 간부를 배제하고 "모든 운동은 공작대가 영도한다"라고 규정하면서 기층 간부들에 대해 대대적으로 공격을 가하는 '좌'경적 편향을 보이게 된다. 일부지역에서의 극단적인 간부에 대한 공격으로 인한 부작용에 대해

54_「中共中央關於厲行增產節約和反對貪汙盜竊,反對投機倒把,反對鋪張浪費,反對分散主義,反對官僚主義運動的指示」 http://www.china.com.cn/guoqing/2012-09/13/content_26747280.htm (검색일: 2014. 10. 16.)

중국공산당 정치국은 1965년 1월에 「농촌사회주의 교육운동 중에 제기된 몇 가지 당면문제」(農村社會主義教育運動中目前提出的一些問題)라는 「23조」를 제정한다. 「23조」는 사회주의 운동의 성격이 '자본주의와 사회주의 사이의 모순'이라고 강조하고 이 운동의 중점을 '자본주의 길을 걷는 당권파'(走資本主義道路的當權派)를 정돈하는데 있다고 주장하면서 각 지역에서 대중과 간부 그리고 공작대를 결합(三結合)하도록 시행할 것을 요구하였다.

이어 1965년 9월 마오쩌둥은 중앙공작회의에서 '수정주의가 가장 위험하다'고 주장하면서 중앙기관에는 중국공산당의 방침과 노선을 따르지 않는 '독립왕국'이 존재하고 있다고 지적하였다. 그 대표적인 기구로서 '국가계획위'라고 명시적으로 언급하였다. 당내 존재하는 '수정주의' 지도부와 조정기 경제정책을 맡아 추진하고 있던 국무원 내 계획기구에 대한 마오쩌둥의 불만이 증폭되어 가던 상황에 11월 상하이 「문회보」(文匯報)에 야오원위안(姚文元)의 "신편 역사극 「해서파관」을 평함"(評新編歷史劇「海瑞罷官」)이라는 글이 게제되면서 중국정세는 문화혁명(文化革命)이라는 긴 터널 속으로 빠져 들어가게 된다.

이런 정치적 혼란 상황 속에서 국가계획위는 「제3차 5개년 계획」(이하 「3 · 5계획」) 제정에 착수한다. 1963년 중국경제가 2년여간의 조정기를 거치면서 점차 호전되자, '계획영도소조'를 중심으로 국가계획위 장기국민경제계획과는 「3 · 5계획」의 편제에 나섰다. 1963년 2월 20일 계획영도소조회의에서 리푸춘은 「3 · 5계획」의 편성원칙을 과도기의 방침에 따라 인민대중의 먹고(吃), 입고(穿), 쓰는(用) 문제를 해결하는 것을 최우선적으로 고려하겠다고 보고했다(李富春 1992, 305-308). 그러나 1964년 2월 중공중앙은 국방공작판공실이 작성한 「1964년 국방공업생산계획에 관한 보고」(關於1964年國防工業生産計劃的報告)를 전달하였다. 이 보고에는 1964년 국방공업생산총액을 전년에 비해 16.2%로 높여야 하며, 7개의 민용부문을 군공업 부문으로 전환하고, 51개 민용기업을 장비생산을 위해 배치해 줄 것 등을 요구하였다. 이는 불안한 국제정세를 반영한 것으로써 베트남 전쟁과 중소분쟁 그리고 인도국경에서의 군사적 충돌과 같은 안보 상황에 대비하고자 하는 것이었다. 이를 전달받고 국무원은 장기계획회의를 개최하여 「3 · 5계획」의 중심임무를 첫째 인민대중의 먹고, 입고, 쓰는(吃穿用) 문제를 해결에 두고 두 번째 임무로 국방 부분의 재래식 무기 확충과 첨단무기 개발에 투자할 것을 결정하고 이 두 가지 임무를 실현하기 위해 기초공업을 지원키로 결정하였다.

2. 3선 건설 과정에서의 국가계획위

중공중앙의 결정에 따라 국가계획위는 1964년 5월 「'3 · 5계획'(1966~1970)의 초보구상」(第三個五年計劃(1966~1970)的初步設想)을 중국공산당 중앙에 제출하였다. 그런데 1964년 8월 6일, 미국이 북베트남에 대한 폭격을 감행하면서 중국공산당 중앙은 원래의 국민경제건설안에 변경을 결심하고 '3선 건설'(三線建設)[55]을 최우선과제로 결정하였다. 이에 국가계획위는 당 중앙과 마오쩌둥의 지시에 따라 '서남공작조'[56]를 조직하여 파견하고,

---

55_'3선 건설'에서의 3선은 연해 지역을 1선, 중부 지역을 2선이라고 하고 내륙 지역을 3선이라 지칭한다. 3선 중 雲南, 貴州, 四川 3성이 관할하는 지역과 湖南省 서부, 湖北省 서부를 합쳐 '서남 3선'(西南三線)이라고 하고 陝西, 甘肅, 寧夏, 淸海 등 4성과 河南省 서부, 山西省 서부를 포괄하는 지역을 '서북 3선'(西北三線)이라고 한다. 이 두 3선을 합쳐 '대 3선'(大三線)이라고 부르기도 한다. 자세한 내용은 薄一波(1991, 1200; Naughton 1988, 351-381)을 참고할 수 있다.

56_서남공작조는 국가계획위의 부주임 程子華와 王光偉 등 2인을 책임자로 하여 약 80여 명으로 구성되었다(薄一波 1991, 1204-1205).

중국공산당 중국 서부지역을 고찰하였다. 이어 서남국과 쓰촨성(四川省)-윈난성(雲南省)-꾸이저우성(貴州省)의 계획책임자들과의 토론을 거쳐 「판즈화철강기지건설에 관한 보고」(關於攀枝花鋼鐵基地的報告)를 작성하였고[57] 이를 리푸춘과 보이보가 1964년 8월 24일 중국공산당 중앙위원회에 보고하였다.

이후 1964년 9월 중앙서기처는 계획공작에 관한 지시를 하달하였는데, 이 지시에서는 '3선' 지역의 철도건설(成昆線: 成都과 昆明을 잇는 철도)을 위한 인원을 적절한 시기에 투입할 것, 경제위원회는 각종 설비를 제공하여 3선 건설을 착실하게 준비할 것, '1선'의 경제건설에 대한 조정을 즉각 단행하고 기본건설투자를 3선 건설에 최우선하여 투자할 것, '3선'이나 '1선'에 상관없이 공업생산은 지속적으로 발전시켜야 할 것 등을 담고 있다. 이로써 애초 「3 · 5계획」에서 주요임무로 삼았던 '인민의 먹고, 입고, 쓰는 문제 해결'을 위한 경제건설은 없어지고, 모든 투자의 중심을 국방산업과 공업에 두는 발전계획 즉 「3 · 5계획」 = '三線建設'계획이 되었다.

한편 사회주의 교육운동과 '3선 건설' 그리고 '독립왕국'인 국가계획위에 대한 마오쩌둥의 불신이 결합되면서 국가계획위와 주임인 리푸춘은 적지 않은 위기에 봉착하게 되었다. 마오쩌둥은 1964년 12월 오랫동안 칭하이성(清海省)과 서남군정위원회에서 활동하고 신중국 성립 이후 인민해방군 후근부를 거쳐 1958년 석유공업부장을 맡아 다칭유전(大慶油田) 개발

57_攀枝花市는 쓰촨성 소재의 야금공업 도시이다. 1950년대 중국정부의 지질조사 결과 막대한 자철광맥이 발견되어, 1964년 외부의 기술자와 노동자를 대거 투입하여 개발하였다. 이때 설립된 회사가 攀枝花鐵鋼公司이다. 2010년 안산강철집단(鞍山鋼鐵集團)이 투자하면서 합병되었다. 관련 내용은 攀鋼集團有限公司 홈페이지(http://www.pzhsteel.com.cn/AboutCompany/)를 참고할 수 있다..

에 참여했던 위추리(餘秋里)를 국가계획위 제1 부주임 겸 당조 서기로 임명하였고 이에 따라 이른바 국가계획위 내의 계획위원회라고 할 수 있는 '소계위' 그룹이 대거 국가계획위의 지도부에 등용되었다(沈學明 · 鄭建英 2001, 379).[58]

〈표 8〉 국가계획위 인적 구성(1965.2.)

主 任	李富春
第1副主任	餘秋里
副 主 任	李先念, 譚震林, 薄一波, 陳伯達, 宋劭文, 張 璽, 薛暮橋, 彭 濤, 顧卓新, 楊英傑, 駱耕漠, 王光偉, 宋 平, 倪 偉, 柴樹藩, 劉明夫, 李人俊, 林乎加, 賈庭三

** 자료: 樊天順 · 趙博(1991, 159), 薄一波(1991, 1207)를 참고하여 필자 작성

1965년 초에 위추리가 중심이 된 '작은 국가계획위'(小計委)[59]가 구성되고 소계획위(小計委)가 국가 경제의 계획업무을 맡아 책임지게 되면서 위추리는 가장 먼저 기존의 계획안을 조정하였다. 소계위 그룹은 기존의 계획안을 수정하여 기본건설총투자액의 40%를 '3선 건설'에 투자하고 900억 元에 달하는 투자액을 확보하기 위해 먼저 식량을 비롯한 농업생산품의 가격을 낮춘 이후 점진적으로 중공업 생산품의 가격을 내린다는 내용이 담긴 「'3 · 5계획' 배치상황에 관한 회보제강」(關於第三個五年計劃按排情

58_餘秋里는 1964년 '大慶에서 배우자' 운동이 전개되었을 때 영웅 대접을 받았던 인물로 마오쩌둥의 신망을 받고 있었다. 그에 대한 자세한 내용은 劉賢俊 · 田爲本(1999, 527-531)을 참고할 수 있다.

59_'소계획위(小計委)'의 구성원으로는 위추리를 포함하여, 석유공업부 부부장인 리런준(李人俊), 浙江省 당위원회 농업주관 서기 린후자(任乎加), 베이징시당위원회 공업주관 서기 자팅싼(賈庭三), 그리고 마오쩌둥의 비서였던 천보다(陳伯達) 등이었다. 이들은 국무원 총리 직속으로 배치되었으며, 이후 전부 국가계획위 부주임으로 임명되었다(薄一波 1991, 1207).

況的匯報提綱, 이하 「회보제강」)을 1965년 9월에 당 중앙에 제출하였다. 이 문건은 10월 중앙공작회의에서 통과되었다.[60] 그러나 문화혁명이 발발하고 국가기구에 대한 홍위병들의 공격이 시작되면서 「3 · 5계획」을 공식적으로 확정할 수 없는 상황이 조성됨에 따라 '소계위' 가 수정작성한 「회보제강」 역시 장기 계획에서 년도계획으로 추진하는 계획안이 되었다. 이 계획안에 따라 위추리를 중심으로 한 새로운 '문혁 국가계획위'는 중공업 부문에서는 조정기보다 약 5% 이상을 더 투자하고, 농업 부문에는 약 7%를 덜 투자하였다. 이로써 조정기의 경제정책을 유지하면서 산업 부문 간 균형을 맞추려던 균형론자들이 중심이 되었던 국가계획위의 경제정책은 문화혁명으로 인해 좌절되었고, 「2 · 5계획」 이후 심화되어 왔던 산업 간 불균형 역시 개선되지 않고 더욱 악화되어 갔다. 이와 같은 '소계위'의 중공업 우선 발전전략은 「3 · 5계획」 기간은 물론이고 문혁이 종결된 후 실권을 장악한 화궈펑(華國鋒)에 의해 추진된 외국자본 도입으로 경제의 비약적인 발전을 달성하려던 이른바 대약진에 이은 "새로운 약진"[新躍進]이라는 발전전략으로까지 연결된다. 앞으로 더 자세히 다루겠지만 위추리하의 국가계획위는 마오쩌둥이 균형발전 전략을 주장해 왔던 기존의 '독립왕국'을 문혁기간을 통해 어떻게 통제하고 관리해 나갔는가를 보여준다.

60_「關於第三個五年計劃安排情況的彙報提綱」http://guoqing.china.com.cn/2012-09/06/content_26747549.htm(검색일: 2014. 12. 06.)

II. 문화대혁명의 정치경제적 배경

정치사상 우선주의, 대중운동을 통한 경제발전전략, 과도한 목표 설정과 경제의 객관적인 실정을 무시한 경제정책, 그리고 인민공사와 같은 비현실적이며 평등주의 분배정책을 기본노선으로 했던 대약진운동이 대규모의 기아와 산업 부문 간 불균등한 발전으로 인한 경제적 파국을 초래했기 때문에 류샤오치, 저우언라이, 덩샤오핑, 천윈 등을 비롯한 '실용주의자'들은 새로운 발전노선으로의 조정을 시도하였다. 이러한 조정노선은 '인민대중의 먹고, 입고, 쓰는' 근본적인 문제를 해결하는 것에 초점을 두었기 때문에 공업발전보다는 농업을 중시했고 공업발전은 이를 위한 기초를 제공하는 부차적인 것으로 간주하였다.

그러나 인민공사가 해체되고, 농촌에서의 자본주의적 요소들(개인경영이나 농가생산책임제 등)이 생겨났다. 미국의 북베트남에 대한 폭격과 소련과의 국경충돌 등 안보 불안이 겹치자, 마오쩌둥을 비롯한 일부 당 지도부는 우경 수정주의자들의 '잘못된' 경제정책으로 인해 '자본주의 부활'이 이루어지고 있다고 경고하고 이를 주도하고 있는 당정간부들을 '자본주의 길을 걷는 당권파'라고 거세게 비판하면서 이들에 대한 공격을 준비했다. 문화대혁명의 도화선이 되었던 요문원의 "신편 역사극 「해서파관」을 평함"(評新編歷史劇「海瑞罷官」)은 이러한 맥락에서 발표된 급진파들의 선전포고와도 같은 대단히 '의도된' 것이었다. 요문원의 문장은 대약진운동에 대해 비판적인 시각을 가진 당시 베이징시 부시장이었던 오함(吳晗)의 역사적 「해서파관」(海瑞罷官)의 내용이 대약진운동을 비판하면서 마오쩌둥과 논쟁을 벌여 숙청당한 펑더화이(彭德懷)를 두둔하고 있다고 비판하면서 문화계의 수정주의에 대한 경고와 함께 수정주의를 확산시킨 '당권파'을 향해 포문을 여는 것이었다. '실용주의파'는 이 사건을 '문예학술논쟁'으로 한정하고 더 이상 정치적 사건으로 확대되는 것을 막기 위해 오함의 문장을 베이징시 매체에 실리는 것을 막았다. 이에 마오쩌둥은 중앙선전부는 과거 농촌공작부의 오류를 반복해서는 안된다며, "베이징은 바늘 하나 찌를 틈이 없다. 물 한 방울 스밀 틈이 없다. 팽진은 자기의 세계관에 기초하여 당을 개조하려고 하고 있다"고 베이징 시장인 펑쩐(彭眞)이 속해 있던 중앙선전부를 비판하였다(中國共產黨中央文獻硏究室 1997, 348-351).

이어 1966년 4월 펑더화이의 후임으로 국방부부장이 된 린뱌오를 중심으로 군부는 「해방군부」(解放軍報)에 "마오쩌둥 사상의 위대한 붉은 깃발을 휘날리며 사회주의 문화대혁명에 적극적으로 참가하자"(高擧毛澤東思想偉大紅旗, 積極參加社會主義文化大革命)는 사론을 발표하고(『解放軍報』. 1966. 04. 18.), 이어 문화대혁명의 강령적 문건이라고 할 수 있는 「中國共產黨中央委員會通知」(이하, 「5.16통지」)가 1966년 5월 중국공산당 정치국 확대회의에서 발표되면서 문화대혁명은 시작된다.[61] 이의 통지를 계기로 하여 일명 '문혁파'라고 할 수 있는 천보다(陳伯達), 장칭(江靑), 장춘차오(張春橋) 등이 문화대혁명 5인 소조에 전면에 배치되면서 문화대혁명이 본격적으로 추진되기 시작한다. 『5.16통지』에서는 "당, 정부, 군과 각 문화계에 잠입한 자산계급의 대표분자는 반혁명 수정주의 분자로, 시기가 무르익으면 무산계급독재를 자산계급독재로 변화시키려 한다. 그들과의 투쟁은 죽느냐 사느냐 하는 투쟁이다"(混進黨里,政府里,軍隊里和各種文化界的資產階級代表人物, 反革命的修正主義分子. 一旦時機成熟, 他們就會奪取政權, 由無產階級專政變爲

61_「中國共產黨中央委員會通知及原件附件二」『中國文化大革命文庫』 https://ccradb.appspot.com/post/17(검색일: 2015. 02. 4.)

資產階級專政)라고 하면서 투쟁의 대상과 목표를 분명히 하고 있다. 「5.16 통지」 이후 베이징대학의 네위안쯔(聶元梓)가 베이징대학 학장인 루핑(陸平)을 비롯한 대학 내의 당 간부들에 대한 비판을 시작한다. 그 후 베이징 시내 학생들을 중심으로 한 문화대혁명이 개시되었다. 이어 소련과의 국제통일전선을 구축하여 전쟁에 대비하자고 주장했던 뤄루이칭(羅瑞卿)이 해임되고, 이어 중앙선전부 부장인 루딩이(陸定一), 베이징시당위원회 서기 펑전(彭眞)과 중앙판공청 주임인 양상쿤(楊尙昆) 등이 차례로 해임되면서 류샤오치, 덩샤오핑 등의 인맥에 대한 대대적인 공격이 진행되었다(Harding 1991, 113-140).

1966년 5월 칭화대학 부속중학교에서의 전국 최초의 홍위병(紅衛兵)이 조직되고 이어 베이징대학을 비롯한 각급 학교에서 학교 당 간부들에 대한 공격이 시작되자 류샤오치, 덩샤오핑 등 당 지도부는 이들을 관리하기 위해 '공작조'를 파견한다. 그러나 마오쩌둥은 학생들의 당 간부에 공격에 대해 "조반유리, 혁명무죄"(造反有理 革命無罪)라는 구호를 제기하고 이들을 지지하는 한편, 8월 1~12일에 열린 중국공산당 8기 11중전회에서 「사령부를 포격하라. 나의 한 장의 대자보」(炮打司令部, 我的一張大字報)을 발표하고 지방에서 중앙까지 일부지도자들이 자산계급의 입장에서 자산계급독재를 실행하고 무산계급의 혁명운동을 탄압하고 있다는데 "이 독(毒)을 어떻게 할 것인가?"라고 하면서 당이 접수하는 '탈권'(奪權)을 지시하고 있다. 이는 이 회의에서 통과된 「무산계급 문화대혁명에 관한 결정」(關於無產階級文化大革命的決定, 이하 「16조」)에서 더 구체적으로 나타나는데,[62] 「16조」

62_「關於無產階級文化大革命的決定」(「十六條」) http://www.people.com.cn/GB/historic/0808/2594.html(검색일: 2015. 03. 10.)

에서 마오쩌둥은 "사회주의의 경제적 기초에 맞는 않는 모든 상부구조를 개혁하여, 이를 통해 사회주의 제도를 공고히 하고 발전시키는 것이 문화대혁명"이라고 한 후, 당의 각급 조직은 첫째, 운동 최전선에 선 지도부, 둘째, 투쟁을 이해하지 못하는 연약무능한 지도부, 셋째, 항상 이것저것 오류를 범하고 대중을 두려워하는 지도부, 넷째, 실권파의 손에 쥐여 있는 지도부 등 4 종류로 나눠져 있다고 했다. 두 번째 부류의 상태를 고치고, 세 번째 부류의 오류를 시정하며, 네 번째 부류의 지도자들에 대해서는 권력을 빼앗아 무산계급의 수중으로 복귀시켜야 한다고 요구하였다(加加美光行 1986, 56-85). 이에 따라 전국적으로 홍위병들이 조직되고 이들을 중심으로 당, 정부, 군 간부들에 대한 공격이 진행되었다. 10월 중앙공작회의에서 류샤오치와 덩샤오핑이 자아비판을 하고, 11월에는 베이징대 홍위병의 지도자인 녜위안쯔가 류샤오치와 덩샤오핑에 대한 직접적인 공격이 시작되면서 중앙의 당과 정부 기구는 심각한 타격을 당했다. 이로써 중국이 공식적인 체제가 아닌 중앙문혁소조를 통해 통치되는 극심한 혼란 상황이 초래되었다(宇野重昭 1989, 219-220).

마오쩌둥은 이러한 혼란 상황을 정리하기 위해 1967년 3결합(三結合, 혁명간부+대중단체대표+인민해방군대표)의 원칙하에 이들로 구성된 혁명위원회가 당과 국가기구를 재건하도록 지시하였다. 그러나 이 지시가 당과 국가기관에 린뱌오를 주축으로 하는 군부의 영향이 급격하게 확대되는 결과를 가져오고 마오쩌둥 자신의 지도력에까지 영향을 미치게 됨에 따라, 마오쩌둥은 1971년 저우언라이의 지원을 받았고, 린뱌오 세력을 숙청한 뒤 당과 국가기구에 대한 재건과 정상화를 시도하였다. 마오쩌둥은 1973년 덩샤오핑을 비롯한 구간부를 복권시키고 이들로 하여금 문혁으로 인한 혼란을 정리하는 한편 문혁 '4인방'(四人幇; 장칭, 장춘차오, 야오원위안,

왕홍원)으로 하여금 이들을 견제토록 하였다. 그리하여 문혁 후반기는 문혁파와 실용주의파 간의 권력투쟁과 정책논쟁 그리고 노선투쟁이 계속해서 진행되었다(서진영 1993, 356-357).

III. 문화대혁명의 격랑 속 국가계획위 관료

문화대혁명으로 인해 중앙 간부의 대다수가 '당권파'(當權派)로 몰려 타도의 대상이 되었다. 1968년 이후 이들은 재학습이라는 명목으로 '5.7간부학교'로 하방(下放)되었는데, 그 수가 약 12만 명 정도였으며, 전국 약 100여 개의 '5.7간부학교'에 분산되어 보내졌다(沈志華 2008, 72-83; 趙生暉 1987, 383). 이들을 대신해 행정공백을 매운 기구가 바로 '혁명위원회'이다. 이 중에서 가장 강력한 권력을 가진 집단이 바로 인민해방군이었으며, 인민해방군은 당시 홍위병의 무차별한 공격과 홍위병 간 갈등으로 혼란해진 상황을 타개하기 위해 마오쩌둥으로부터 특별한 임무를 부여받았다. 구체적으로 좌파, 공업, 농업을 지원하고, 지역과 부문 그리고 단위에 대한 군사적 관리와 학생에 대한 군사적 훈련을 담당하는 '삼지양군공작'(三支兩軍工作: 支左, 支工, 支農, 軍管, 軍訓)이었다(鄧禮峰 2001, 39-52). 이러한 결정으로 인해 280만 명의 군이 각 분야에 동원되어 국무원의 관료조직은 물론이고 국가 전체가 군사적 관리를 받게 되었다. 당시 군부를 장악하고 있던 린뱌오는 마오쩌둥에 이은 최고 실권자로 등장하게 되었으며, 이후 1969년에 개최되는 제9차 당대회를 통하여 마오쩌둥은 후계자로 린뱌오를 공식적으로 선출하면서 이를 입증하였다(汪東興 1997).

이러한 상황 속에서 국가계획위의 업무는 중단상태에 있었다. 정치체제가 급격하게 군사화되고 「3 · 5계획」 자체가 '3선 건설'을 최우선과제로 삼았고, 마오쩌둥으로부터 '독립왕국'이라는 비판을 받았으면서도 조정기 경제를 이끌어 왔던 국가계획위는 '탈권'(奪權)의 주요 대상이 되었던 것이다. 특히 '삼지양군' 방침이 실행되면서 국가계획위는 군총참모부작전부장인 쑤징(蘇靜)의 지휘 하에 군대가 주둔하면서 주요 정책 결정은 군부에서 이루어졌다. 1967년 이후 국가계획위의 실질적 지도자였던 위추리를 비롯한 '소계획위(小計委)'의 자팅싼(賈庭三), 린후자(林乎加) 등이 홍위병에 의해 비판당하여 해임되고 이를 리푸춘이 다시 이어받아 계획업무를 책임졌으나, 리푸춘 또한 홍위병으로부터 공격을 당하게 되었다(劉賢俊 · 田爲本 1999, 343-351; 527-531).

1969년부터 본격적으로 국가계획위의 간부들이 '5.7간부학교'로 하방되기 시작하면서 경제계획의 주무 부서인 국가계획위의 책임을 저우언라이 국무원 총리가 직접 지도하였다(餘秋里 1990. 01. 11.). 하지만 군부가 실권을 장악하고 있는 상황에서 계획업무는 순조롭게 진행되지 않았으며, 계획을 담당할 수 있는 전문가들 또한 하방되어 각 연도 계획과 장기 계획 수립이 불가능할 수밖에 없었다. 특히 문혁기간 중 국무원 간소화로 인하여 1966년 78개에 달하던 국무원기구가 1970년 6월 32개로 축소됨에 따라 국가계획위, 국가경제위원회, 국무원공업교통판공실, 지질부, 물자관리부, 노동부, 국가통계국, 국가물가위원회, 중앙공교정치부(中央工交政治部)가 '국가계획혁명위원회'로 합병되었는데 합병과 함께 전체 5,000여 명이 되어야 할 인원이 간부들과 공작원들의 하방으로 인해 약 600명밖에 남아 있지 않게 되었다(蘇尙堯 1993, 42-61).

이렇게 재편된 국가계획위는 〈그림 6〉과 같이 그 기구 수 또한 대폭 축소되어 판사조(辦事組), 정공조(政工組), 계획조(計劃組), 생산조(生産組),

재무조(財務組), 통계조(統計組), 군공조(軍工組), 전영전시공업판공실(電影電視工業辦公室), 지질국(地質局), 노동국(勞動局), 물자국(物資局) 등 11개 부문으로 구성되었다(蘇尙堯 1993, 44-45). 특히 국가계획위의 역할 변화의 특징을 보여주는 것으로써는 정치공작조(政治工作組=政工組)의 신설을 들 수 있는데, 나머지 기구들은 전문분야를 담당하는 기관을 통폐합하거나 명칭만을 변경한 데 비해 정치공작조를 신설하였다는 것은 마오쩌둥의 국가계획위에 대한 비판과 연계되어 있음을 보여주는 것이라 할 수 있다. 즉 당권파가 장악하고 있었던 국가계획위에 대해 정치공작조를 앞세워 마오쩌둥이 직접 관리하고 통제할 수 있게 편제한 것이다.

〈그림 6〉 문혁기 국가계획위 구성(1971년)

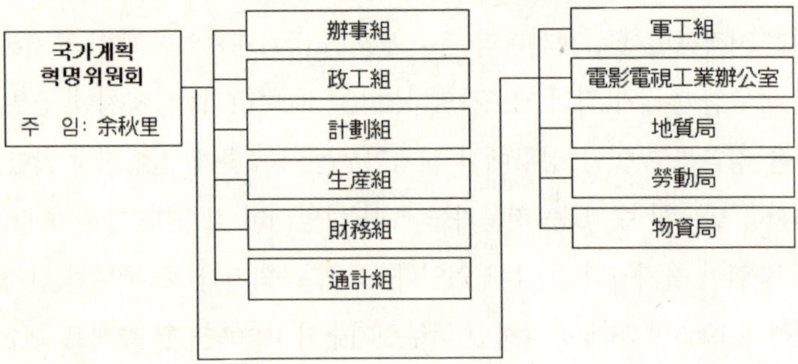

※ 자료: 蘇尙堯(1993, 44-45)를 참고하여 필자 재구성

그러나 이 시기 국가계획위의 각 부문에는 약 55명 정도의 인원 밖에 배치되지 않아 국가 전체의 계획과 일상경제업무를 수행할 수 없었다고 볼 수 있다. 따라서 최소한의 계획관리만을 담당하였고, 각 부처와 지방의 계획관리는 혁명위원회와 군대에 대체되어 수행되었다고 할 수 있다. 저우언라이는 하방당한 리푸춘의 뒤를 이어 위추리를 국가계획혁명위원

회 소조장과 혁명위원회 주임으로 재차 임명하였는데, 이는 위추리가 중국 사회주의 공업화의 상징이라고 할 수 있는 다칭유전 개발 책임자였으며, 마오쩌둥이 '독립왕국'을 견제하기 위해 발탁한 '소계획위원회'(小計委)의 실질적 리더였던 점을 고려한 인사이며, 이는 마오쩌둥과의 정치적 타협의 결과였다고 할 수 있겠다.[63]

IV. 문혁대혁명 종결과 경제재건: 덩샤오핑과 국가계획위

린뱌오사건(林彪事件)으로 인해 실질적으로 군사화되고 간소화되어 있던 국가기구는 1972년 8월 '삼지양군공작'(三支兩軍工作)이 공식적으로 폐지되면서 각 조직이 재건되기 시작했다. 그리고 '5.7간부학교'로 하방(下放)되었던 간부들이 서서히 복귀함에 따라 관료조직이 되살아나기 시작하지만 그 속도는 매우 느렸다. 1975년에 가서야 겨우 52개 조직만이 재건되었다. 국가계획위 또한 1975년 9월 덩샤오핑이 국가기구에 대한 전반적인 재편성을 시작한 이후 기질국과 노동국 그리고 물자국을 국가지질총국, 국가노동국, 국가물자총국 등을 분리 독립시키는 것 이외에 특별한 변동사항이 없었다(蘇尙堯 1993, 164). 국가계획위 기구가 완전히 회복된 시기는 1978년 이후였다. 이렇게 국무원과 국가계획위의 재건이 늦어진 이유로는 린뱌오사건 이후에도 여전히 강청 등의 '문혁 4인방'의 탈권 움직임이 있었으며, 문혁 이전 경제계획을 담당했던 경제전문가들의 복권

63_餘秋里가 국가계획혁명위원회 주임으로 임명된 년도는 구체적으로 나와 있지 않지만 위추리의 글을 통해 1971년부터 활동을 재개하고 있어 1970년 10월 국무원 개편이 있고 난 후 임명된 것으로 추정할 수 있다.

이 늦어졌기 때문이다.

저우언라이에 의해 관장되고 위추리가 책임을 맡고 있던 국가계획위가 본연의 계획관리 활동을 재개하기 시작한 것은 1973년 7월, 「제4차 5개년 계획(1971~1975)」(第四個五年計劃, 이하 「4 · 5계획」)에 대한 수정작업에서부터이다. 사실 「4 · 5계획」은 1970년부터 계획수립에 들어갔지만 이 시기 작업은 저우언라이를 중심으로 하여 이루어진 최소한의 계획입안 작업이었다. 초기 「4.5계획안」은 3선 건설을 중점으로 편성되었던 「3.5계획」의 연장선에서 준비되었다. 특히 1969년 3월 전바오섬(珍寶島)에서의 중소충돌이 있은 후 8월 소련군대가 신장(新疆) 위민현(裕民縣)의 중국 국경수비대를 공격하는 등 중 · 소 간 전쟁의 가능성이 증가하자 중국지도부는 국가기본건설위원회를 설립하고 3선 건설에 박차를 가하였다. 국가계획위는 1970년 2월 각 지역, 각 부문 그리고 11개 대군구의 대표들이 참가한 전국계획공작회의를 개최하여 「1970년 계획과 '4 · 5계획'강요」(1970年計劃和第四個五年計劃綱要, 이하 「강요」)를 입안하고 1970년 계획과 「4 · 5계획」의 원칙을 "대3선 전략"(大三線戰略) 지원에 중점을 두고 1970년 투자계획 중 3선 건설에 총투자의 반 이상을 투자하기로 임시 결정하였다(姚開建 · 陳勇勤 2003, 141).

「강요」에 근거해 1970년 8월 전국 성, 시, 자치구에 1971년과 '4 · 5계획'에서의 계획목표와 생산지표 그리고 기본건설구상을 제출할 것을 요구하는 한편, 8월 23일에 여산에게 개최된 9기 2중전회에서 「강요」가 중앙위원회의 비준을 받음에 따라 10월부터 각 지역, 각 부문과 합동으로 전국계획과 '4 · 5계획' 주요생산지표와 기본건설항목을 수립에 착수하였다.[64] 그러나 1971년에 중공업에 대한 과잉투자로 인한 경제 과열현상이 발생하였다. 이에 12월 저우언라이는 국가계획위의 보고를 받으면서 '현재 관리는 매우 혼란스러우니 정돈해야 한다'고 지적하고 기업에 대한 정돈을 지시하였다. 이에 국가계획위는 저우언라이의 지적에 따라서 「통일적 계획의 견지와 경제관리의 강화에 관한 규정」을 마련하고 국영기업에 대한 정돈 방안을 기초하여 저우언라이의 비준을 받아 1973년의 전국계획회의(全國計劃會議)에 상정하기로 결정하였다. 그러나 '문혁 4인방'의 방해로 국영기업에 대한 정돈작업은 실행되지 못하였다(中國共産黨中央文獻研究室 1997, 388).

경기과열에 따른 부작용이 심화되자 중공중앙은 1973년 중앙공작회의에서 '4 · 5계획'의 수정을 결정함에 따라 국가계획위는 같은 해 6월 중점건설항목 1,500개를 1,200여 개로 압축하는 것과 건설투자비용 중 보다 많은 자금을 기술혁신에 투자하는 것 그리고 3년 내에 국가재정에서 군사비 비중을 25.2%에서 20%로 축소하는 것을 골자로 하는 「국민경제문제에 관한보고」(關於國民經濟問題的報告) 수정안을 중앙위원회에 제출하였으며, 7월에는 '3선 건설'에 대한 편중을 개선하고 연해 지역에 투자를 늘릴 것과[65], 농업을 국민경제의 기초로 삼을 것 등을 내용으로 하는 「'4 · 5계획' 강요」(第四個五年計劃綱要) 수정초안을 마련하였다. 그리고 이에 근거하여 10월 각 지역, 각 부 · 위원회와 합동으로 연도계획인 「1974~1975 계획

64_「第四個五年計劃(1971—1975年)」 http://dangshi.people.com.cn/n/2015/1009/c85037-27677930.html」 (검색일: 2015. 03.08)

65_연해 지역에 대한 투자는 국제 정세의 변화와 밀접한 연관이 있다. 중 · 소가 분쟁이 격화되면서 중국은 1971년 10월 국제연합 제26차 총회에서 합법적인 지위를 회복하고, 1972년 2월 미국과 상하이공동성명을 체결하고 관계를 정상화하였으며, 9월에는 일본과 국교를 수립한다. 이러한 일련의 과정으로 인해 일본, 미국, 서독, 프랑스, 이탈리아 등으로부터 선진기술과 설비를 수입할 수 있게 됨에 따라 연해 지역에 대한 경제적 중요성이 증가했던 것이다. 자세한 내용은 武力(1999, 713-714)을 참고할 수 있다.

」초안을 국무원에 제출하였다(姚開建 · 陳勇勤 2003, 147-148). 그러나 1974년부터 저우언라이를 겨냥한 사인방의 비림비공(批林批孔) 운동이 전개되면서(斯夫 · 張樹成 2003, 19-23) 공업, 농업, 교통운수, 과학기술 등 각 방면의 정돈과 조정 작업은 성공하지 못하였다.

1975년 3월 저우언라이의 건강이 악화되어 국무원의 일상업무를 덩샤오핑이 담당하게 되면서 국가계획위의 경제관리 업무는 덩샤오핑이 직접 지도하게 되었다. 1975년 덩샤오핑은 "각 방면은 모두 정돈이라는 문제를 내포하고 있다. 농업은 정돈되지 않으면 안 되고 공업도 정돈되어야 한다"라고 하면서 전면적인 정돈작업에 착수했다(程中原 2016). 이에 국가계획위는 덩샤오핑의 지시를 받아 「공업발전 촉진에 관한 약간의 문제」(關於加快工業發展的若幹問題, 이하 「공업 20조」)를 기초하였다.[66] 이 「공업 20조」 안에는 문혁 후기 중국의 경제정책의 방향과 방침이 포함되어 있는데, 이는 개혁개방 시기 공업정책의 근간이 될 만큼 중요한 문건이다. 「공업 20조」는 농업이 기초가 되며 공업은 농업을 지원해야 한다는 것, 외국의 선진기술 도입을 추진하고 수출을 확대할 것, 과학연구공작을 강화할 것, 기업관리를 강화하고 생산효율을 높일 것, 제품의 품질향상을 위해 노력할 것, 규율과 제도를 확립하여 무책임 상태를 고칠 것, 사회주의 분배원칙인 노동에 따른 분배원칙을 견지할 것 등 7가지 원칙을 제시하고 있다.

이러한 「공업 20조」는 이후 사인방(四人幇)으로부터 수정주의를 대표하는 문건으로 비판을 받았다. 사인방은 「공업 20조」와 함께 덩리췬(鄧力群)이 집필한 「전당 전국의 각종 공작 총강을 논함」(論全黨全國各項工作的總

66_「關於加快工業發展的若幹問題」, 『中國文化大革命文庫』 https://ccradb.appspot.com/post/3818(검색일: 2015.03.24.)

綱) 그리고 후야오방(胡耀邦)이 정리한 「과학기술공작에 관한 몇 가지 문제」(關於科技工作的幾個問題) 등 문화혁명기 중공업 우선의 급진적 '추격 전략'을 수정하고 균형 발전을 통해 국민경제의 회복을 추진하려는 이와 같은 방안을 중국 사회주의 발전을 저해하는 '3개의 대독초'(三株大毒草)라고 비판하였다(中國共産黨中央文獻硏究室 1997, 397-400). 그리고 1975년 11월 마오쩌둥의 『수호전』(水滸傳) 비판과 함께 시작된 사인방의 덩샤오핑 공격과 전국적인 비판운동으로 인해 덩샤오핑과 국가계획위의 균형발전론자들이 「공업 20조」를 통해 실행하려던 정돈작업은 중단되었다.

한편 마오쩌둥의 급진적 '추격 전략'을 입안하고 집행하고 있던 국가계획위 내 위추리 주임을 중심으로 하는 '소계획위(小計委)' 그룹은 1974년 마오쩌둥이 '몇 차례의 5개년 계획 기간 안에 세계적 수준의 경제 수준을 달성할 수 있는 장기 계획을 입안하라'는 특별지시에 따라 중국경제발전과 관련된 장기 계획인 1976~1985년간 실시될 장기 계획을 수립하여 마오쩌둥의 비준을 받아 「10년 계획에 관한 통지」(關於十年規劃的通知)라는 이름으로 각 지역, 국무원 각 부위에 전달하고 이를 국무원에 보고하였다.[67] 이렇게 작성된 '10개년 계획'은 저우언라이 사후 국무원 총리에 임명된 화궈펑(華國鋒)의 수정을 거쳐 정식 시행된다.

67_「國家計委發出關於擬定十年規劃的通知」 https://www.cbm.com.cn(검색일: 2015.03. 23.)

V. 소결: 계획경제체제 하 국가계획위와 관료의 역할 평가

중국을 경제사회, 정치적으로 일대 혼란에 빠뜨렸던 문화대혁명 10년(1966~1976)은 사회주의 중국의 성립 이후 누적되었던 갈등이 일거에 폭발한 것이라고 할 수 있다. 특히 중국공산당 지도부 내의 노선투쟁은 일찍이 신중국 성립 후 추진되었던 회복기 경제건설 전략의 방향과 속도에 관한 지도부 내의 이견과 갈등이 증폭되어 나타난 것이다. 류샤오치, 덩샤오핑, 덩쯔후이 등을 중심으로 한 '선기계화 후집단화' 노선과 마오쩌둥의 '선집단화 후기계화' 노선의 갈등은 대약진 운동과 문화혁명을 거치면서 '점진적 균형발전론'과 '급진적 추격론'으로 발전되었다.

그러나 이러한 노선을 둘러싼 갈등이 '자본주의적 길'을 걸을 것이냐 아니면 '사회주의적 길'을 고수할 것이냐 하는 체제논쟁은 아니었으며, 이와 관련된 고정된 세력 또한 존재하지 않았다.[68] 중국공산당 지도부들은 사회주의 정치경제체제를 유지하는 것에 대한 절대적 합의가 있었고, 모든 정책과 방침은 이러한 합의에 기초해 준비되고 실행되었기 때문이다. 단지 이들 사이에는 안정적인 상태에서 어떻게 경제발전을 성취할 것인가 하는 경제발전 전략만이 중요한 이슈가 되었다. 이는 사영기업과 개체농가 그리고 자생적 시장을 어떻게 인식하고 이를 관리할 것인가 하는 것과 관련되어 있다. 산업 부문 간의 '종합균형'을 맞추면서 보다 점진적으로 사회주의로 개조하는 실용주의적 정책이 건국 후 '신민주주의 경제' 시기에서 시작되어 대약진 후 '조정기'를 통해 본격적으로 등장하여 문혁 이후 전면정돈 시기를 거쳐 개혁개방으로까지 연결되는 주요 정책 방향이

68_이와 같은 견해에 대해서는 서진영(1984, 135)을 참고할 수 있다.

되었다면, 정치우선주의를 기초로 집단화와 사회주의 공업화 그리고 사영 부문의 급진적 개조를 통해 보다 빨리 선진국을 추격하고 사회주의로 진입하고자 했던 일명 마오쩌둥 '좌파'의 경제정책이 대약진운동과 '3선 건설' 경제정책으로 나타났던 것이다. 이들 양 노선 간의 갈등과 조정 그리고 제 갈등으로 빚어진 경제정책에서의 역학은 개혁개방 이후에 '방'(放)과 '수'(收)의 사이클 형태로 반복해서 나타나고 있다는 점이 매우 흥미롭다.[69]

한편 이러한 정치적 환경하에서의 국가계획위는 중국공산당 내부의 정책이나 발전 방향과 논쟁의 한복판에 자리 잡고 있었던 기구였다. 소련의 모델에 따라 설립된 국가계획위는 제일 먼저 소련식 모델을 적용한 동북지방을 중심으로 이를 실험하고 그 속에서 사회주의 경제관리 방법을 터득한 사회주의 경제전문가들로 구성되었다. 때문에 당시의 국가계획위는 정무원과 동급의 '경제 내각'이라고 할 만큼 경제 분야의 권한은 막강하였다. '가오강-라오수스 사건'과 소련 흐루시초프 체제의 등장, 그리고 소련모델의 즉자적 적용에 따른 부작용들로 인해 국무원 내 한 개의 위원회로 권한이 축소되었음에도 불구하고 계획경제관리라는 국가계획위는 '연차계획'과 '5개년 계획' 하에 사회경제계획을 입안했으며, 이의 집행을 관리하는 중요한 역할은 여전히 유지되었다. 이후 대약진운동과 함께 시작된 정부 기구의 권한 이양으로 역할과 기능이 내폭 축소되었지만 이후 실용주의파를 중심으로 한 조정기가 시작되면서 국가계획위는 대폭적인 지도부 충원을 통해 명실상부한 경제정책 총사령탑으로서의 무게와 권한을 지니게 되었다.

69_개혁개방기 방(放)과 수(收) 사이클에 대해서는 Baum(1994, 66-93)을 참고할 수 있다.

다만 문혁기간 동안 국가계획위는 군부들의 기구장악과 반관료화 그리고 간부들의 하방(下放)으로 기능 정지 상황까지 이르게 되었으나, 저우언라이와 국가계획위 내의 전문 경제 관료를 중심으로 '3선 건설'과 해외 기술 수입 등 중요한 경제정책 입안과 집행상황 점검 등 혼란기 경제를 차분히 운영해 나갔다. 한편 마오쩌둥으로부터 '독립왕국'을 건설하려 한다는 비판을 받은 후 국가계획위 내부에 '소계위' 그룹이 편입되면서 국가계획위 내의 관료들 간 '균형발전론'과 '급진추격론'으로 양분되는 양상을 보였다. 균형발전론자는 저우언라이와 덩샤오핑의 경제정책을 보좌하면서 과도한 중공업 부문의 투자에 대한 조정과 정돈을 진행한 반면, 급진추격론자들은 마오쩌둥의 중공업 우선 발전전략에 따른 경제발전 전략을 입안하였던 것이다. 문혁이 종결되고 국무원 총리로 화궈펑이 임명되면서 마오쩌둥의 의지에 따라 화궈펑-위추리 라인을 통해 추진된 '10개년 계획'인 일명 '신약진'(新躍進) 전략이 실패하게 되었고, 하방되었던 국가계획위 전문관료들이 복귀하면서 국가계획위의 주요 역할은 국민경제의 종합균형을 목표로 하는 경제의 거시관리로 전환하게 되었다.

계획경제하 국가계획위의 역할을 경제발전전략과 경제정책적 측면에서 평가한다면, 우선 국가계획위는 국가의 중장기 발전계획과 전략을 입안하고 실행을 관리하는 중추 기관으로 자신의 입지를 굳혔다고 할 수 있다. 특히 '중공업 우선 발전전략'이라는 사회주의적 경제발전전략을 수립하는데 있어 매우 큰 역할을 하였다. 특히 이 과정에서 리푸춘을 중심으로 한 사회주의 경제 전문관료들은 소련의 사례를 연구하고 이를 활용하여 중국적 계획경제의 정책적 틀을 완성했다고 할 수 있다. 계획경제 하에서의 국가계획위는 경제관리의 주요수단으로 저이자율정책, 가격정책, 국가기본건설투자정책, 중요물자분배정책 등이 활용되었다. 그중 주로 농산품과 원재료에 대한 저가 정책은 노동자의 저임금을 유지하는 한편 저이자율정책과 함께 중공업 발전을 위한 높은 자본축적을 가능하게 하였다. 이렇게 하여 축적된 자본은 기본건설투자를 통해 국가가 목표로 하는 산업 분야에 집중 투자되었다.

예를 들어 「1 · 5계획」은 농촌의 잉여를 중공업 분야에 집중투자한 대표적인 사례라고 할 수 있다. 「1 · 5계획」은 과도한 중공업 분야에 대한 투자로 인해 산업 간 불균형과 '결핍의 경제'(economy of scarcity)의 발생이라는 부작용이 발생하였다. 그러나 계획 기간 동안 국민 수입이 연평균 8.9%로 성장하는 비교적 높은 경제적 성과가 있었다. 특히 농촌에서의 잉여와 소련의 원조를 바탕으로 국가가 집중투자한 공업 분야의 성장은 괄목할 만한 것이었는데, 이 시기 공업 총생산은 계획의 최초연도인 1952년과 비교해 1957년에는 128.6%가 성장하였고 연평균 18.0%의 성장이라는 놀라운 성과를 달성하였다. 특히 기간산업이라고 할 수 있는 농기계공업, 철강공업 그리고 자동차공업 등의 빠른 성장으로 중국은 사회주의 경제의 기초를 형성했다. 결과적으로 「1 · 5계획」은 사회주의 경제 기반 건설이라는 국가적 목표를 충족시켰다고 평가할 수 있다. 한편 농업 분야의 발전은 연평균 성장률에 훨씬 못 미치는 4.5%에 지나지 않아 농업발전과 관련된 중국정치 지도부 내의 심각한 논쟁을 일으켰고 이러한 논쟁은 마오쩌둥의 급진적 농촌 집단화와 대약진 운동을 낳기도 하였다.

반면 대약진운동 기간 국가계획위는 전반적인 국가기구의 역할 축소와 권한 하방으로 중앙정부의 경제적 역할이 당에 집중되고 세부생산계획 역시 인민공사 내에서 자체적으로 수립, 집행하게 됨에 따라 국가계획위의 역할은 종합계획을 수립하는 것에 한정되었다. 또한 국가계획위가 직접 관리하는 생산품의 종류도 대폭 감소하는 등 종합계획관리 기구로서의 역할은 중단되었다고 할 수 있다. 그러나 '8자방침'에 따른 조정기 국면에서 국가계획위는 '종합균형' 원칙하에 경제계획업무가 회복됨에 따라 정책의 중심을 농업경제 회복에 두고 농업 분야 대한 투자를 확대하였다. 1963~1965년 동안 「2 · 5계획」 기간 54%였던 중공업에 대한 투자를 45.9%까지 축소하고 농업 분야에 대한 투자를 같은 기간 6.4%에서 17.6%로 대폭 확대하였다(『中國統計年鑑』 1984年版). 조정기 정책의 결과 사회 총생산은 「2 · 5계획」 기간에 비해 15.5%, 농업 총생산은 15.7%, GDP는 14.9 %가 성장하였다(國家統計局 1987, 2). 이와 같은 결과는 신중국 성립 이후 가장 높은 성장률을 기록한 것이었고 농업 성장률이 급격하게 성장하였다는 점에서 큰 의미가 있다고 할 것이다. 따라서 조정기 국면에서 국가계획위가 중점을 두고 실시했던 농촌경제회복 목표가 충분히 달성되었다고 할 수 있다. 그러나 「3 · 5계획」이 국제정세의 악화와 이로 인한 중국공산당 지도부의 요구에 따라 '3선 건설'로 급선회함에 따라 조정기 정책 기조를 유지하는 데 실패함으로써 중공업 위주의 발전전략으로 복귀하게 된다. 이러한 상황이 문화혁명기까지 지속되면서 '균형발전'을 통한 국민경제 안정이라는 국가계획위의 정책 방향은 타격을 입게 되었다.

국가계획위의 중국공산당 간의 관계를 놓고 볼 때, 국가계획위의 정책 방향과 인적 구성이 당내 권력갈등에 매우 민감하게 영향을 받았다는 것을 알 수 있다. 계획경제 시기 마오쩌둥을 중심으로 한 당내 '급진 추격론자'의 경제적 역할이 확대되면 국가계획위의 역할은 축소되고, 반대로 이들의 역할이 축소되면 국가계획위의 역할과 기능이 확대되는 특징을 보이고 있다. 그 첫 번째 사례로는 '가오강-라오수스 사건'(高崗-饒漱石事件)이다. 설립 당시 국가계획위 역할은 국가의 경제적 역할을 총체적으로 담당하는 체제로 출발하였다. 따라서 국가계획위의 권한은 막강해질 수밖에 없었으며, 당시의 정무원은 국가계획위의 경제적 하부기관에 지나지 않을 정도로 그 역할이나 인적 구성면에서 취약한 편이었다. 당시 회복기 경제가 일정한 성과를 얻게 되고, 「공동강령」에 따른 신민주주의적 정치 질서가 약화되었다. '가오강-라오수스 사건'은 마오쩌둥을 중심으로 하는 당-국가 일원적 지도체제를 가속화시키는 계기가 되었으며, 이 과정에서 국가계획위 지위 역시 국무원 산하의 일개 위원회로 편입되었다. 그러나 위상의 변화가 역할의 축소를 의미하지는 않았다.

마오쩌둥과 국가계획위 간의 긴장은 두 번째 사례인 대약진운동 시기 그리고 이후 조정기 그리고 문화혁명을 거치면서 반복적으로 역할의 축소와 회복이 발생하고 있다. 이는 당 지도부 간 정치적, 이념적 논쟁의 영향이기도 하지만, 이 당시 국가계획위의 정책을 실질적으로 좌우했던 간부로서 '종합균형론자'라고 할 수 있는 천윈과 리푸춘 등을 중심으로 하는 동베이지역 출신 경제 관료들에 대한 불신이 존재했다는 것과 마오쩌둥이 국가계획위를 '독립왕국'이라는 극단적 비판을 가했다는 점에서 알 수 있다. 결국 마오쩌둥은 기존의 경제 관료를 대체할 '소계위 그룹'을 파견하여 국가계획위를 장악하고 이를 토대로 '급진적 추격 전략'을 추진하고자 하였다. 따라서 문화혁명기 국가계획위의 역할은 매우 제한적이었다. 정치적 혼란과 국가기구의 해체 그리고 반관료주의에 따른 간부들의 하방 등으로 국가계획위는 계획경제의 관리자로서 본연의 역할을 충실히 할 수 없는 구조적인 한계를 가지고 있었다. 또한 국가계획위 내부에는 「1·5계획」과 조정기 경제를 이끌면서 '균형발전전략'을 추진해왔던 전문 경제 관료들과 '독립왕국' 건설을 견제하고 중공업 우선의 '추격 전략'을 추진하기 위해 마오쩌둥이 직접관리 한 '소계획위(小計委)' 그룹 간의 갈등으로 인해 동질적인 조직을 구성하지 못함으로써 정책추진력이 현저하게 저하되는 조직적인 한계 또한 존재하였다. 결국 계획경제하의 국가계획위는 그 인적 구성에 있어 높은 전문성과 정책적 능력을 통한 발전 선도성을 갖췄음에도 불구하고 기구의 정책 방향이 흔들렸던 것은 사회주의 중국의 정치체제가 갖는 구조적 한계에 기인한 것이라고 할 수 있겠다.

제3부

시장경제체제하 계획기구 경제 관료

7장

개혁개방체제로 전환과 국가계획위

I. 화궈펑의 '신약진'(新躍進) 정치와 국가계획위

당내 기반과 세력을 확보하지 못한 채 갑작스럽게 국가의 일상업무를 지휘하게 된 화궈펑(華國鋒)은 마오쩌둥 사상과 노선을 옹호함으로써 문혁파는 물론이거나와 실용주의파으로부터 후계자로서의 정통성을 확보하려고 하였다. 이를 위해 화궈펑은 '양개범시'(兩個凡是)[70]를 제창하는 한편, 대약진 이후 마오쩌둥의 경제 관련 미공개 서간과 단문을 정리하여 『마오쩌둥선집』 제5권을 간행함으로써 자신의 정책적 권위를 높이려 했다. 이러한 마오쩌둥의 사상과 정책 계승은 대중운동이라는 형태로 표출되었다. 화궈펑은 1976년 12월, "농업은 다차이에서 배우고(農業學大寨) 공업은 다칭에서 배우자(工業學大慶)"라는 구호를 내세워 생산제고 운동을

70_"무릇 모 주석이 결정한 모든 것은 확고하게 지켜야 하고, 모 주석이 지시한 모든 것은 변함없이 따라야 한다."(凡是毛主席作出的決策, 我們都堅決維護;凡是毛主席的指示, 我們都始終不渝地遵順)라는 '兩個凡是'은 1977년 2월 7일, 「人民日報」, 「紅旗」, 「解放軍報」에 공동사설로 일제히 실린다.

대대적으로 조직하고, 대중대회를 개최하는 등 '대약진운동'과 유사한 발전전략을 취하였다.[71]

화궈펑의 이와 같은 발전전략은 덩샤오핑에 대한 복권이 승인된 이후 1977년 8월 중국공산당 제11차 당대회를 통해 구체적으로 드러났는데,[72] 이 대회에서 화궈펑은 '문화혁명의 종결'을 선언하면서, 문혁의 종결이 계급투쟁의 종결은 아니며, 마오쩌둥이 주장했던 문혁이념인 '계속혁명'은 다름 아닌 생산력을 발전시키는 것이라고 설명하고 새로운 시기의 기본적인 임무는 1964년 마오쩌둥이 국가계획위에 지시한 금세기 내에 중국을 사회주의 현대화 강국으로 건설하는 방안을 충실히 이행하는 것이라고 강조하였다. 1978년 2월 제5기 전국인민대표자대회[73]에서 행한 「정치공작보고」를 통해 '4개 현대화'[74] 건설을 목표로 「1976~1985년 국민경제발전 10개년 계획강요」(1976年至1985年發展國民經濟十年規劃綱要)에 따라 대형철강기지 10개, 대형유전과 가스전 10개, 대형석탄기지 10개, 대형발전소 30개 등 총 120개 항목의 대형프로젝트를 계획하고, 연평균 성장 8.7%, 그중 농업생산은 연평균 4~5%, 공업생산은 10% 성장을 목표로 잡고, 국

71_「華國鋒在第二次全國農業學大寨會議上的講話」『中國文化大革命文庫(The Chinese Cultural Revolution Database)』https://ccradb.appspot.com/post/3245(검색일: 2015. 04. 03.)

72_당대회를 통해 당주석에 화궈펑, 부주석에 葉劍英, 鄧小平, 李先念, 왕둥흥(汪東興)을 선출하였다(何虎生 · 李耀東 · 向常福 . 1993, 41)

73_제5기 전인대에서는 국무원총리에 華國鋒, 국무원 부총리에 鄧小平, 徐向前, 지덩쿠이(紀登奎), 위추리, 천시롄(陳錫聯, 천룽쿠이(陳永貴) 등이 선출되었다(何虎生 · 李耀東 · 向常福 1993, 242). 이 대회에서는 헌법개정도 함께 이루어졌는데 이 헌법에서는 무산계급의 계속혁명과 '4개 현대화'를 동시에 선언하였다. 제세한 내용은 葉劍英, 「關於修改憲法的報告」 http://www.people.com.cn/zgrdxw/zlk/rd/5jie/newfiles/a1150.html(검색일: 2015.03. 24.)를 참고할 수 있다.

74_4개 현대화는 농업, 공업, 국방, 과학기술 등의 4개분야에 역점을 둔 경제발전전략을 말한다.

가재정과 기본투자건설은 과거 28년 동안의 총액과 같게 투자하겠다고 보고하였다.

그러나 이러한 대형 프로젝트를 추진하기 위해서는 외국의 자본과 선진기술 그리고 장비와 설비가 필요했다. 이에 국가계획위는 1977년 7월 화학비료, 농약, 석유화학, 화학섬유 등을 생산할 수 있는 설비의 도입과 함께 연료, 에너지, 원자재 부분의 신기술과 주요 설비를 수입하는 것을 골자로 하는 설비도입 계획안을 국무원에 제출하게 된다. 이 계획하에 1978년부터 기술도입계약을 하나씩 체결해 나갔다. 이를 과거 대약진과 구별하여 '새로운 대약진'(新的大躍進=新躍進)라고 불렀다. 1978년에는 먼저 '22개의 대형항목'에 대한 수입을 확정하여 건설에 착수하였는데, 이는 총 130억 달러가 소요되었으며, 국내투자분 200억 위안을 합해 대략 600억 위안이 투자되었다(姚開建 · 陳勇勤 2003, 183). 이를 위해서는 막대한 외화가 필요했고, 화궈펑은 외자의 획득원으로 석유 등을 비롯한 천연자원을 수출함으로써 이를 확보하고자 하였다. 화궈펑은 '석유파'(石油派: Petroleum Group)[75]를 중용하여 석유생산의 증대와 새로운 유전개발에 진력하였으나 그 규모가 너무 커 지불능력을 초과하였다. 1977~1978년 사이 수입은 85%나 증가한 반면 수출은 매우 부진하였다. 따라서 외자를 도입하여 이 문제를 해결하려 했으나, 유럽으로부터 들여온 차관의 이자율이 15~16%에 육박해 외환 수지를 압박하였다(Baum 1994, 55-56).

화궈펑의 이러한 성급한 경제건설 전략은 외환 수지의 적자는 물론이거니와 재정의 압박 그리고 이로 인한 인플레가 가중되었다. 특히 농업과

75_石油派로는 위추리를 중심으로 캉스언(康世恩), 쑹전밍(宋振明), 탕커(唐克) 등이 있다(Lieberthal & Oksenberg 1988, 177-178). 이들은 이후 차례대로 석유공업부 부장을 맡는다(何虎生 · 李耀東 · 向常福 1993, 262)

공업 부문 간 균형을 상실하게 되면서 1976년부터 1978년까지의 식량 26.5만 근을 수입해야 했으며, 보관 식량 10억 근을 소모해야 했다. 또한 중공업과 경공업 간 균형이 이루어지지 않아 총 투자액의 55.7%가 중공업에 투자되고 5.7%만이 경공업에 투자됨으로써 경공업 상품의 부족 현상이 발생하여 인민의 불만이 가중되었다. 이 외에도 과도한 중공업 투자로 인해 사회복지가 열악해지고 대량의 실업이 발생하는 등 경제적으로 커다란 위기를 맞았다(李德彬, 231-242). 이러한 '신약진' 경제정책의 실패에 따른 책임에서 화궈펑을 비롯하여 당시 국가계획위 주임 위추리 그리고 석유파는 벗어날 수 없었다.

덩샤오핑은 제일 먼저 문화혁명 기간 중 실각되었던 간부들에 대한 복권과 명예회복을 추진함과 아울러 화궈펑의 '양개범시'에 대한 비판을 가하였다.[76] 덩샤오핑은 "마오쩌둥 사상의 진수는 '실사구시'(實事求是)에 있다"고 하면서 마오쩌둥 사상의 족쇄로부터의 사상해방을 선도하였다(鄧小平, 1992, 38). 이러한 '범시론'에 대한 공격이 본격적으로 진행된 것은 1978년 5월 중국공산당 중앙당교가 준비하고 당시 교장이었던 후야오방(胡耀邦)이 검토한 「실천은 진리를 검증하는 유일한 기준」(實踐是檢驗真理的唯一標准)이라는 문장이 《광명일보》(光明日報)에 게재되면서부터이다(서진영 1993, 53-54). 일면 왕둥싱(汪東興) 등이 이에 반발했지만 화궈펑 세력의 '양개 범시론'(兩個凡是論)의 칼날이 이미 매우 무디어지게 되었다. 이어 덩샤오핑은 화궈펑이 추진한 「10개년 계획」에 대한 비판을 시작하였다. 덩샤오핑은 화궈펑의 '4개 현대화' 실현을 새로운 임무로 제기한 것에 대해서

76_이렇듯 덩샤오핑이 화궈펑의 양개범시론을 비판한 것은 화궈펑의 문혁파와 거리를 두게 하는 한편 문혁희생자들 편으로 유도하려는 정치적 효과를 기대했다고도 할 수 있다(MacFarquhar 1993, 300).

는 이의가 없었지만, 그가 경제건설을 진행하면서 여전히 계급투쟁을 중시하였다고 비판했다. 사회주의 단계에서는 '노동에 따른 분배의 원칙'이 지켜져야 하며, 노동의 질과 양에 따른 임금 격차는 당연하다고 주장하였다. 따라서 정치적 분배는 경제법칙을 무시하였기 때문에 경제적 방법에 입각해 경제를 관리할 필요성을 강조하였다(Shirk 1993, 87). 또한 화궈펑이 추진한 '신약진'은 중국의 경제 현실을 간과한 일종의 '모진'(冒進)이라고 비판하였다.

이러한 상황 속에서 개최된 1978년 12월의 11기 3중전회는 첫째, 사상노선에서 양개범시론이 비판되고 실천이 진리의 유일한 기준이라는 것을 확인했으며, 둘째, 정치 노선에서 마오쩌둥의 대중노선과 계급투쟁 그리고 계속혁명론이 부정되고 공작의 중점을 '4개 현대화 건설'에 둔다는 전략을 결정하였으며, 셋째, 과거 반우파 운동으로 비판받거나 실각되었던 펑더화이, 보이보, 양상쿤(楊尙昆) 등의 당 간부들에 대한 처벌을 공식적으로 취소하였으며, 마지막으로 새로운 노선을 추진할 책임자로서 천윈을 당 부주석에, 덩잉차오(鄧穎超), 후야오방, 왕전(王震)이 정치국 위원으로 선출하였다(中國共産黨中央文獻硏究室 1997, 439-444). 이로써 덩샤오핑의 실용주의파는 11기 3중전회를 통해 '4개 현대화'와 경제발전을 당과 국가가 추진해야할 최우선과제로 결정함으로써 사상적인 측면에서나 정책적인 측면에서 화궈펑의 범시파와 2여 년의 갈등을 종결짓고 최종적인 승리를 획득하였다.[77]

이 시기 국가계획위는 1977년부터 시작된 국무원의 기구복원에 따라

77_개혁개방정책은 그 시작단계에서부터 정치적 갈등을 내포한 것으로써 이러한 특징은 이후 개혁개방의 발전단계에 따라 지속적으로 표출된다고 할 수 있다(Shirk 1993, 37).

문화혁명 시기에 합병되었던 물가국이 국가물가총국으로 1977년에 분리 · 독립되었으며, 1978년에는 통계국이 분리 · 독립되었다. 국가계획위 내부 체제 역시 조(組), 실(室), 국(局)으로 편재였던 것을 원래의 국(局) 체제로 복원하였다. 그리고 1978년 국가경제위원회가 제5기 전인대회에서 부활됨에 따라 그동안 국가계획위가 담당했던 공업, 교통 부문의 노선과 방침 그리고 정책, 조사연구 업무와 국영기업관리 업무, "다차이(大寨)"와 "다칭(大慶)" 모델의 보급 업무가 국가경제위원회로 이관되었다(蘇尙堯 1993, 172-173). 그러나 문화대혁명 이전에 국가계획위의 장기 계획, 국가경제위원회가 연도계획을 실시 · 감독하는 역할분담은 이 시기에는 복원되지 않았고 국가계획위가 두 가지를 모두 담당하였다. 양 위원회의 계획 업무 분할은 1982년에 가서야 가능해진다. 부활된 국가경제위원회 주임으로는 캉스언(康世恩)이 임명되었는데(何虎生 · 李耀東 · 向常福 1993, 249). 이것은 문혁 이전 석유공업부 부부장(부장=위추리)을 역임하였으며, 1975년 이후에는 석유화학공업부 부장이었다. 따라서 화궈펑은 국가계획위의 위추리와 국가경제위원회의 캉스언을 주축으로 하여 '신약진' 정책을 추진하게 되었다.

이 당시 국가계획위의 인적 구성은 위추리 중심의 계획위원회 내 계획위원회인 이른바 '소계위'(小計委)가 주도하였다고 할 수 있다. 특히 다칭 유전에 대한 마오쩌둥과 저우언라이의 각별한 관심으로 인해 석유 관련 전문가들이 국가계획위에 발탁되었을 것이라는 추정이 가능하다. 그러나 11기 3중전회를 통해 화궈펑이 실권을 잃고, '신약진' 전략에 대한 비판이 제기되면서, 1979년 이후 화궈펑-위추리-캉스언 라인으로 연결되어 있는 국무원의 경제정책 결정 구조는 덩샤오핑-천윈 라인으로 빠르게 전환되어진다. 이후 위추리는 1980년에 국가계획위 주임에서 그리고 캉스언은

1981년 국가경제위원회 주임에서 해임되며, 린후자(林乎加)는 1980년 베이징시 시장에서 해임되었다(何虎生 · 李耀東 · 向常福 1993, 248-249). 문혁 10년 기간의 경제건설의 정체를 만회하고자 국가계획위와 에너지 부문을 중심으로 의욕적이지만 급진적으로 추진되었던 「10개년 계획」은 1979년 4월 당중앙공작회의에서 '조정, 개혁, 정돈, 제고'의 방침이 수립되면서 그간의 정책에 대한 조정과 정돈이 진행되어 계획에 따른 실행이 중단되고, 국가계획위가 추진하려던 선진설비도입 등의 프로젝트들이 취소되거나 축소되었다. 이와 함께 중국지도부는 개혁개방으로의 역사적 노선전환으로 '역사적 목표'를 달성하기 위한 그동안의 사회주의 경제체제에 대해 근본적인 재검토를 고민하지 않을 수 없었으며, 그 중심에는 국가계획위의 핵심기능이라고 할 수 있는 계획관리체제를 어떻게 바꿀지가 문제가 되었다.

II. "중대 결절점"(critical juncture)에서의 국가계획위

전환의 시기 국가계획위는 문혁기부터 줄곧 주임을 맡아오던 위추리를 비롯해 석유파에 의해 장악된 상태였으며, 여전히 화궈펑이 국가주석으로 위추리와 석유파를 후원하고 있었다. 따라서 덩샤오핑 등의 개혁파는 국가계획위에 대한 전면적인 기능조정과 인사개편이 불가능해짐에 따라 국가계획위보다 더 큰 권한을 가지고 전면정돈과 조정정책을 추진할 수 있는 기구 설립의 필요성을 느끼게 되었다. 이에 1979년 3월 리셴녠과 천원은 중국공산당 중앙에 서신을 보내, 국민경제 조정을 주장하면서 국무원 내에 재경공작의 방침과 정책을 연구하고 제정하며 재경공작 중 중대사안에 대한 정책 결정을 담당할 기구로써 '국무원 재정경제위원회'(國務院財政經濟委員會, 이하 국무원재경위) 설립을 건의하였다. 동시에 이 서신에서 리셴녠과 천윈은 그동안의 정책실패에서 오는 혼란이 엄중하다고 진단하고, 2~3년 동안의 경제조정을 실시하고 장기발전계획을 수립할 수 있는 기구가 필요하다는 점을 강조하였다(張金才 2015). 이를 중공중앙이 동의하고, 1979년 7월 전인대상무위원회 9차회의에서 '국무원재경위'의 설립이 결정되었다. 이 회의에서 국무원 부총리인 천윈이 주임에, 국무원 부총리인 리셴녠이 부주임에 그리고 역시 국무원 부총리인 야오이린(姚依林)이 비서장에 임명되었다.[78] 국무원재경위의 주임와 부주임 그리고 비서장 모두가 부총리급으로 구성됨에 따라 국무원재경위는 명실상부한 경제정책 최고 기관으로 자리잡게 되었으며, 권한과 역할 측면에서 보더라도 국가계획위보다 상위에 위치에 있다고 할 수 있겠다.

국무원재경위가 설립됨에 따라 국가계획위의 역할 조정이 불가피하게 되었다. 당시 국가계획위의 임무와 역할은 1980년 2월 4일, 「국가계획위의 직책범위와 공작방법」(國家計劃委員會的職責範圍和工作方法)이 국무원의 비준을 받으면서 공식적으로 확정되었다(房維中 · 桂世鏞 1987, 421-422; 白和金 2002, 18). 이에 따르면 국가계획위의 공작 중심임무는 국무원과 국무원재경위의 통일적 지도하에 각 부문과 각 지방에서의 업무를 추진하는데 있어서, '종합균형'을 달성하는데 업무를 전력하여 공농업생산계획, 기본

78_위원으로는 여추리, 왕쩐(王震), 팡이(方毅), 구무(穀牧),보이보, 왕런쭝(王任重), 천궈둥(陳國棟),캉스언, 장징푸(張勁夫), 진밍(金明) 등이 임명되었다. 이들 중 중앙정치국 위원은 천윈, 리셴녠, 위추리, 왕쩐, 팡이 등 총 5명이며, 진밍을 제외한 나머지 모두가 중앙위원회 위원들로 구성되어 있어 이 기구의 영향력이 얼마나 컸는지를 알 수 있다(張金才 2015; ラヂオプレス 1981, 78).

건설계획, 상품유통계획, 수출입무역과 외화균형계획, 과학 · 교육 · 문화사업 발전계획, 종합재정계획, 물자분배계획, 인구계획, 노동임금과 집체복지계획 등을 포괄하는 국민경제발전의 장기, 중기 그리고 연도계획을 세우는 것이다. 특히 10년 이상의 장기, 5년의 중기, 그리고 연도계획 중 중기계획에 중점을 두어 업무를 추진할 것을 규정하였다(白和金 2002, 19). 바뀐 국가계획위 역할 중 주목해야 할 부분은 각 계획을 수립하고 집행하는 데 있어서 '종합균형'을 달성하는 것에 주력할 것을 분명하게 규정하고 있다는 점이다. 국민경제의 균형을 위해 각종 경제 관련 문제들을 연구하고 안배하며, 각 부문과 각 지방의 경제활동에 대한 협력을 조직하는 일상업무를 배치하도록 하고 있다.

앞선 시기 화궈펑의 보수파 경제정책을 적극 추진해 오던 국가계획위를 개혁파가 장악하고 있던 국무원과 국무원재경위의 지도를 받도록 규정함으로써 경제관리를 담당하고 있는 정부 기구 차원에서도 화궈펑을 비롯한 석유파 경제 관료의 입지는 대폭 축소될 수밖에 없었으며,[79] 석유파 경제 관료를 중심을 추진하는 '신약진' 역시 그 동력을 상실할 수밖에 없는 한계에 봉착하였다. 결국 1980년 3월 17일, 중국공산당 정치국상임위는 위추리를 국가계획위에서 해임하고 신설된 국가에너지위원회(國家能源委員會) 주임으로 전근시켰다. 그리고 위추리의 후임으로 국무원재경

79_화궈펑의 실각은 1980년 9월 덩샤오핑이 중국공산당 정치국 연설에서 당과 국가지도체제의 개혁을 거론하면서 권한의 과도한 집중을 방지하기 위해 당정을 분리하고 겸직과 부직(副職)을 정리하자고 제안하고, 중공중앙은 이를 전인대에 건의하여 전인대 제5기 3차 회의에서 화궈펑의 총리 겸직을 해제하고 노간부들이 부총리 겸직을 사임하였다. 이 회의에서 자오쯔양이 새로운 총리로 선임되었다. 이후 1980년 11월 중공 정치국 회의에서 화궈펑은 당주석과 군사위원회 주석에서 해임되고 후야오방이 당주석, 덩샤오핑이 군사위원회 주석을 맡으면서 화궈펑 추출이 완료되었다.

위 비서장을 맡고 있던 야오이린(姚依林)을 임명함으로써 조정기 국가계획위를 관리토록 하였다. 신임 야오이린(姚依林) 주임은 칭화대학교 화학과를 졸업하고 1935년 공산당에 가입한 후, 공청단(共青團)에서 활동하였다. 이후 화북지역을 중심으로 한 공업과 상업 방면의 경제공작을 담당하였으며, 신중국 성립 이후에는 당시 33세라는 젊은 나이에 정무원 무역부 부부장으로 중앙에 진출, 상업부 부부장, 1960년 국무원 상업부주장 겸 당 조서기를 맡아 활동하다 문혁기간 중 대외무역부 제1부부장으로 좌천되었다. 1978년 8월 국무원 상업부 부장으로 재차 임명된 후 국무원 부총리, 국무원재경위 비서장, 국가계획위 주임을 맡았던 전형적인 전문 기술관료이다(劉賢俊 · 田爲本 1999, 576-780).

전환의 시기 1년 8개월 간 경제조정정책을 지도했던 국무원재경위는 국가계획위의 수장을 전문 경제 관료 바뀌는 정치적 성공을 거두었다. 이후 국무원재경위는 폐지되었지만 중국공산당 중앙에 '중앙재정경제영도소조'(中央財政經濟領導小組)가 신설되어 공산당의 지도성은 강화되었다.[80] 국가계획위는 조직상으로는 국무원 소속 정부 기구였지만 실질적으로는 중국공산당 중앙의 직접적인 지도 하에서 기능했다고 할 수 있다.

이런 상황에서 야오이린 주임의 국가계획위는 다시 경제정책을 책임질 권한과 역할을 맡게 되었다. 미시경제적 부문에서부터 시작하여 경제체제의 전반적인 관리를 담당하였다. 그 결과 국가계획위가 관리하는 철강, 석탄, 목제 등 경제건설 중 가장 중요한 물자품목인 '통배물자'(統配物

80_중국공산당 정치국상무위원회는 '중앙재정경제영도소조'의 조장에 정치국 상무위원인 자오쯔양(趙紫陽)을 임명하고 겸임토로 하였고, 소조원으로 위추리, 팡이(方毅), 완리(萬里), 야오이린, 구무(穀牧)을 임명하였다. 중국공산당 중앙기구의 변화는 「中共中央機構沿革概要」(http://www.scopsr.gov.cn/zlzx/zlzxlsyg/)와 白和金(2002)를 참고 할 수 있다.

資)의 수는 1978년 53개 품목에서 1979년에는 210개로 대폭 늘어났으며, 1981년에는 256종으로 확대되었다(國家行政學院 2002, 56). 야오이린이 비록 국가계획위의 주임으로 임명되기 하였으나, 내부의 부주임의 인사이동은 거의 없었다. 15명의 부주임 중 6명이 1977년 기구복원 이전부터 근무해 왔었고 기구복원 이후에 9명이 교체되거나 새로 임명되었다. 9명 중 국무원재경위가 설립된 이후 부주임으로 임명된 사람은 단 2명에 불과했다. 주임을 포함한 전체 16명 중 중국공산당 중앙위원은 야오이린과 쑤징(蘇靜)[81] 등 2명, 그리고 중앙후보위원은 위안바오화(袁寶華), 구시우렌(顧秀蓮)[82] 2명이 있었다. 고문으로는 오랜 기간 국가계획위 계획업무를 맡아왔던 쉐무차오(薛暮橋)와 철도부 부장을 역임한 노간부인 궈훙타오(郭洪濤)가 있었다. 부주임 중에는 위안바오화(袁寶華), 쉬량투(徐良圖), 마이(馬儀) 그리고 구밍(顧明), 궈훙타오(郭洪濤)는 1978년 부활된 당시 캉스언이 주임인 국가경제위원회의 부주임을 겸하고 있는 것으로 나타났다(廖蓋隆 · 羅竹風 · 範源 1994).

81_쑤징(蘇靜)은 군간부출신으로 1949년 이전 동베이지역 야전군 사령부 작전처장을 거친 인민해방군 중장, 문혁당시 '삼지양군'(三支兩軍)에 따라 국가계획위 군대표로서 부주임에 임명되었다(沈學明 · 鄭建英 2001, 292).

82_위안바오화(袁寶華)는 베이징대학을 졸업하고 1936년에 공산당에 가입하였으며, 1949년 이후 동북인민정부 공업부 비서장, 중공업부 국장을 거쳐 1960년 국가계획위 부주임으로 임명되어 국가계획위 내에서 물자관리 부문을 담당하여 주관해왔다. 국가물자관리총국이 분리되면서 총국장을 맡아 전임되었다가 이후 1974년 기구 간소화와 함께 부주임으로 재임명되었다. 한편 구수렌(顧秀蓮, 女)은 랴오닝성(遼寧省) 번시시(本鷄市)에서 공산당활동을 시작하여 20세인 1956년 공산당에 가입, 심양야금기계전문학교를 졸업하고 깐수성(甘肅省)에 배치되어 근무하다 1973년부터 국가계획위에 당조핵심성원, 부주임 등으로 활동한 방직산업 분야 기술 전문 관료이다. 1983년에는 고향인 장쑤성(江蘇省) 성장을 임명되었다(沈學明 · 鄭建英 2001, 609, 620). 이들 두 사람은 이후 모두 중앙위원회 위원으로 승진한다.

〈표 9〉 국가계획위 인적 구성(1980.8)

主任	姚依林
副主任	袁寶華, 顧 明, 顧秀蓮, 段 雲, 李人俊, 蘇 靜, 徐良圖, 金熙英, 馬 儀, 房維中, 張 衍, 甘子玉, 康永和, 楊 波, 李開信
顧問	薛暮橋, 郭洪濤

* 袁寶華에서 徐良圖까지는 1978년 이전, 金熙英에서 楊波까지는 1978~1979년 기간에 임명되었다. 李開信은 1980년 4월에 임명되었다.

** 자료: 『中國組織別人名簿』(1981年版, 78-79)에 근거해 필자 작성

이 시기 국가계획위의 인적 구성상의 특징으로는, 상당수 줄어들긴 하였지만 여전히 과거 동베이지역을 중심으로 활동했던 전문 경제 관료들이 남아있다는 점이다. 동베이지역 출신으로는 위안바오화를 비롯해, 구수롄, 쑤징, 쉬량위안(徐良圖, 전 동북군사공업부 부처장), 팡웨이중(동북대 졸업, 전 중공중앙 동북국 선전부 간사) 등 5명이다. 또한 국가계획위 내 문혁시기에 들어온 군인출신으로는 쑤징, 장이안(張衍) 두 사람이 부주임으로 남아 있으며, 이들의 제외한 13명 모두 신중국 성립 전후 경제 분야에서 활동한 전문 경제 관료들이었다. 특히 간쯔위의 경우는 중산대학(中山大學) 전기공정과를 졸업하고 해방 후 중공업 제1기계공업공정사 처장 국가과학기술위원회 주임실 비서 등을 거친 중공업 분야 관료였으며, 캉융허(康永和)는 오랫동안 중국총공회(總工會)에서 활동하고 이후 국가계획위 노동국 국장과 노동 분야 부주임을 맡았다. 이와 같이 야오이린 체제의 국가계획위는 과거 1960년대 경제 관료와 문혁기 혁명위원회 관료 그리고 개혁개방의 시작과 함께 보완된 관료들이 혼합되어 있다. 그러나 점차적으로 문혁기 인물들은 퇴진하고 팡웨이중, 구수롄, 간쯔위 등 전문 기술관료들을 중심으로 재편되기 시작한다(廖蓋隆 · 羅竹風 · 範源 1994).

Ⅲ. 덩샤오핑 노선의 승리가 갖는 의미

덩샤오핑을 지도부로 하는 중국공산당은 마오쩌둥 시기의 정치우선주의 경제발전 전략으로부터의 '역사적 노선전환'을 선언하고 '4개 현대화'와 '경제발전'을 당과 국가의 최우선 목표로 하는 '실용주의' 발전전략으로 방향을 전환하였다. 덩샤오핑의 실용주의 발전전략은 크게 계획의 축소와 시장의 확대, 중앙 권한의 지방 이양 그리고 다양한 소유제의 인정 등으로 압축될 수 있으나 이러한 방향이 청사진하에서 진행된 것은 아니었다. 농촌과 하급단위에서의 생겨나기 시작한 흐름을 수용하고 이를 확대실시하는 '자연발생 → 정책논쟁 → 제한실시 → 문제점 수정 → 재수정 → 확대실시 → 전면실시'와 같은 방식으로 진행되었는데 이는 천윈이 1980년 12월 중공중앙공작회의에서 제기한 "돌다리도 두드려 가며 강을 건넌다"(摸著石頭過河)라는 식으로 점진적 과정을 거쳐 정부의 공식적인 정책으로 체계화된다(Goldman and MacFarquhar 1999, 7). 이 과정에서 수용이냐 거부냐를 둘러싸고 당내 정치적 정책적 논쟁이 발생하기도 하였다. 이러한 개혁과정의 특징은 농업 부문의 개혁과정에서 잘 나타난다. 개혁개방의 초기 단계에서 진행된 농가생산책임제(包産到戶)는 안후이성(安徽省)에서 시작되었고 이를 두고 중앙에서는 '자본주의의 부활'이냐 아니면 '농민의 생산성 향상을 위해 불가피한 것'이냐 하는 논쟁이 있었으며, 최종적으로 이를 중앙에서 추인하고 전국적으로 확산시켜 나갔던 것이다.

이렇듯 개혁개방 시기 경제정책들이 하나둘씩 새롭게 도입되고 점진적으로 체계화되어 가면서 이와 동시에 이를 뒷받침할 수 있는 정부 기구에 대한 개혁이 동시에 진행되었다. 초기에는 기존의 계획경제 부문의 관리체제를 유지하면서 변화에 적응토록 한 후, 경제변화 상황에 맞춰 그 기능과 역할만을 조정하는 소극적인 변화를 시도하다 이러한 기능과 역할이 임계점에 도달하게 되면 새로운 기구나 새로운 제도를 만들어 이를 수행하게 하고, 이후 구 기구와 제도는 새로운 제도에 흡수합병하거나 그 틀은 유지하면서도 기능과 역할이 완전히 다른 기구로 전환시키는 과정을 밟아 왔다.

국가계획위는 앞에서 이야기한 바 있듯, 마오쩌둥 시기 중국 사회주의 계획경제의 관리제도의 핵심에 위치해 있던 기구였다. 소련식 모델의 발전전략에서 중국식 모델로 전환하는 대약진운동 시기에 권한과 역할이 축소되었지만, 조정기를 거치면서 복원되었다가 문혁시기 전반적인 중앙정부 기구의 간소화에 따라 대폭 축소되었다 문혁의 종결과 함께 재복원되는 과정을 겪었지만 단 한 번도 폐지되거나 합병되지 않고 개혁개방 이전 20여 년간의 중국 사회주의 경제체제의 경제계획을 입안과 계획관리 그리고 경제정책 전반을 조율해 왔었다. 그러나 개혁개방이 개시되고 자원의 분배 기제로서의 시장이 도입되기 시작하면서 국가계획위는 중대한 전환점을 맞이하게 된다.

개혁개방 시기 국가계획위의 역할은 지속적으로 축소되는 경향을 보인다. 그러나 폐지되거나 여타 다른 경제관리 기구에 통합되지 않고 그 자체를 유지하면서 변화를 거듭해 왔다고 할 수 있다.[83] 마오쩌둥 체제에서 덩샤오핑 체제로 전환하는 과도기에서 국가계획위는 문혁시기 경제적 정체를 회복하기 위해 화궈펑의 지도하에 마오쩌둥 식의 경제발전을 시도한 '신약진' 정책을 주도하였다. 그러나 이 발전전략이 실패로 끝남에

83_왕리신과 퓨스미스는 개혁개방기 국가계획위는 시장개혁에 맞선 '보수파'의 보루(堡壘)의 역할을 했다고 한 바 있다(Wang and Fewsmith 1995, 51).

따라 이에 대한 책임을 지고 문혁과 과도기 동안 국가계획위를 이끌어 왔던 위추리 등 석유파가 일선에서 후퇴하고, '종합균형론자'인 천윈 중심으로 경제관리가 추진되면서 쑹핑과 보이보의 국가계획위가 출범한다. 따라서 국가계획위의 역할 또한 지역 간, 산업 간, 계층 간 균형을 맞추는 거시경제 정책 분야로 전환하게 되었다. 이러한 국가계획위의 역할전환은 1982년 국가기구개편을 통해 최종적으로 확정되었다.

그러나 후야오방(胡耀邦)과 자오쯔양(趙紫陽) 체제가 들어서면서 개혁개방정책이 가속화되고 시장기제가 급속하게 확대 발전하면서 국가계획위는 존폐위기를 맞이한다. 그러던 것이 1989년 천안문사건으로 자오쯔양이 퇴진하고 이후 보수파를 중심으로 하는 개혁개방정책에 대한 조정작업이 이루어지는데, 조정을 주도했던 인물은 사회주의 정통 경제 관료라 할 수 있는 천윈이다. 천윈이 주장해 왔던 '조롱경제'(鳥籠經濟)에 따라 시장을 조정하는 조정정책이 추진되면서(遲愛萍 2010, 43-50; 智效和 2005, 3-8) 국가계획위는 다시 한번 경제관리의 주무부서로 등장하였다. 시장의 후퇴와 계획의 부활을 추진하기보다는 시장과 계획 간의 균형을 잡는 거시경제 조절기구의 역할을 했다고 할 수 있을 것이다. 이후 덩샤오핑의 '남순강화'(南巡講話) 이후 개방 확대와 시장의 확장을 요구하면서 중국의 경제체제가 본격적으로 시장을 "주(主)"로 하고 계획을 "보(輔)"로 삼게 되면서 국가계획위의 역할 변화가 요구되었다.

장쩌민 체제의 등장은 중국식의 '신권위주의 체제'적 성격의 정치체제를 의미하는 것이었다. 이러한 정치체제와 '사회주의 시장경제체제'가 결합되어 중국식 경제발전 모델로써 '동아시아 발전 국가' 모델 적용이 시도되고, 이 과정에서 국가계획위는 '선도기구'(pilot agency)로서의 역할을 담당하게 된다. 국가계획위는 과거부터 담당해 온 중장기 계획수립은 물론이거니와 거시경제 조절 그리고 산업정책 수립 등 경제정책을 담당하는 종합경제관리 기구로 전환되었다. 중국 국가계획위의 역할 변화 과정을 살펴보면, 신중국 성립 이후부터 개혁개방이 심화된 1990년대 말까지 일정한 '경로 의존성'(path-dependence) 을 보이는데, 이러한 계획제도의 특징으로 인해 계획경제에서 시장경제로 전환하는 과정에서에서 발전전략과 제반 경제정책 방향에 적지 않은 영향을 미쳤다(Shirk 1993, 29).

8장

계획과 시장의 제도경쟁과 국가계획위

'조정기' 경제정책이 일정한 성공을 거둠에 따라 덩샤오핑은 체제개혁을 추진한다. 일단 당을 비롯해 중앙과 지방의 국가기관에 자리 잡고 좌파의 영향력을 제거하려는 정치적 목적도 있었지만, '4개 현대화'와 '경제건설'이라는 최우선과제를 실현하기 위한 젊고, 능력 있는 간부체제를 형성하고 그것의 하드웨어라고 할 수 있는 사회주의국가체제 전반에 대한 개혁이 필요하다고 인식하였다. 이를 위해 덩샤오핑은 간부들의 세대교체와 '간부 4화'를 추진하면서 동시에 문화혁명의 구조적 요인이었던 당국가체제에 대한 근본적인 재검토 작업에 들어간다. 1982년 9월에 개최된 중국공산당 제12차 전국대표대회는 이러한 일련의 노력의 결과를 공식화하는 대회였다. 12전대 의제는 3가지였는데, 먼저 11기 중앙위원회의 보고를 심의하고 사회주의 현대화 건설을 위한 강령을 확정하고, 새로운 중국공산당 당장(黨章)을 심의 통과하는 것이었으며, 마지막으로 새로운 당장의 규정에 의거해 중앙위원회 · 중앙고문위원회 · 중앙기율검사위원회를 선출하는 것이었다. 개막사에서 덩샤오핑은 12전대의 역사적 지위와 임무를 제출하였다. 여기에서 덩샤오핑은 "중국의 현대화 건설은 중국 현실에서 출발해 중국 인민의 주체적 역량으로 스스로의 길을 걸어 '중국 특색의 사회주의'(有中國特色的社會主義)를 건설하는 것이다. 이것은 중국공산당의 역사적 경험을 통해 얻은 기본결론이다"라고 했다.[84]

그리고 이어 12전대에서 통과된 당장은 당체제에 대한 전반적인 정비와 제도화를 담고 있다. 당장에서는 먼저 11전대의 좌경 오류를 제거하고 1956년 8전대의 당노선과 당의 조직체계 중 계승할 것은 계승한 반면 9전대 이후 강조된 계급투쟁과 계속혁명론을 삭제하고 계급투쟁은 더 이상 중국 사회의 모순이 아니라고 선언하는 한편 당의 영도는 정치, 사상 조직의 영도에 국한해야 하며, 이 역시 헌법과 법률에 따라 진행되어야 하는 점을 분명히 하고 있다. 또한 당정불분(黨政不分)과 당이 정부를 대신하는 이당대정(以黨代政)의 부작용을 사전에 방지해야 하며, 당과 국가기구, 당과 사회단체 간의 합작을 증진하여 이른바 "인민민주전정"(人民民主專政)을 공고화하였다. 그리고 개인숭배를 배격하고 집단지도를 원칙으로 하는 한편, 문혁 중 파괴된 당 기구 재건과 함께 당 조직 체제를 합리적으로 개편하기 위해 당 주석제를 폐지하는 대신 총서기제를 부활하고 정풍운동을 체계적으로 추진할 중앙기율검사위원회의 기능을 강화하기로 하였다. 이어 간부의 세대교체를 원활히 하기 위해 중앙고문위원회를 신설하고 선거를 통해 위원을 선출하였다(姜華宣 · 張蔚萍 · 肖甡 2001, 402-407).[85]

84_개막사 전문은 鄧小平 (1993, 2-3)을 참고할 수 있다.

85_폐막 이후 곧바로 개최된 12기 1중전회에서는 새로운 지도부로 중앙정치국 위원 25명과 후보위원 3명을 선출하였으며, 중국공산당 최고지도부라 할 수 있는 정치국 상무위원으로 후야오방(胡耀邦), 예젠잉, 덩샤오핑, 자오쯔양, 리센녠, 천원 등 6명이 선출하였다. 부활된 중앙위원회 총서기처의 총서기로 후야방이 그리고 완리, 시중쉰, 덩리췬, 양용(楊勇), 위추리,구무, 천피셴(陳丕顯), 후치리(胡啓立), 야오이린 등 9명이 선출되었다(何虎生 · 李耀東 · 向常福 2001, 47).

이런 점에서 12차 당대회 당장은 개혁개방시대의 공산당의 기능과 역할을 재정립하고 당 조직에 대한 개혁의 기본 방향을 제시하고 있다 할 수 있겠다.

또한 당대회에서는 '시장과 계획 관계'에 관한 중요한 언급이 있었다. 후야오방은 11기 중앙위원회를 대표해 보고한 「사회주의 현대화 건설의 신국면을 전면적으로 열자」(全面開創社會主義現代化建設的新局面)에서 '농업을 국민경제의 기초로 삼고 농업문제를 잘 해결하는 한편, 에너지개발과 교통운수 및 우편통신, 그리고 과학기술과 교육 방면 등의 발전을 강화하는 것을 경제발전전략의 중심으로 삼아야 한다'고 지적하면서 이를 위한 원칙으로서 첫째, 인민생활 개선에 근거한 중점건설에 자금을 집중, 둘째, 국영경제의 주도적 지위를 견지하고 다양한 형식의 경제발전, 셋째, 계획경제를 주(主)로 하고 시장조절을 보(輔)로 하는 원칙을 정확하게 관철, 넷째, 자력갱생을 견지하면서 대외경제기술교류를 확대하는 것 등으로 삼았다(胡耀邦 1997, 265-269).

Ⅰ. 「82 헌법」과 개혁기 국가기구 개편 방향

제12차 전당대회의 경제발전전략의 원칙과 새로운 당 역할 정립에 관한 방침은 이후 「82 헌법」에도 반영되었다. 문혁시기 개정된 헌법이 11기 3중전회 이래 전개된 정치, 경제, 사회 등 모든 영역에서의 변화를 이미 수용할 수 없다는 인식하에 헌법개정의 필요성이 당 지도부 내에서 대두되었다. 이에 따라 중국공산당은 1980년 9월 소집된 제5기 전인대 제3차 회의에서 개정을 결정하고, 먼저 '헌법수정위원회'(憲法修改委員會)를 구성하여 개정헌법 초안을 작성하도록 요구했다. '헌법수정위원회'가 마련한 초안이 1982년 12월 제5기 전인대 제5차 회의에 제출되었고, 전인대 심의를 거쳐 회기 동안에 통과되었다. 이렇게 해서 개정된 「82헌법」은 중국의 국체(國體)를 '중화인민공화국은 노동자계급이 영도하는 공농연맹에 기초한 인민민주독재의 사회주의 국가'(제1조)라고 규정했다. 이는 문화혁명 시기의 '무산계급독재의 사회주의 국가'라는 국체 규정에 대한 개정이었는데, 그 이유는 과도한 계급투쟁에서 오는 인민대중 사이의 반목과 혼란을 막고, 재발을 방지하기 위한 것이었다. 또한 개혁개방과 함께 인민민주에 기초해 계급단결과 통합을 통해 경제건설에 진력하고자 하는 것이라 해석할 수 있다. 이는 신중국 성립당시의 「공동강령」이나 「54 헌법」의 기본 사상과 밀접한 연관이 있다고 할 수 있을 것이다.

그 밖에, 「82헌법」은 그동안 '고무도장'에 지나지 않았던 전국인대와 전인대상무위원회의 기능을 강화하여 명실상부한 국가의 '최고권력기관'으로 상정함으로써 국체 규정을 뒷받침하고 있으며(57조), 국가주석 또한 전국인대를 통해 선출하도록 규정하고 있다(62조). 또한 '계획경제를 주로 하고 시장조절을 보로 한다'(計劃經濟爲主, 市場調節爲輔)는 12차 당대회의 정신에 따라 헌법에서는 전인민소유제(국영경제), 집체적 소유제(농촌인민공사 및 합작사) 그리고 개체경제 등 다양한 소유제를 인정하면서, 분배정책을 균등분배가 아닌 노동에 따른 분배원칙를 명시하고 하였다. 특히 개체경제와 외국인 소유의 기업을 보호해야 한다는 규정이 포함되어 있는 점은 주목할 만하다(제13조).[86] 「82헌법」 내용 중 무엇보다 중요한 것은

86_1982년 개정헌법 전문은 「中華人民共和國憲法(1982年)」 http://www.npc.gov.cn/wxzl/wxzl/2000-12/06/content_4421.htm(검색일: 2015. 06. 10.)을 참고할 수 있다.

중국공산당을 비롯한 모든 국가기관이 헌법과 법률에 따라야 한다는 '헌법우선주의'를 선언하고 있다는 점일 것이다. 이를 통해 헌법을 초월하는 공산당의 권력 행사나 마오쩌둥과 같은 초헌법 지도자의 출현을 사전에 방지하고자 하였으며, 어떤 조직이나 개인도 헌법과 법률을 초월하는 특권은 가질 수 없다는 것을 원칙으로 하고 있다(서진영 2004, 15-21).

1977년, 문혁기간에 폐지되었거나 통합되었던 국가기구들이 원상회복되면서 이후 그 수가 폭발적으로 증가하였다. 1982년 국가기구개편이 있기 전 국무원에 100개, 성정부와 성의 당정기구는 각 80~90개, 그리고 시, 자치주에도 각 50~60개 그리고 말단인 향(鄉)과 진(鎮)에도 각 10여 개의 기구들이 난립하였다. 특히 경제 관련 부서들의 증가가 컸는데 국무원 내에서만 경제관리를 담당하는 부서가 60여 개나 되었으며, 경제관리부서 중에도 상품별, 직업별로 설치된 전문경제관리기구가 팽창하였다. 새로운 상품이나 새로운 직업이 발생하면 여기에 맞춰 새로운 부서를 신설하여 관리하였고, 이러한 전문적 부처들 간의 관계를 종합조절 관리하는 기구가 층층이 새로 설립되어 그 증가 폭은 가히 폭발적이었다고 할 수 있다. 이렇듯 기구가 증가하면서 직능이 세분화되고 한 가지 일에 여러 기구가 관련되면서 기능이 중첩되었다. 그러나 관련 기구 간 상호협력은 예상만큼 쉽지 않았다. 도리어 책임은 회피하고, 정책 권한은 챙기려 하면서 부처 간 갈등을 초래하였다.

** 자료: 中國社會科學院公共政策研究室(2001, 33-34)에 의해 작성

〈그림 7〉 개혁개방기 국무원 기구 수 추이(1978~1998)

(단위: 개)

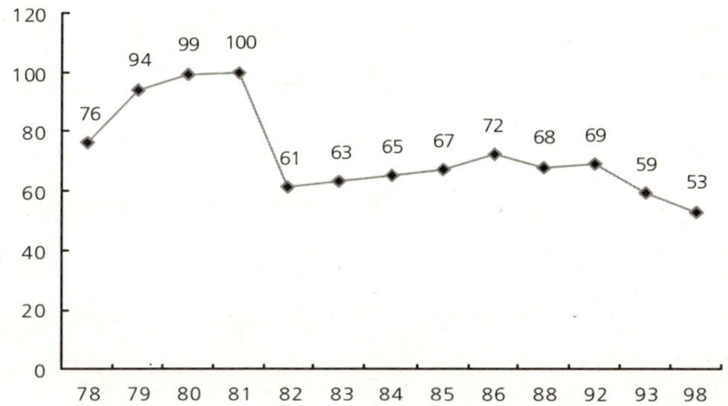

기구의 급속한 팽창으로 인해 행정기관의 인원이 대폭 증가함에 따라 공무원의 수 증가는 불가피했다. 그리고 이로 인한 인건비와 행정경비 또한 크게 증가하여 재정적 부담이 가중되었다. 특히 문화혁명기에 해임되었거나 '5.7간부학교'로 하방(下放)되었던 구 간부들이 대거 복권되거나 평반되어 원래 근무했던 기관으로 복귀함에 따라 기관의 간부 수가 부하직원 수를 초과하는 현상까지 발생하였다. 그 결과 업무의 효율은 떨어지고, 관료주의는 팽배해졌으며, 정책 결정 권한이 고도 집중되는 현상이 발생하였다.[87] 덩샤오핑은 '4개 현대화'와 '경제발전'을 성취하기 위해 먼저 능력 있는 관료에 의한 효율적인 경제관리가 필요하다는 인식하에 행정기구 개편을 통해 정부 기구에 대한 '간소화'(精官簡政)와 '간부 4화'를 통해

87_한 자료에 따르면, 이 당시 지도 간부와 부하 직원의 비율이 1: 0.8이었으며, 국무원의 어떤 부는 부부장만 20여 명이 되었고, 어떤 處와 室은 간부는 있는데 부하 직원이 없는 곳도 있었다(中國行政管理學會 編 2000, 385).

젊고 전문성을 갖춘 간부를 선발하고 중앙고문위원회 등을 신설하여 노간부의 자연스러운 퇴장을 유도하였다.[88]

이러한 상황에서 1982년의 5월, 5기전인대 상무위원회를 통과한 「국무원 부와 위원회 기구개혁 실시방안에 관한 결의」(國務院部委機構改革實施方案的決議)에 따른 국가기구개편은 먼저 직능을 명확히 분담하는 것을 목표로 하고 있다.[89] 이는 당정분리, 정기분리(政企分離)를 통해 각 부문 간의 권한과 책임 관계를 통일하는 것이며, 업무의 범위를 확실히 구획하자 하였다. 개혁개방 이전 당정관계는 당정불분(黨政不分), 이당대정(以黨代政)의 특징을 갖는다. 이는 동일한 업무를 다수의 기관이 수행함으로써 기구중첩, 인원팽창, 비효율을 낳았고, 당의 권력이 과도하게 집중되어 국가기관의 자율성과 책임 있는 업무계통의 형성을 방해해 왔다. 이에 덩샤오핑은 당과 정부를 분리하여 강력한 정부업무체제를 구축할 필요성을 제기하고, 1980년 8월 중국공산당중앙 정치국확대회의에서 처음으로 「당과 국가의 지도체제에 관한 개혁」(黨和國家領導制度改革)을 발표하여 국무원 내의 권력집중과 과다한 겸직 및 부직(副職) 그리고 당정불분과 이당대정 문제들에 대한 노력이 필요하다고 지적한 바 있었다. 이는 잔존하는 문혁파와 범시파를 겨냥한 것일 수도 있으나, 간부가 급속하게 확대되고 있는 현상에 대한 우려 속에서 나온 것이라고도 할 수 있다.

따라서 1982년 국가기구 개편에서는 당정분리를 위해 당 중앙의 주요

88_노간부에 대한 은퇴의 제도화는 1982년 2월 중국공산당 중앙이 작성한 「노간부은퇴제도 수립에 관한 결정」(中共中央關於建立老幹部退休制度的決定)을 통하여 은퇴간부들에 대한 지원 방안 등을 규정한 바 있다. 「中共中央關於建立老幹部退休制度的決定」 http://cpc.people.com.cn/ GB/64162/71380/71387/71591/4854975.html(검색일: 2015. 10. 23.)

89_「全國人民代表大會常務委員會關於國務院部委機構改革實施方案的決議」 http://www.npc.gov.cn/wxzl/gongbao/2000-12/26/content_5328229.htm(검색일: 2015. 10.23.)

지도자는 정부직 겸직을 줄이는 한편, 국무원은 수장책임제(首長負責制)를 실시하여 총리를 비롯한 국가 각 기관의 수장이 권한과 책임을 같이 갖는 통일지도체제를 실시하였다. 또한 영도체제를 개혁하여 부총리 13명에서 2명으로 줄이고, 국무위원직을 신설하여 국무원총리, 부총리, 국무위원 그리고 국무원비서장으로 구성된 국무원 상무위원회를 구성하였다. 그리고 국무원은 1982년 이전 최고 20여 명이 넘는 경우도 있었던 각 부와 위원회의 정부직(正副職)을 3~5인으로 한정배치하고 부와 위원회 산하의 사(司)와 국(局)의 정부직(正副職)을 2~3명으로 배치하도록 규정하였다. 또한 부장의 연령은 65세, 부부장 및 사국장의 나이는 60세를 초과하지 못하도록 하는 한편 '간부 4화' 방침에 따라 덕과 재능을 겸비하면서도 지식과 전문능력이 있는 우수한 젊은 인력을 지도부에 충원하도록 하였다(中國行政管理學會 2001, 395). 그 결과 국무원 부와 위원회 지도부 수가 547명에서 188여 명으로 약 64.9% 축소되었으며, 평균연령도 64세에서 58세로 낮춰졌고 대졸 이상 학력을 가진 간부 수가 전체의 37%에서 52%로 대폭 상승했으며, 새롭게 구성된 지도자 그룹에서 청장년(青壯年)이 32%나 점하였다(金太軍 2002, 291-292).

한편 100개에 달하던 국무원 기구를 61개로 간소화하였으며(國家行政學院 2000, 28-30; 中國行政管理學會 2001, 394), 그중 부와 위원회의 수가 52개에서 42개로 줄었고, 직속기구는 42개에서 15개로, 판공기구는 5개에서 3개로 축소되었다. 직속기구 수가 대폭 줄어든 이유는 유사한 직무가 통폐합되거나 각 부와 위원회에 병합되었기 때문이다. 이와 더불어 국가기구 개편 이전 5만 1000여 명이었던 국무원 소속 인원의 25%인 1만 2,700명이 감축되었다. 감축된 인원은 대부분 국영기업으로 전환 배치되었고 남은 인원은 각 부문이 분기별로 돌아가면서 학습과 훈련으로 교체하면서

소화해 냈다(夏海 2004, 33).

1979년부터 시작된 경제조정은 1982부터 효과가 나타나기 시작하였다. 조정으로 인해 둔화되었던 성장률이 1982년 전년에 비해 9.1%로 다시 증가하기 시작하였으며, 대규모 건설사업으로 적자상태에 놓여있던 국가재정 또한 불필요한 항목에 대한 계약을 취소하거나 파기함으로써 비용을 줄이고, 농촌에서의 생산책임제가 실시되어 농업 부문의 성장함에 따라 재정수입도 1983년 125억 위안(元), 1984년과 1985년에는 각각 252억 위안과 365억 위안이 증가하였다. 그러나 1981년에 약간의 흑자로 돌아섰던 재정이 1982년 도시경제 개혁이 시작되면서 대규모 기본건설 투자로 인해 지출이 증가하면서 다시 적자를 기록하기 시작하였다(『中國統計年鑑』1990年版, 229, 232). 이는 노간부들이 복권되면서 이들에 대한 임금이 총 180억 위안이 추가로 지출되면서 정부지출이 늘어난 반면, '이개세'(利改稅)가 도입되어 기업이 창출한 이윤의 55%만을 국고에 납부하게 되면서 정부의 세입은 크게 줄어들면서 나타난 현상이었다.

II. 경제체제개혁 논쟁의 중심이 된 국가계획위

재정상황의 악화 속에서 국무원의 지시에 따라 국가계획위는 1981~1990년에 국민경제발전 10년계획에 착수하여 1980년 「장기계획제정 기본구상」(制定長期計劃的基本構想, 이하 「기본구상」)을 작성하고 이를 중공중앙과 국무원에 보고하였다. 이에 중공중앙과 국무원은 「기본구상」 중 경제조정 방침을 반영하고, 특히 과학기술발전을 위한 방안을 「6차 5개년 계획」(이하 「6 · 5계획」)과 장기 계획에 포함할 것을 요구하였다. 국가계획위는 이러한 요구에 따라 1981년 「6 · 5계획」과 '10년 구상'에 이를 반영하여 수정하고, 계획의 기본방침으로 '8자방침'(八字方針)에 따라 「6 · 5계획」 기간(1981~1985) 동안 조정중심의 계획 집행과 국민경제안정 달성을 최우선 과제로 정하고 농공업 총생산과 국민소득을 각각 연평균 4%씩 증대할 것을 목표로 삼았다(姚開建 · 陳勇勤 2003, 235; 李祥興 2011, 265-270). 이후 1982년 5월 중앙경제영도소조(조장=자오쯔양)에 「6 · 5계획안」을 보고하고 7월에 전국계획회의를 개최하여 이 안에 대해 토론한 후 회의에서 제출된 의견을 반영하고 기본투자 계획을 하향조정하여 1982년 11월에 개최된 5기전인대 5차회의에 「제6차 5개년 계획에 관한 보고」(關於第六個五年計劃報告)를 제출, 12월 통과되었다. 「6 · 5계획」은 과거 1963년~1965년 대약진운동 이후 실시되었던 1차 조정기에 이은 2차 조정기를 관리하는 종합구상이라고 할 수 있다.[90]

「6 · 5계획」 속에는 정책과 과학에 의거해 농업 발전의 가속화, 중공업 부문의 조정과 소비재 공업 발전, 에너지 효율 향상과 에너지 공업과 교통운수사업 건설 가속화, 기업에 대한 전면조정과 개조 단행, 투자 자금의 절약과 증대, 대외개방 지속과 자력갱생능력 강화, 경제체제 개혁, 노동자의 과학지식수준 향상과 과학기술 발전, 인민생활 향상을 위해 생산건설과 인민생활의 결합 등 10개 세부 방침이 포함되어 있다(李祥興 2011, 270). 「6 · 5계획」은 조정을 통해 조성된 안정된 기반 위에서 농업발전을 중심으로 도시경제에 대한 발전을 도모한다는 경제발전전략의 세부사항을 담고 있다. 특히 1978년 쓰촨성과 안후이성을 중심으로 전개된 '농가생산책

90_「關於第六個五年計劃的報告(1982年)」 http://www.npc.gov.cn/wxzl/gongbao/1982-11/30/content_1478488.htm(검색일: 2015. 10. 23.)

임제'가 1982년 중공중앙이 비준한 이른바 '1호 문건'이라고 하는 「전국농촌공작회의 기요」(全國農村工作會議紀要)에 따른 농촌정책 방침이 전국적으로 확대됨에 따라 1982년 8월 중국 전체 농가의 74%가 농가생산책임제하에 있었으며(中國行政管理學會 2001, 315; 周其仁1995, 178-189). 이로 인해 농민들의 생산의욕 고취는 물론이고 농업생산의 비약적인 증대를 가져왔다. 이에 1982년 5기전인대 5차회의에서 대약진운동 시기와 문화혁명기 중국 사회주의의 상징이라고 할 수 있는 인민공사(人民公社)에 대한 해체를 공식적으로 결정하였다(蘇星 1982, 34-39; 應小麗 2008).

앞에서 지적했듯이, 1980년대 중반 중국 지도부 내에서는 도시 부문에 대한 개혁 착수와 함께 경제관리체제 개혁에 대한 논쟁이 격화되고 있었다. 논쟁의 주요 대상은 국가계획위의 권한과 역할에 대한 범위였다. 시장조절의 확대에 따른 계획 부문의 축소 그리고 과도하게 집중되어 있는 국가계획위의 경제권한에 대한 지방정부의 반발 등이 이러한 논쟁을 가속화시켰다. 이러한 분위기 속에서 1982년 1월 25일 계획옹호론인 천원은 국가계획위 간부들과 이른바 '춘절담화'(春節談話)에서 계획경제의 견지를 강조하면서 국가계획위의 권한 확대와 강화를 주장하였다. 여기에서 천원은 국가계획위가 국가경제위보다 많은 권한을 확보해야 한다고 주장하면서 경제개혁추진 이래 계획은 무시되고 지나치게 자주권을 요구하는 지방 및 각급경제 단위의 행위에 대해 강한 비판을 제기하였으며, '시장경제'라는 말을 바꿔 최초로 '시장조절'이라는 말을 사용했다(張曙光 2017, 378). 당시 천원이 가진 경제 부문에서의 영향력을 추정해볼 때, 이러한 천원의 의견은 곧 있을 국무원 기구개편에 커다란 영향을 주었음을 알 수 있다.

1982년 12월 국가기구 개편과 함께 국무원은 경제 관련 3대 위원회라고 할 수 있는 국가계획위와 국가과학기술위원회, 국가경제위의 업무를 분담시키고, 국가농업위원회와 국가기본건설위원회를 폐지하여 두 위원회가 관리한 농업 관련 업무와 국토기획업무를 국가계획위로 이관시켜 농가생산책임제와 국토개발을 종합관리할 수 있게 하였다. '계획을 주(主)로 삼고, 시장조절을 보(輔)로 삼는다'는 방침에 따라 국가계획위의 주요 역할은 당과 국가의 정책에 근거하여 국민경제와 사회발전의 장기, 중기 및 연도계획을 편제하고 종합적인 균형을 책임지며, 계획집행 상황을 감독하고, 전국 기본건설업무를 조직하고 협조케 하였다(中國行政管理學會 2003; 394). 즉 기획업무를 집행, 조정할 기구의 분산화를 막고 부(部), 위원회 간의 정책기획과 조정업무를 보다 단일화하여 능률적으로 처리하기 위해 국가계획위에 계획기능을 전담시켰다. 개혁개방과 함께 논란이 되었던 경제관리체제개혁 중 '계획과 시장'관계의 조정에 대해 국가계획위의 공식적인 입장은 1983년 1월 22일 「계획관리의 개선과 강화에 관한 의견」(關於改進和加强計劃管理的意見, 이하 「의견」)을 통해 표명되었다(劉仲藜 2009). 이와 같은 국가계획위의 계획관리체제 개선과 관련된 의견은 개혁개방 이후 발생하는 지방분권화 움직임에 대해 중앙집중적 경제관리를 강화하려는 보수파의 입장이 강하게 들어있다. 특히 계획에 시장조절을 결합시키려는 것은 이전 천윈과 쉐무차오의 '조롱경제'(鳥籠經濟)의 논리를 수용했다고 할 수 있겠다. 이는 자오쯔양을 비롯한 개혁파의 전면적인 경제체제개혁에 대한 당의 원로 보수파들과 국가계획위 내부 관료들의 반발에 기인한 것이다.

이러한 국가계획위의 역할 강화에 대해 개혁파는 1984년 7월 중국공산당 당 중앙 재정경제영도소조(黨中央財政經濟領導小組)를 개최하고, 국가계획위 기구와 계획업무에 대한 개혁을 논의하였다. 이 회의에서 자오쯔양은 계획체제 개혁과 관련된 중요한 두 가지 문제에 대해서 지시하였는데, 첫째, 국가계획위의 지령성 계획을 축소시키고 법적 강제력이 없는 지도성 계획과 시장조절기능을 확대하고 둘째, 시장조절 확대 이후, 기업활동의 활력을 불어넣고 경제발전에 따르는 중대한 문제를 예방하기 위해 반드시 경제적 수단에 따른 거시경제 관리를 실행하도록 지시하였다(白和金 2002, 124). 이러한 자오쯔양의 지시는 국가계획위 내부의 심각한 논쟁을 유발하였다. 1984년 9월에 열렸던 '국가계획위 계획업무 좌담회'(國家計委召開計劃工作座談會)에서는 이 문제가 본격 논의되었다. 이 회의에서 일부 국가계획위 관료들은 국가계획위 권한을 국영기업과 같은 하부 단위로 적극 이양하고 계획 부문은 중장기 계획만을 담당하자고 주장한 반면, 다른 관료들은 계획관리체계의 개혁에는 동의하지만 국영기업에까지 권한을 이양하는 것은 바람직하지 않다고 주장했다. 또한 5개년 계획 이외의 연도계획은 기업의 적극성을 추동하기 위해 이양하는 것이 바람직하다는 의견과 장기, 중기, 단기 계획의 종합균형이라는 관점에서 이는 좋지 않다고 주장하기도 하였다(柳隨年 1984, 27).

국가계획위 개혁과 관련한 내외의 압력으로 인해, 제12기 3중전회에서 「경제체제개혁에 관한 결정」이 성안되기 전인 1984년 10월 4일, 『계획체제 개혁에 관한 약간의 임시규정」(關於改進計劃體制的若幹暫行規定, 이하 「임시규정」)이라는 국가계획위의 개혁방안이 제시되었고, 「임시규정」에서 제시된 12가지 개혁방안은 국무원에 제출되어 비준을 받았다(房維中 · 桂世鏞 1987, 544). 이 「임시규정」은 1983년 국가계획위가 제시한 「의견」을 일부 수용하면서 더 나아가 지령성 계획 범위를 축소하고 지도성 계획과 완전 자유시장조절적 범위를 확대하는 것을 기본원칙으로 하고 있다. 「임시규정」은 국가계획위 권한축소를 줄기차게 주장한 자오쯔양을 비롯한 개혁파의 요구를 수용한 것으로써 이후 개혁개방의 심화 과정에서 국가계획위의 활동방향과 역할을 규정하는 중요한 문건이다.[91]

III. 국가계획위 개혁: 정치적 타협의 산물

1984년의 「임시규정」으로 인해 국가계획위의 역할은 대폭 축소되었다. 이는 국가계획위 물자국이 관리하는 물자품목수로도 알 수 있는데, 1984년 256개의 품목관리에서 1985년에는 65개 품목으로 대폭 줄어들었고, 급기야 1986년에는 20품목으로까지 줄었다. 또한 국가계획위가 관리하던 공업제품의 지령성 품목이 1984년 123개에서 1985년에는 60개로 줄어들어 총공업생산액의 40% 가까이 되던 것이 17%로 떨어졌다. 또한 관리 수출입품목 역시 1984년 70개 품목에서 1986년 36개 품목으로 감소하였으며, 기본건설의 관리도 예전에 1,000만 위안 이상의 항목을 관리하였으나 1986년에는 5,000만 위안 이상의 항목만을 관리하게 되었다(房維中 · 桂世鏞 主編 1987, 470; 國分良成 1991, 184).

국가계획위의 역할 축소 방향은 5개년 계획의 작성과정에서도 나타났다. 1985년 「6 · 5계획」이 끝나고 1986년부터 「제7차 5개년 계획」(이하, 「7 · 5계획」)이 시작되는데 여기에서 국가계획위는 절차상의 업무만을 담당했고 「7 · 5계획」 작성은 국가계획위를 대신해 중공중앙 서기처와 국무원을 중심으로 진행되었다. 먼저 국무원은 1983~1985년 초까지 「7 · 5계획

91_「關於改進計劃體制的若幹暫行規定」」http://cpc.people.com.cn/GB/64184/64186/66679/4493940.html(검색일: 2016. 01. 24.)

」작성을 위해 관련부서와 각계 전문가로 일종의 '태스크 포스'를 구성하였다. 이들은 「7·5계획」 기간 중 중국경제와 시회발전의 중대한 문제에 대해 연구조사를 담당하여 충분한 토론을 거친 후 초보적인 형태의 보고서를 작성하였다. 이후 1985년 4월에서 9월까지 이 보고서에 기초하여 중공중앙은 당 내외 각계 의견을 청취하고 반복해서 수정하고 이를 207명이 참석한 당정군의 각 분야 책임자가 참석한 토론회에 제출하여 심사를 받았으며 동시에 각 성, 자치구, 직할시 등에서 당 위원회를 중심으로 토론회를 개최하여 의견을 수집하였다(鄭一龍·王紹光·胡鞍鋼 2013, 114-122). 이러한 과정이 끝난 후 9월 중국공산당 전국대표자회의에서 「중공중앙의 국민경제와 사회발전 제7차 5개년 계획 제정에 관한 건의」(中共中央關於制定國民經濟和社會發展第七個五年計劃的建議)가 통과되어 「7·5계획」의 기본사상과 임무 그리고 건설방향이 확정되었다. 이후 국무원은 중공중앙의 건의에 입각해 「7·5계획」 초안에 대한 정식편제에 들어가 초고의 작성완료 후 중공중앙 서기처와 국무원 책임자들 간의 몇 차례의 심사와 토론을 거쳐 국무원 소속 각 부와 위원회 그리고 소속 기관의 책임자들의 의견을 청취하였다. 그리고 당 외의 민주당파 책임자와 무당파 인사들과 좌담회를 개최하여 그들의 의견을 취합하고 난 후, 최종적으로 중국공산당 정치국 토론을 통과하였다. 이러한 통과된 안은 1986년 3월 6기 전인대 4차회의에서 「중화인민공화국 경제와 사회 발전의 제7차 5개년 계획(1986-1990)」[92]으로 정식 통과되어 실행되었다(姚開建·陳勇勤 2003, 264-265).

그동안 5개년 계획을 전담해 왔던 국가계획위는 「7.5계획」 입안 과정

92_「中華人民共和國國民經濟和社會發展第七個五年計劃」 http://cpc.people.com.cn/GB/64184/64186/66679/4493897.html(검색일: 2016. 01. 24.)

에서 이렇듯 철저하게 배제되었다. 국가계획위 관료들과 전문가들이 불만 또한 증폭되었는데 이러한 분위기 속에서 1986년 9월 국가계획위가 중심이 되어 개최한 '전국 거시경제 관리문제 토론회'(全國宏觀經濟管理問題討論會)에서 참석자 모두 계획적 상품경제론의 '계획' 부문을 강조하고 상품경제가 갖는 맹목성과 낭비를 시정하기 위해 국가계획능력 범위 내에서 감독 권한을 강화해야 한다는 의견을 제시하였다.[93] 국가계획위 존폐 위기가 비등한 상황 속에서 개최된 1987년 13차 당대회에서는 개혁파인 자오쯔양이 당 총서기로 임명되고, 보수파인 리펑이 총리직을 대리하게 됨에 따라 모든 관심은 향후 있을 국가기구 개편에 모아졌다. 국가계획위가 살아남을 수 있을 것인가 그렇지 않으면 폐지될 것인가의 중대 기로에서 있었던 것이다.

1988년 제7기 전인대 1차회의에서 통과된 국가기구개편에서 국가계획위는 살아남았다. 그러나 대대적인 조직개편과 인적 쇄신을 주문받았고, 국가계획위는 새로운 역할과 인적 구성을 통해 부활하였다. 1980년대 내내 진행되었던 '계획과 시장' 간의 논쟁이 계획을 '주'(主)로 삼고, 시장조절을 '보'(輔)로 삼는다'는 계획우위 경제관리체제는 막을 내렸으나, '국가가 시장을 조절하고 시장이 기업을 유도한다'는 국가의 거시조절성 경제관리체제로 전환의 시대가 개막되었기 때문이다. 중국공산당은 국가계획위를 폐지하지 않고 거시조절을 통한 경제관리를 담당하도록 하는 한편 폐지를 둘러싼 내부 갈등을 '봉합했다'. 봉합할 수밖에 없었던 이유는 개혁파의 경제사령탑이라고 할 수 있는 '국가경제위'를 폐지하는 대신 보

93_이 회에서 논의된 자세한 내용은 「加強宏觀經濟管理推動計劃體制改革: 全國宏觀經濟管理問題討論會紀要」, 『計劃經濟管理』 12(1986)를 참고할 수 있다.

수파의 마지막 보루인 '국가계획위'의 조직과 인원을 대폭 축소하고 기존의 기능과 역할을 근본적으로 재조정하는 것으로 개혁파와 보수파 간 경제체제 개혁의 타협점을 찾았기 때문이다.[94]

제13차 당대회에서 경제체제개혁 방향에 따라 이루어진 국가기구개편은 시장조절 기능의 확대에 따른 정부 기구의 기능에 대한 전반적인 전환을 목표로 삼고 있다. 이는 국가기구 개혁과 정치체제개혁을 결합시켜 '당정분리'(黨政分開)를 원칙으로 하면서, 국가기구뿐만 아니라 당의 기능과 역할까지를 전환시키는 대대적인 개편이었다고 할 수 있다. 이러한 원칙에 따라 국가기구의 기능은 행정에서 기업을 분리시키는 '당기분리'(黨企分開)를 기본으로 하여 기업의 자주권과 자율성을 확대하는 한편, 지령성 계획에 따른 정부의 직접적인 관리를 대폭 축소하고 지도성 계획과 시장조절 기능의 강화를 통한 간접적 관리로 전환하였으며, 미시적 관리에서 거시적 관리로 전환하였다(陳東琪 2000, 81-82; 王紹光 2000, 21-56; 徐湘林 2004, 97; 劉志峰 1998, 304-305). 1988년 개편의 핵심은 역시 국가계획위의 역할과 권한을 새롭게 규정하는 것이었다고 해도 과언이 아닐 것이다. 자오쯔양과 개혁파는 이러한 취지에 따라 종래의 국가계획위와 국가경제위를 모두 폐지하고 두 기구를 통합하여 새롭게 '국가계획위'(國家計劃委員會)를 설치하였다. 신설된 국가계획위는 국민경제와 사회발전 종합부문과 종합경제관리 부문만을 관리하고 미시관리와 업종관리의 기능은 전업공사(專業公司)나 유관기관으로 하방하였으며, 대신에 발전전략, 산업정책, 기술정책에 대한 연구를 중점적으로 시행하는 기관으로 전환되었다.[95]

94_국가경제위의 폐지는 리펑을 중심으로 한 보수파와 국가계획위가 자오쯔양의 경제적 영향력 약화시킬 목적으로 자오쯔양과 관료조직 간의 연결고리를 차단하기 위해 작업한 결과이라는 해석이 있다(Shirk 1993, 111; Wang & Fewsmith 1995, 63)

1988년 국가기구 개편을 통해 정리된 국가계획위의 기능과 역할을 살펴보면, 중장기 계획을 작성하고 경제와 사회발전의 전략적 목표를 설정하는 본래의 역할을 유지하는 한편, 산업정책, 기술정책, 분배정책, 대외경제정책 등 거시경제관리와 관련된 정책의 제정에 더 많은 역점을 두고 있다. 특히 계획을 대체하여 국가의 자원으로 조절이 가능한 재정이나 물가 그리고 환율 등 시장조절적 지렛대를 경제관리의 주요 수단으로 삼아 거시경제 조절과정에서의 각 부문이나 지역과 협력 · 조정을 조직하고 이를 수행하는 정책조정자 역할 역시 부여받고 있다. 이러한 정책적 협력과 함께 시장경제에 필요한 경제적 법규와 규정을 제정하는데 있어서도 국가계획위가 각 부문이나 지역 간의 의견을 조율하도록 하였는데 이는 중장기 국가목표와 정책 그리고 법규 간 조화를 염두에 두고 있다는 점을 알 수 있다(國家機構編制委員會辦公室 1991, 223).

국가계획위의 이와 같은 기능과 역할에 대한 재조정에도 불구하고 '계획과 시장조절'을 둘러싼 개혁파와 보수파 간의 정치적 정책적 갈등은 해소되지 않았다. 후야오방의 퇴진 이후 덩샤오핑의 적극적인 지지하에 자오쯔양이 야심을 가지고 추진한 1988년의 개편은 개혁개방 이래 만연되고 있는 관료들의 부정부패와 정경유착 그리고 매점매석으로 인한 물가상승 등에 따른 국민 생활 불안 등으로 암초에 부딪히게 되었다. 보수파로부터는 당정분리와 정기분리 등 당의 기능과 계획관리의 포기를 선언한 조급한 정치경제체제개혁으로 국민경제가 균형을 상실하였으며, 이를 해결할 수 있는 안정적 경제관리가 이루어지지 못해 발생하는 부작용이

95_「關於國務院機構改革方案的說明(1988年)」 http://www.npc.gov.cn/wxzl/gongbao/2000-12/26/content_5002068.htm(검색일: 2016. 02. 09.)

라고 공격을 받았으며, 급진적 지식인 그룹으로부터는 정치적 민주화와 경제적 자유화가 더디게 진행되면서 나타나는 부작용으로 인해 나타난 현상이니만큼 좀 더 과감한 정치적 경제적 개혁이 필요하다는 요구가 분출하였다. 이는 결국 1989년 '6.4천안문사건'으로 이어지고, 천안문사건 이후 보수파의 '조롱경제'와 '사회주의 시장경제론'이 대립하게 되면서 국가계획위는 다시 한번 풍랑을 맞게 되었다.

9장

체제전환 시기 계획관료 구성변화

I. 1982년 국가기구 개편 따른 국가계획위 구성

위추리의 뒤를 이어 1980년 국가계획위 주임으로 임명된 야오이린(姚依林)은 국가계획위의 수술을 단행하고 조정정책을 추진하였다. 그러나 국무원의 지도보다는 자오쯔양이 주임을 맞고 있던 '중공중앙재정경제영도소조'의 직접적인 지시 하에 업무를 진행하였다는 점에서 위추리 체제의 국가계획위와는 다르다고 할 수 있다. 이러한 이유 때문에 야오이린은 국가계획위의 권한을 확대하고 경제관리 전반을 책임지는 명실상부한 '경제관리의 총사령탑'의 역할을 했다고 할 수 있다. 이어 1982년 5월, 국가기구에 대한 대대적인 개편이 시작되면서 국가계획위에 국가기본건설위원회와 국가농업위원회 그리고 국가기계공업위원회 등의 많은 기구를 병합하였으며, 연도계획의 집행을 관리하기 위해 신설된 국가경제위원회와 협력하여 경제업무를 관장하였다. 당시 국가경제위는 명목상 국가계획위와 같이 국무원 산하의 하나의 위원회로 설립되어 국가계획위와 협력관계를 유지하도록 규정하였으나, 내용상으로는 국가계획위의 '통일계획,

종합균형'의 방침에 따라 장기, 중기계획에 따른 연도계획을 담당했기 때문에 국가계획위의 상시적인 지시와 감독을 받을 수밖에 없었다.

국가계획위의 권한과 역할이 확대됨에 따라 이를 담당할 관료들에 대한 교체가 또한 이루어졌다. 1980년 주임 1명, 부주임 15명, 고문 2명으로 '화궈펑-위추리' 라인을 따라 구성되었는데, 1982년에는 여기에 제1부주임을 두어 국가계획위를 총괄 관리하도록 하는 한편, 부주임을 9명으로 줄이는 대신 과거 부주임 중 4명을 남기고 5명을 새로운 인사로 교체하여 국가계획위의 내부는 '위추리 체제'에서 '야오이린 체제'로 전환되었다. 과거 국가계획위의 부주임 중 팡웨이중, 간쯔위, 구수롄, 진시잉(金熙英) 등을 제외한 천셴(陳先), 황이청(黃毅誠), 루커바이(呂克白), 자오둥완(趙東宛), 허캉(何康)이 1982년 5월 새로 임명되었고, 과거 부주임이었던 위안바오화(袁寶華)는 국가경제위 부주임으로 전출되었다. 국가계획위와 국가경제위의 양 위원회 부주임을 겸하고 있던 마이(馬儀)는 국가경제위 업무만을 맡게 되었다. 당시 국가계획위 고문 중 한 명이었던 궈훙타오(郭洪濤) 역시 국가경제위 고문으로 이동했다.

새로 임명된 국가계획위의 부주임 중 쑹핑(宋平)은 야오이린 주임과 같이 칭화대학교를 졸업하고 1936년 '해방선봉대'를 통해 공산당 활동을 시작하였으며, 이후 옌안 마르크스-레닌주의학원 조직과 과장 그리고 교육처 처장을 거쳐 중국공산당 연구실 비서장으로 활동하면서 정통 마르크스-레닌주의 학습에 전념하였다. 해방 이후에는 동베이(東北)지방으로 건너가 동베이총공회 부주임을 거쳐 이후 국가계획위가 설립되면서 국가계획위 노동국 국장을 거치 국가계획위 부주임이 되었다. 문혁기 서북지방으로 하방되어 시베이국(西北局) 계획위 주임으로 활동하다 1981년 국가계획위 제1부주임으로 임명된 정통 계획경제 관리 전문가라고 할 수 있다

(沈學明 · 鄭建英 2001, 393). 천원과 동베이지역 경제건설에 참여한 경력으로 보아 천원의 '조롱경제론'에 입각한 계획업무활동을 했다고 볼 수 있으며, 제1부주임으로 발탁된 것 역시 칭화대학을 졸업하고 마르크스-레닌주의에 정통한 그의 경력과 무관하지 않다고 할 수 있다.

〈그림 8〉 국가계획위의 기구편성(1982~1987)

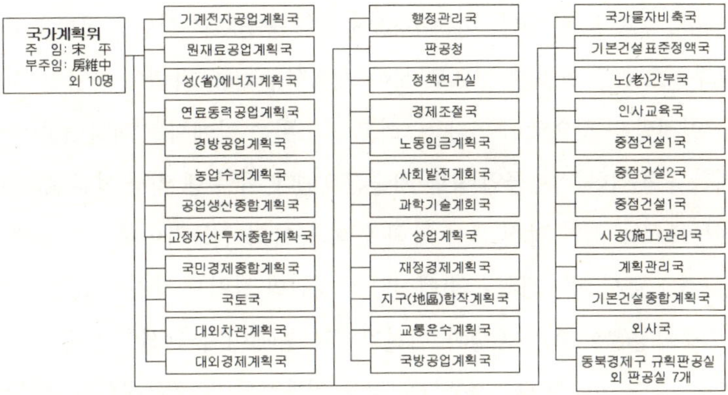

※ 자료: 勞動人事部編制局 編(1988)에 근거해 필자 작성

〈표 10〉 국가계획위 인적 구성(1982.8)

主任	姚依林
第1副主任	宋 平
副主任	陳 先, 房維中, 甘子玉, 顧秀蓮, 黃毅誠, 金熙英, 呂克白, 趙東宛, 何 康
顧問	薛暮橋

※ 자료: 何虎生 · 李耀東 · 向常福(2003, 248); 『中國組織別人名簿』(1983, 121-122)에 근거해 필자 작성

부주임 천셴(陳先)은 1940년 공산당에 입당하여 해방구의 물자관리를 담당했으며, 화동건설대학 재경학과 주임과 산둥성 옌타이시 공상국 국장을 거쳐 해방 후에는 푸젠성과 화동지역에서 회계 분야에 근무했다. 이

후 국가계획위 종합국 부국장으로 발탁되어 중앙에 진출하였다. 국가계획위 종합국 국장, 통계국장 등을 거쳐 부주임으로 임명되었다. 천셴은 물자관리 및 통계 분야의 전문 기술관료라고 할 수 있는 인물이라고 할 수 있다. 또 한 명의 부주임인 팡웨이중은 동베이대학을 졸업하고 국가계획위 연구편집실 부처장을 통해 국가계획위에 들어와 국가계획연구실 책임자를 맡는 등 국가계획관련 연구활동에 종사한 국가계획위 내의 계획이론가라고 말 수 있다. 이는 1983년 천윈 중심으로 설립된 국가계획학회 부주임으로도 활동한 것으로 보아 계획학(計劃學) 방면에 상당한 전문성을 인정받은 것으로 보인다. 그리고 간쯔위는 앞에서 지적하였듯이 중산대학을 졸업한 기계공업 방면 기술관료였다. 구수롄 역시 선양(瀋陽) 야금전문학교 졸업한 방직 분야 특히 염색 분야의 전문가이며 고급경제사(高級經濟師)로서 국가계획위의 핵심당조 성원의 경력을 가지고 있었다.

황이청(黃毅誠)은 쑹핑과 마찬가지로 동베이지역 선양에서 기계공업 특히 증기터빈 분야의 전문성을 갖춘 전문가이며, 국가계획위 종합국 부국장으로 국가계획위에 들어와 부주임으로 승진하였다. 부주임 진시잉은 기본건설 분야 고급 공정사로서 국가계획위 기본건설 판공실 부주임으로 들어와 기본건설종합국 부국장 등을 거쳐 부주임으로 재임명되었고, 뤼커바이(呂克白)은 국토 건설 기획 분야의 전문가로서 1953년부터 국가계획위, 국가경제위에서 활동하였으며 1981년 국가건설위 부주임으로 임명된 후, 1982년 국가건설위가 국가계획위에 병합됨에 따라 국가계획위 부주임이 되었다. 자오동완(趙東宛)은 옌안(延安) 자연과학원 팔로군의과대학을 졸업하고 건국 후에는 동베이인민정부 기업관리국 처장을 거쳐, 푸순시(撫順市) 푸순 중형기계공장 공장장으로 근무하다가 소련으로 유학하여 소련중형기계연구원을 졸업한 후, 제1계기공업부 국장 그리고 국가과학위 부주임 겸 국가계획위 부주임으로 임명된 압연분야 전문 기술관료이며, 허캉(何康)은 광시(廣西)대학 농학원을 졸업하고 농업 분야 전문가로서 농업부 부부장 겸 국가농업위 부주임으로 있다가 국가농업위가 국가계획위에 병합됨에 따라 농업부 부주장과 국가계획위 부주임을 겸임하게 되었다.[96]

이와 같이 1982년 5월까지 국가계획위 부주임으로 임명된 중 쑹핑을 제외하고 거의 모두 전문 기술관료이고 거의 모두가 대학 이상의 학력을 가지고 있으며, 이들 중 2명이 소련 유학파라는 특징이 있다. 또한 그동안 국가계획위의 인적 구성에서 가장 큰 특징이라고 할 수 있었던 동베이지역 출신 비율 역시 높아 쑹핑을 비롯해 팡웨이중, 구수롄, 자오동완, 황이청 등 5명으로 전체 부주임 중 50%를 차지하고 있다. 또한 허캉(何康)을 제외한 대부분이 국가계획위에서 중앙활동을 시작하여 내부 승진을 통해 부주임으로 임명되고 있다는 점 또한 특징이라고 할 수 있다.

이후 1983년 6월 18일, 제6기 전인대 제1차회의에서 자오쯔양이 총리로, 완리, 야오이린, 리펑, 톈지윈(田紀雲)이 부총리에 임명되어 쑹핑이 국가계획위 주임을 맡게 되면서 국가계획위의 인적 구성은 부주임 1명을 교체하고 고문 2명을 보완하는 등의 약간의 변화가 있었다. 이후 부주임들은 시기마다 교체되었지만, 팡웨이중, 간쯔위, 황이청, 진시잉 등 4명의 주요 부주임들은 1988년 국가기구의 전면적인 개편 때까지 국가계획위 부주임으로 활동을 지속했다. 1987년 후야오방 실각 이후, 쑹핑이 중국공산당 조직부 부장으로 이동하게 되면서 다시 야오이린이 개편 전까지 약 1년간 국

96_이상의 인명 정보는 中國人名詞典編輯部, 『中國人名大詞典(現任黨政軍領導人物券)』, (1992)을 참고하였다.

가계획위를 맡았지만 국가계획위의 '쑹핑 체제'는 대체적으로 1983년의 틀을 유지했다고 할 수 있다.

쑹핑이 주임으로 임명되면서, 1983년 허캉(何康)이 부주임에서 해임되고 이 공백을 상하이자오통대학 조선학과(造船學科)를 졸업한 중국공산당 중앙위원회 위원인 장서우(張壽)가 이어받아 활동했다. 장서우는 상하이자오통대학 선박제조학과 주임과 제1부교장, 대학교 당위원회 부서기 등을 거친 이공계 교수로서 국가정보센터주임 겸 국가계획위 부주임으로 외부에서 발탁한 인사였다. 또한 새로 마훙(馬洪)과 리런준(李人俊)을 고문으로 보강하였는데 이들은 과거 국가계획위에서 활동한 경력이 있는 인물들로서, 마훙은 옌안 마르크스-레닌주의학원을 졸업하고 이후 중공중앙연구실 연구원 등으로 근무한 경력이 있는 학자이다. 그는 중공중앙 동베이국정책연구실 주임을 거쳐 국가계획위 위원, 비서장으로 중앙에 진출하였고 문혁 이후에는 중국사회과학원 공업경제연구소 소장을 맡아왔다. 리런준 역시 건국 이후 국가계획위 부주임으로 활동한 바 있다.

1987년 쑹핑이 국가계획위 주임에 중공중앙 조직부 부장으로 이동하기 전의 국가계획위는 부주임 10명, 고문 5명으로 부주임의 수를 1명 늘리고 고문 3명을 보강하였다. 중간에 교체된 부주임으로는 류중이(劉中一), 류수이녠(柳隨年), 간즈젠(幹志堅), 쉬칭(徐青), 판무한(範慕韓), 쩡셴린(曾憲林)이 있으며, 고문은 마훙이 나가고 쯔수판(紫樹藩), 두완윈(段雲), 쑹사오원(宋劭文)이 새로 보강되었다. 뤼커바이(呂克白)은 부주임에서 고문으로 이동하였다(『中國組織別人名錄』 1988, 82-83).

〈표 11〉 국가계획위 인적 구성(1987)

主任	宋平
副主任	房維中, 甘子玉, 黃毅誠, 金熙英, 張 壽, 劉中一, 柳隨年, 幹志堅, 徐靑, 範慕韓, 曾憲林
顧問	紫樹藩, 李人俊, 段 雲, 宋劭文, 呂克白

** 자료: 『中國組織別人名錄』(1988, 82-83)에 근거해 필자 작성

1984~1987년에 임명된 부주임 중 류중이는 1948년부터 공산당 활동에 참가했으며, 중위안대학(中原大學) 통계학과를 졸업하고 1954년에 공산당에 가입, 국가계획위 농림수리계획국 간사로 국가계획위에 들어와 말단에서부터 승진을 거듭해 온 농업경제방면의 고급경제사인 전문 기술관료이다. 류수이녠은 1947년 공산당에 가입, 시베이지역 경제 부문에서 활동하였으며, 이후 국가계획위 종합국 종합처 부처장으로 국가계획위에 들어와 국가계획연구소실 주임, 부소장, 소장을 거쳤으며, 국가계획위 종합계획국 국장, 위원 등을 거쳐 부주임에 임명된 국가계획위 내부에서 승진한 경제 관료였다. 간즈젠은 저장성 즈장대학(之江大學) 기계과를 졸업하고 1950년 공산당에 가입, 모스크바 석유학원 대학원에서 박사학위를 받은 해외 유학파이며, 고급공정사(高級工程師)로 연료화학공업부 기계제조국 부국장을 거쳐 국가계획위 국장과 위원 그리고 부주임에 임명되었으며, 쉬칭은 상하이자오통대학을 졸업하고 1952년 공산당에 가입하여 철도부 주임, 부처장을 거쳐 국가건설위 교통국 부국장, 국토국 국장을 거쳐 국가계획위 국토국장으로 국가계획위에 들어와 위원과 부주임에 임명된 고급공정사이다. 판무한은 베이징대학을 졸업하고 1941년에 공산당에 가입한 후 주로 동베이지역의 군사공업 분야에 활동해 왔으며, 국가계획위 설립 당시 군사공업부 국장으로 국가계획위에 들어와 부주임으로 늦게 임명된 국가계획위의 초기 멤버이다. 마지막으로 쩡셴린은 1947년 공

산당에 가입하였고 허베이대학 공학대학원을 졸업하였으며, 모스크바대학에서 입업기계공업관련 학과를 졸업한 해외유학파로 기계공업부 부국장을 거쳐 1984년 국가과학위 부주임과 국가계획위 부주임으로 임명된 고급공정사이다.[97]

〈표 12〉 국가계획위의 인적 구성상의 특징(1983~1987)

	대졸학력	해외유학파	전문 기술관료	동베이 연고	내부승진
인원(명)	14	5	5	8	14
비율(%)	87.5	31.3	31.3	50.0	87.5

* 설명: 1. 총 20명이나 이 중 4명은 중복되었다. 따라서 16명을 조사한 결이다.
2. 16명 중 대학이상 학력은 옌안 마르크스-레닌주의학교(원??) 등 정규교육이 아닌 경우에도 포함하였다. 학력이 확인되지 않을 경우 제외하였다.(金熙英과 呂克白)
3. 동베이 연고 속에는 동베이 지역에서 활동한 경험이 경우 모두 포함했다.
4. 경력 중 한 번이라도 국가계획위에 근무한 적이 있으면 내부승진에 포함하였다.

** 자료: 필자 작성

이와 같이 새로 임명된 부주임은 국가계획위에서 오랜 기간 활동한 전문 경제 관료이거나 기타 부(部)나 위원회에서 국장 등 부주임, 주임으로 활동한 인사들이다. 쑹핑이 주임으로 있던 시기 국가계획위의 주임과 부주임을 포함해 총 16명이 임명되거나 해임되었다. 이를 학력, 유학경험, 전문성, 지역적 특성 등을 가지고 분석해 보면 대학 이상 학력을 가진 관료는 전체 16명 중 14명 87.5%를 차지했으며, 소련에서 유학경험이 있는 사람도 5명이나 되었다. 또한 부주임 임명 전 국가계획위에서 활동한 적이 있거나 활동하고 있는 간부의 수는 전체 16명 중 14명이나 되어 거의 내부승진을 통해 부주임으로 발탁되었음을 알 수 있다.

97_이상의 인명정보는 中國人名詞典編輯部, 『中國人名大詞典(現任黨政軍領導人物券)』(1992) 참고하였다.

그리고 전문성 부문에서 고급 엔지니어이거나 고급 경제사인 경우가 전체의 31.3%이며, 동베이지역에서 근무했던 경력이 있는 주임과 부주임의 수가 여전히 매우 높은 비율로 나타나고 있다. 이들은 동향은 아니지만 비슷한 시기에 즉 항일전쟁이 끝나고 건국 이전 시기까지 같은 곳에서 근무했던 것에서 볼 때, 업무 관계로 연결되어 있었음을 추정할 수 있다. 국가계획위 내의 계파가 존재하는지 파악할 수 없으나 만약 존재한다면 대학 출신별로 조성된 계파는 당시까지 나타나지 않았으며, 동베이지역 근무경험으로 형성된 계파가 가장 큰 대표적인 그룹이라고 할 수 있겠다.

II. 1988년 기구개편에 따른 국가계획위 조직 구성

앞서 지적했듯 1982년 개편 이후 국가계획위의 하부기관의 수는 설립 이래 최대로 증가하였다. 설립 당시 20개의 국(局)과 실(室)로 출발해서 조정 기간 증가하였다가 문화혁명 시기는 11개 조(組)로 편성되어 있었다. 그러나 1977년 기구복원과 함께 증가했던 기구들이 1982년 기구개편 시 약간 줄어들었지만, 개혁개방이 가속되면서 이를 관리할 기구들이 하나 둘씩 생기고 이에 맞춰 인원 역시 증가해, 1987년에는 판공청 1개, 정책연구실 1개, 국 33개, 판공실 8개로 세분화되었고 인원 또한 비대화되었다. 그러나 인원의 증가보다 더 심각한 것은 계획을 전문적으로 다룰 유능한 전문가들이 부족했다는 점이다.[98]

98_팡웨이중 국가계획위 부주임에 의하면, 1980년 초까지만 해도 지방의 계획위원회의 경우 50세 이상이 전체 1/3을 넘었고 소학교 이하의 학력을 가진 인원이 2/5나 되었다고 한다(房維中 1982, 20).

1984년 「경제체제개혁에 관한 결정」이 있고 난 후, 중공중앙조직부와 국가노동인사부는 당 중앙의 지시 하에 '국가행정기관 인사제도의 개혁을 위한 총체적 사상과 법규'에 대한 연구에 착수하여 「국가기관 공작인원법」(國家機關工作人員法) 초안을 작성하였다. 이는 제11기 3중전 이후 4개 현대화와 경제건설을 위해 덩샤오핑이 지속적으로 추진해 왔던 '간부 4화'(幹部四化) 방침을 법, 제도적으로 실현함과 동시에 관료주의에 찌들어 있는 구간부들을 전문성을 갖춘 능력 있는 새로운 간부들로 세대교체하기 위해 추진된 것이라고 할 수 있겠다. 이에 후야오방의 중공중앙 서기처가 직접 나서서 이 이슈를 관리했던 것으로 볼 때, 간부 제도가 갖는 문제의 심각성을 반영한 것이라 할 수 있다. 당시 개혁파와 보수파 사이의 '계획과 시장조절' 간의 논쟁, 당정분리와 당기분리 등 당의 기능과 역할 그리고 계획관리 기구의 역할 수정 등 정치체제 개혁과 간부 문제가 밀접하게 연계되어 있었기 때문이었다.

1985년 중공중앙 서기는 중앙조직부와 노동인사부가 작성한 초안을 받아 심사 한 후 이를 1985년 「국가행정기관 공작인원 조례」(國家行政機關工作人員條例)로 개칭하였고, 덩샤오핑의 지시에 따라 중공중앙 내에 '정치제제개혁연구토론소조'와 그 하부기관인 '간부인사제도개혁 전문문제조'(幹部人事制度改革專題組)를 설립하여 수정을 지시하였다. '소조'는 이 초안을 수정하여 「국가공무원 임시조례」(國家公務員暫行條例)로 개명하고 중공중앙에 제출, 중공중앙은 이에 원칙적으로 동의하였다. 이후 각계 전문가들의 의견을 수렴하여 재차 수정을 거친 후 제12기 7중전회에서 통과되었다(陳振明 2001). 그러나 국가공무원제도가 마련되기 전에 국가기관의 수와 인원 그리고 간부가 폭발적으로 증가하자 중공중앙은 1987년 4월 「기구, 편제, 간부인원 팽창 방지에 관한 통지」(關於制止機構,編制和幹部隊伍膨脹

的通知)를 하달하고 국가가 통일적으로 배치하는 인원을 제외하고 모두 선거제나 초빙제를 통해 간부 선발이 이루어지도록 강제하였다. 그리고 1987년 10월에 중공중앙은 13차 당 대회에서 '국가공무원 제도' 시행을 결정하였다(蔣碩亮 2008, 106-114; 溪流 2002, 7; 中國行政管理學會 2003, 420). 그러나 천안문 사태와 이후 보수파의 영향력이 강화되면서 시행되지 못했다.

이렇게 결정된 「국가공무원임시조례」 초안에는 먼저 간부 제도의 개혁은 경제건설을 중심으로 '4항 기본원칙'과 개혁개방노선을 견지하는 차원에서 이루어져야 하며, 인민을 위해 복무하는 원칙과 덕과 재를 겸비한 인재를 등용하는 것을 분명하게 제시하고 있다. 그리고 이를 실현하기 위해 첫째, 공개, 평등, 경쟁을 통해 우수한 인재를 선발하는 것을 원칙으로 삼고 있다. 이러한 원칙에 따라 인사관리를 투명하게 하고 공개시험, 공개채용, 공개선발, 공개상벌 등을 실현하고 사회적 배경에 따른 선발보다 직무수행 능력과 소양에 의해 선발하며, 경쟁을 통해 부정한 인사 관행을 없애고자 하였다. 둘째, 공무원제도를 법제화하고 전문화 직업화를 원칙으로 하여 법에 의한 인재의 관리와 신분의 보장 등 권리와 의무를 규정하였으며, 과학적인 훈련과 양성 교육을 통해 간부의 전문성을 제고하고자 하였다(蔣碩亮 2008, 110-113; 溪流 2002, 14-16).

1988년 기구개편에서의 국가계획위에 대한 개편은 비대화해진 국가계획위의 규모를 축소하여 산업정책이나 거시경제정책 그리고 경제 상황 예측 등 거시경제 조절을 담당할 수 있는 역량있는 연구기관으로 탈바꿈하려는 목표 하에 진행되었다.[99] 이를 위해 '국'(局) 편재를 '사'(司)로 바꾸

99_1988년 국가기구 개혁의 결과 부와 위원회는 41개로 감소하였고, 직속기구는 19개, 판사기구는 7개 및 판공청은 1개로 줄였다. 부나 위원회가 관리하는 국가급 국은 12개에서 15개로 조정하였다(蘇尙堯 1993, 16-18).

고, 총 43개였던 하부 전문기구를 26개로 대폭 줄였으며, 인원 역시 2,500여 명에서 1990년에는 편제인원은 1,558명, 부속편제인원은 214명 등 총 1,558명이었으나 실제인원은 1,294명으로 대폭 줄어들었다(國家機構編制委員會辦公室 1991, 215). 이 개편에서 가장 눈에 띄는 것은 이전에 세분화되어 있던 산업 부문 전문국을 생산조도국(生産調度局)로 통폐합하여 각 생산 부문의 관리와 배치를 담당하게 했다는 점이고, 새롭게 산업정책사(産業政策司)와 재정금융종합사(財政金融綜合司)를 설치하여 거시경제 조절을 위한 연구와 정책을 제정하도록 조정 하였다는 점이다.

산업정책사와 재정금융종합사의 설치는 1987년 자오쯔양의 지시 하에 바오퉁(鮑彤)이 주축이 되어 젊고 유능한 관료와 연구원으로 결성된 자오쯔양의 지낭(智囊, think tank)의 연구 결과에 따른 것이라 할 수 있다. 경제학자 천이쯔(陳一諮)를 비롯해 옌자치(嚴家其), 쑤사오즈(蘇紹智), 주자밍(朱嘉明), 우자샹(吳稼祥), 차오쓰위안(曹思源), 환유샹(還有象), 우궈광(吳國光), 저우치런(周其仁), 천시원(陳錫文), 왕사오창(王小強), 왕젠(王健) 등으로 구성된 전문가들은 국가계획위를 비롯한 중앙 관료들의 개혁에 대한 거부감과 반발을 극복하기 위해 '동아시아 발전 모델'과 '신권위주의'를 연구하고, 보수 관료들의 반발을 잠재울 수 있는 강력한 리더십을 갖춘 지도자의 필요성과 계획관리체제를 대체해 시장경제발전을 선도할 수 있는 기구의 설립이 요구된다는 점을 강조하였다(Baum 1994, 431). 이는 중국이 국가의 역할을 경제의 계획관리에서 거시시장조절로 전환하고자 하는 바를 의미하며, 거시조절 수단으로써의 산업정책과 금융정책의 중요성을 중시하고 있음을 알 수 있다.

〈그림 9〉 국가계획위 산업정책사와 재정금융종합사 구성(1990)

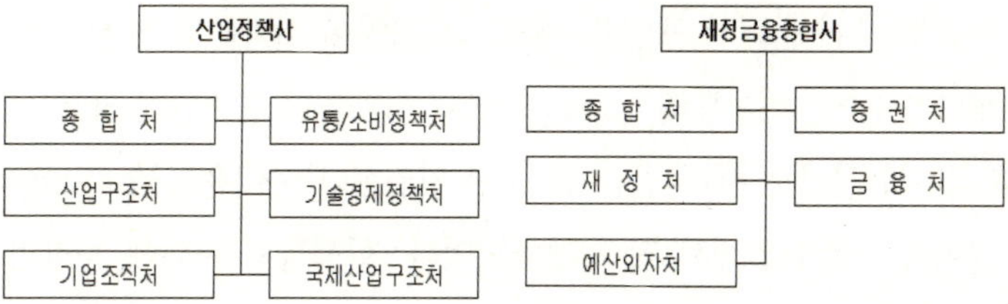

** 자료: 國家機構編制委員會辦公室(1991, 244-245)에 근거에 필자 작성

〈그림 10〉 국가계획위의 기구편성(1990년)

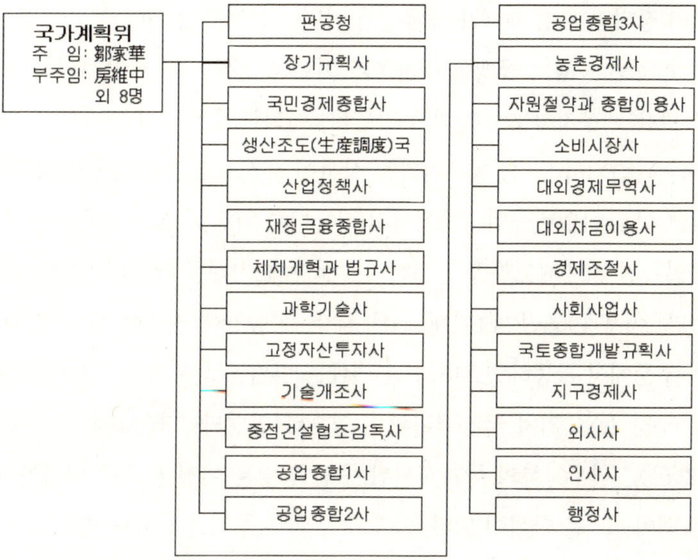

** 자료: 國家機構編制委員會辦公室(1991, 244-245);『中國組織別人名錄』(1991, 69-70)에 근거해 필자 작성

III. 기구개편에 따른 국가계획위 인적 구성 변화

천안문 사건에 대한 책임을 지고 자오쯔양이 실각하고 1989년 6월 24일 제13기 4중전회를 통해 상하이시 당위 서기였던 장쩌민이 당 총서기에 선출되면서 천안문 사태 진압 결정 시 기권했다는 이유로 후치리(胡啓立)가 정치국 상무위원에서 직위 해제되었다. 학생들의 시위에 동정적이었던 서기처 서기 루이싱원(芮杏文) 또한 해임되면서 경제개혁과 정치체제개혁을 추진하던 개혁파들이 궁지에 몰리게 되었다. 후치리를 대신하여 당시 톈진시 당서기였던 리루이환(李瑞環)이 정치국 상무위원에 그리고 전 국가계획위 주임이었던 쑹핑 역시 정치국 상무위원에 선임되었다. 이로써 장쩌민-리펑 체제가 중국정치 전면에 등장하게 된다.

1989년 쑹핑의 공백을 메운 야오이린의 뒤를 이어 국가계획위 주임직을 맡은 쩌우자화(鄒家華)의 등장 역시 이러한 중국정치 지도부의 세대교체와 관련되어 있다. 쩌우자화는 상하이 출신으로 1945년 공산당에 가입하고 이후 하얼빈공업대학에서 러시아어를 익힌 후 모스크바 바우만고등공업학원 기계제조과를 졸업한 뒤, 선양제2기계공장에 배치되어 근무하였다. 이후 1966년 제1기계공업부를 통해 중앙에 진출한 후 주로 국방공업 부문에서 활동하였으며, 1985년에는 병기공업부 부장과 기계전자공업부 부장 등을 거쳐 국가계획위 주임으로 임명되었다(劉賢俊 · 田爲本 1999, 627-629). 쩌우자화의 국가계획위 주임 임명은 이전 사례에 비춰볼 때 약간 의아스러운 구석이 있다. 개혁개방 이후 주임을 맡았던 쑹핑이나 야오이린 등은 국가계획위와 줄곧 관계를 맺고 활동했던 인물들이었지만 쩌우자화의 경우, 주임으로 임명되기 이전에 국가계획위의 위원이나 부주임 등을 거치지 않고 곧장 주임으로 임명되었기 때문이다. 이는 당시 국무원 총리였고 '보수파의 야전사령' 역할을 하였던 리펑의 영향력이 매우 컸다는 것을 짐작하게 한다. 쩌우자화와 리펑의 관계는 1940년대 말 같은 시기에 소련 유학을 했으며, 유학 시절 리펑과 함께 유학생 당 위원회를 결성해 리펑이 지부 서기에 그가 지부 위원에 선출된 적이 있는 만큼 두 사람 사이 관계가 매우 두터웠다고 할 수 있다.[100]

〈표 13〉 **국가계획위 인적 구성**(1988~1991.10)

主　任	鄒家華
副 主 任	房維中, 甘子玉, 劉中一, 張　壽, 郝建秀, 盛樹仁, 丁關根, 葉　靑, 陳光健, 芮杏文, 桂世鏞, 劉　江, 王春正, 姚振炎

* 설명: 張壽, 1989.10월 해임, 陳光健, 1991.10월 해임, 芮杏文, 1991.5월 임명, 桂世鏞, 劉江, 王春正, 姚振炎 1991.10월 임명되었다.

** 자료: 何虎生 · 李耀東 · 向常福(2003. 248); 『中國組織別人名錄』(1991, 78-79)에 근거해 필자 작성

국가계획위의 '쩌우자화 체제'는 앞선 '쑹핑 체제'보다 3명이 적은 8명의 부주임으로 출발하였지만, 1993년 쩌우자화가 부총리로 임명되어 주임직을 그만둘 때까지 총 14명의 부주임이 임명되거나 해임되었다. 과거 11명의 부주임 중, 황이청, 진시잉, 류수이녠, 간즈젠, 쉬칭, 판무한, 쩡셴린 등 7명이 해임되고 이들을 대신해 하오젠슈(郝建秀), 성수런(盛樹仁), 천광젠(陳光健), 예칭(葉靑), 딩관건(丁關根) 등 5명이 일차로 임명되고, 이후 1991년 5월에 루이싱원(芮杏文)이, 1991년 10월에는 구이스용(桂世鏞), 류장(劉江), 왕춘정(王春正), 야오진옌(姚振炎) 등이 추가로 임명되었다. 대신 장서우(張壽)는 1989년 10월에 그리고 천광젠(陳光健)은 1991년 10월 해임되어 12명의 부주임이 남게 되었다.

100_한편 쩌우자화의 장인은 원로 혁명가인 예젠잉이며,리펑 등과 함께 혁명가 2세들로 구성된 이른바 "태자당"(太子黨)의 일원이기도 하다(高新 2001, 199-202)

부주임들의 성향을 살펴보면, 먼저 하오젠슈는 구수롄에 이은 두 번째 여성 부주임으로서, 산둥성 칭다오 출신으로 건국 후 1954년에 공산당에 가입하였다. 화동방직공학원 방직공정과를 졸업한 면방직 분야의 고급공정사이며, 1977년까지 산둥성과 칭다오시를 중심으로 활동한 지방간부였다. 1977년 방직공업부 부부장으로 중앙에 진출하여 전국부련(全國婦聯) 부주석과 방직공업부 부장을 거쳐 국가계획위 부주임에 임명된 전문 기술관료이다. 성수런 역시 고급공정사로서 1950년에 공산당에 가입, 화중대학 경제학과를 졸업하고 제2기계공업부 부과장으로 배치되어 활동하였으며, 국가경제위 품질관리국장과 부주임을 역임하였다. 국가경제위가 국가계획위와 통합되면서 국가계획위 부주임으로 이동한 전문 기술관료이다. 딩관건은 1956년 공산당에 가입하였고, 장쩌민, 쑹핑 등이 졸업한 상하이교통대학 운수관리학과를 졸업하고 교통부 해운국 실습생으로 공직에 들어선 후, 1960년부터 철도부 부장비서실 비서(부장=滕代遠, 呂正操)를 거쳐 문혁 이후 1981년 철도부 외사국 부처장과 철도부 계획국 국장보, 교육국장을 역임하고 4년만에 부처장에서 1985년 철도부 부장으로 고속 승진을 하였다. 이후 1987년 13전대에서 중앙정치국 후보위원에 그리고 1988년에 국가계획위 부주임에 임명되었다가 장쩌민이 총서기에 선임된 이후 곧바로 1989년 중앙서기처 서기에 임명되었다. 딩관건은 장쩌민 중심의 이른바 '상하이방'(上海幇)의 일원이면서 전문 기술관료인 동시에 중국공산당의 통일전선을 담당한 당 관료이기도 했다.

부주임인 예칭은 안후이성 회이난탄광공업전문학교를 졸업하고 20여년 동안 헤이룽장성 지시(鷄西) 탄광 간부로 근무하였다. 1982년 석탄공업부 부부장 겸 수석 공정사로 중앙에 진출한 이후 1986년 국가경제위 부주임을 거쳐 1988년 국가계획위 부주임에 임명된 전문 기술관료이다. 루이싱원은 1945년 중국공산당에 가입한 이후 랴오닝성 다롄(大連)에서 활동을 시작하여 제7기계부 부부장을 거쳐 1984년 국가계획위 부주임에 잠시 임명된 바 있으나 곧 상하이시 서기로 전임되었다. 1987년 중앙서기처 서기로 활동하다 자오쯔양의 실각과 함께 해임되어 다시 국가계획위 부주임으로 '좌천'되었다. 구이스융은 중국인민대학 계획과를 졸업하고 국가과학원경제연구소에서 공직을 시작, 1973년 이후 국가계획위에 들어와 줄곧 국가계획위에서 활동하였다. 국가계획위 정책연구실 주임과 경제연구소 소장, 비서실장 등을 거쳐 부주임에 임명된 계획관리 전문관료라 할 수 있다. 류장은 1978년(당시 38세) 공산당에 가입한 신장(新疆) 군정건설병단농학원 목축과를 졸업하고 시장군구(西藏軍區) 생산기술원으로 공직에 들어와 베이징시 축목국 부처장, 국장을 거쳐 1986년 농목어업부 부부장을 거쳐 국가계획위 부주임으로 임명된 축산업 분야의 전문 기술관료이다(中共中央組織部 2004; 中國人名詞典編輯部 1992).

왕춘정(王春正)은 랴오닝성 출신으로 1972년(당시 34세)에 중국공산당에 가입하였다. 중국 런민대학(人民大學) 경제학과와 대학원을 졸업한 후, 당적이 없는 상태인 1963년 국가계획위 종합국 과원으로 시작하였다. 이후 종합국 처장과 부국장, 국장을 거쳐 1988년 국가기구개편 시 주임비서실 비서장 겸 종합사 사장(司長) 그리고 1990년에는 부주임에 임명된 국가계획위 내부 승진 간부이다. 천광젠 부주임의 경우 후난성 창사(長沙) 출신으로 후난성 추이(楚怡)고급공업학교를 졸업한 후 1954년에 공산당에 입당하였다. 동베이국 공업부 채광실 기술원을 거쳐 국가계획위 연료공업계획처 공정사로 중앙에 진출하여 국가계획위 고정자산투자종합계획국 부국장, 국장을 역임하고 국가계획위원 부주임에 임명된 고급공정사 출신인 내부 승진 인사라 할 수 있다. 마지막으로 야오진옌(姚振炎) 부주임은 상하이교통대학을 졸업하고 1956년에 공산당에 가입, 전력공업부 기초건설사 기사로 시작하여 부사장, 수리전력부 부총공정사와 부부장을 거쳐 국가계획위 부주임으로 발탁된 전문 기술관료이다(中共中央組織部 2004; 中國人名詞典編輯部 1992).

주임과 부주임 등 국가계획위 총 15명의 지도부 경력에 근거해 '쩌우자화 체제'의 인적 구성상의 특징을 '쑹핑 체제'와 비교해 살펴보면 〈그림 11〉과 같다. '쩌우자화 체제'는 전체 간부 중 루이싱원 부주임을 제외한 93.3%인 14명의 간부가 대학 이상의 학력을 가지고 있는 것으로 나타나고 있다. 이 중 상하이교통대학교 출신은 장수이, 딩관건, 야오진옌 등 3명, 중국인민대학 출신은 구이스융과 왕춘정 2명이다. 그리고 고급공정사나 고급경제사의 자격을 가진 간부는 총 8명으로 전체 절반 이상을 차지하고 있으며, 여기에 류장과 같이 축산업 분야의 전문가를 추가하면 그 비중은 더 높아진다.

〈그림 11〉 쑹핑체제와 쩌우자화체제 인적 구성 특징비교

(단위: %)

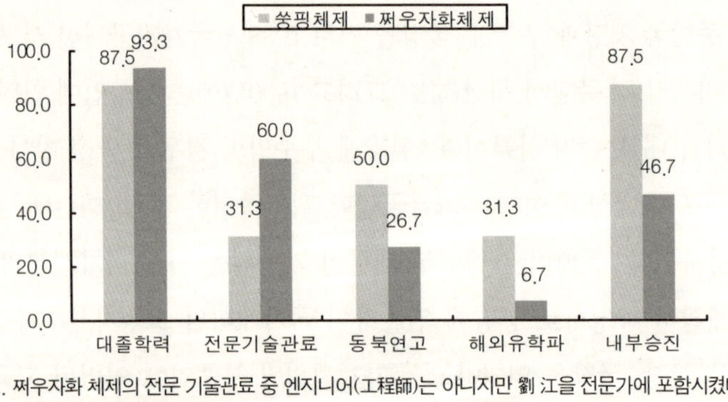

* 설명: 1. 쩌우자화 체제의 전문 기술관료 중 엔지니어(工程師)는 아니지만 劉 江을 전문가에 포함시켰다.
2. 동북연고 데이터는 동베이지역에서 근무한 경력을 가지고 산출했다.
3. 내부승진 데이터는 국가계획위에서 근무한 경력을 가지고 산출했다.

다음으로 부주임으로 임명되기 전의 경력 중 국가계획위에서 활동한 경력이 있는 간부는 팡웨중, 왕춘정, 천광젠, 간즈위, 유중이, 루이싱원, 구이스융 등 7명으로 46.7%를 차지한 반면 외부에서 직접 발탁한 간부가 절반 이상이나 된다. 특히 하오젠슈와 류장의 경우처럼 중앙에서 한 번도 활동한 경험이 없는 인물들이 곧바로 칭다오시와 베이징시에서 발탁되고 있다는 점에서 간부 임용의 기준이 경제적 실적에 따라 이루어지고 있다는 점을 알 수 있다. 또한 '쑹핑 체제'와 다른 특징으로는 31.3%를 차지하던 해외 유학을 경험한 간부가 주임인 쩌우자화 이외에는 없다는 점이다. 마지막으로 그동안 국가계획위의 최대 '라인'을 형성하고 있던 동베이(東北)지역 활동 경험이 있는 간부 비중이 급격하게 줄어들고 있다는 특징이 있다. 이는 계획관리가 약화되고 시장조절역할이 강화되면서 나타난 자연스러운 현상이기도 하지만 과거 동베이지역을 중심으로 활동했던 간부들이 세대교체가 되어 일선에서 물러나 있다는 점 또한 반영된 것일 수도 있다. 따라서 '쩌우자화 체제'의 간부 15명 중 동베이지역에서 활동했던 간부는 팡웨이중, 예칭, 천광젠, 루이싱원 등 4명에 지나지 않아 21.4%로 대폭 감소되었다.

이와 같은 국가계획위 간부의 인적 구성을 같은 시기 당 · 정 간부들의 비교해 보면, 국가계획위 간부들의 교육수준과 전문가의 비율이 비교적 높다는 것을 알 수 있다. 당시 중국공산당 정치 엘리트를 연구한 연구 결과에 1988년 중국공산당 정치국 위원 중 대학교육을 받은 위원은 전체 67%에 지나지 않았으며, 당 중앙위원 역시 73%, 그리고 중앙정부의 부장과 위원회 주임의 82%보다 높게 나타나고 있다. 또한 전문성과 관련해서도 1987년 국무원 각 부장과 주임 중 전문 기술관료의 비율은 45%에 지나지 않았고, 중앙위원회 위원은 26%, 성당서기와 성장은 각각 25%와 33%

에 지나지 않았다(Li and White 1988, 379; Lee 1991, 268; Lieberthal 1995, 236). 따라서 국가계획위 주임과 부주임들이 여타 당과 정부의 간부들에 비해 상대적으로 고학력의 전문가들이었음을 확인할 수 있다.

10장

국가발전개혁위로 전환과 계획관료

Ⅰ. 중국 사회주의 시장경제론의 정치경제적 의미

1980년대 개혁개방정책을 실행하는 과정에서 발생한 공산당의 지위와 역할 그리고 경제관리에 있어서의 계획과 시장조절 간의 관계설정 등을 둘러싼 당 내외의 갈등은 일순간 1989년 '6.4 천안문 사건'을 통해 폭발하게 된다.[101] 이 사건은 동구 사회주의의 몰락 그리고 소련연방의 해체라는 국제적 환경 변화와 맞물리면서 체제적 위기로까지 발전될 수 있는 심각한 사건이었다는 것이 문제의 핵심이라고 할 수 있는데, 이것은 그동안 균형을 유지하고 있던 개혁파와 보수파의 세력 관계를 무너뜨렸으며, 개혁개방정책에 대해 중국 지도부 내에서 또 당의 역할과 관련해 또 한 번의 논쟁을 야기했다. 일단 자오쯔양을 비롯한 '자오쯔양 씽크탱크'(趙紫陽智囊團)가 책임을 지고 해임되거나 해외로 망명했다. 그리고 11월에 덩샤오핑이 중앙군사위원회 주석직에서 사임하면서 정치적으로 일단락되

101_천안문 사건의 전개 과정과 학생들의 요구 사항 그리고 진압과 관련한 당내 논의 등에 대해서는 Andrew J, Nathan and Perry Link(2001)의 연구 성과를 참고할 수 있다.

었음에도 소위 '중국판 공안정국'은 이후에도 2~3년 지속되었다. 불안한 정국을 이끌어 갔던 인물은 천윈을 비롯한 당 원로였으며, 그 최전선에는 보수파의 '야전 사령관'이라고 할 수 있는 리펑이 서 있었다. 중국정치의 미래가 예측 불가능한 상황하에서 정치체제개혁을 통해 경제건설에 필요한 제도를 확보하고 유능한 인재를 충원하려던 개혁파의 입지는 상당히 축소될 수밖에 없었고 개혁개방을 주창했던 덩샤오핑의 리더십과 정치적 위상 또한 큰 상처를 받게 되었다. 그러나 이와는 반대로 1984년 「경제체제개혁에 관한 결정」 이후 1987년의 13차 당대회와 1988년의 국가기구 개편 등을 통해 세력이 약화되어 가던 보수파는 천안문 사건과 같은 사회정치적 혼란이 당의 지도력이 약화된 데에서 나타난 부작용이라고 인식하고 정부와 기업에서의 당 건설(黨建)을 제기하면서 개혁개방의 속도를 조절하려고 하였다.

한편 과열된 경제를 조정하고 인플레를 완화를 위해 국가계획위를 중심으로 '치리정돈'(治理整頓) 정책이 추진되었는데, 주요한 정책수단으로 긴축재정 정책과 자본투자건설 억제정책을 실시하였다. 일단 정부는 1989년 고정자산투자액을 1988년 대비 -7.2%까지 대폭 축소하여 경기과열을 막고자 하였으며, 통화팽창을 억제하기 위해 1988년에 19.6%였던 통화공급 증가율을 6.3%까지 떨어뜨렸다(曾培炎 1999, 259). 그리고 중국인민은행으로 하여금 주민의 정기저축 금리를 4%까지 인상하고, 인민폐로 정기저축을 가능하게 하여 소비를 줄이고 저축을 장려하였으며, 대출에 대한 엄격한 관리와 통제를 실시하였다. 또한 물가상승을 막기 위해 일부 필수품에 대한 국가보조금을 지급한다거나 일정량을 국가가 공급하는 한편 중요 생산재 생산품의 경우 국가가 통일경영방식을 부활하여 실시하였다. 그리고 기업이 가격 인상을 하고자 할 때는 반드시 이를 국가에 보고하도록 하는 가격 규제를 실시하고 이와 함께 유통체계를 정돈하여 국가의 식량이나 면화 등에 대한 직접관리 강화와 식량도매시장 설립을 추진하였다. 또한 1988년 중공중앙과 국무원은 「공사의 정리와 정돈에 관한 결정」(關於清理整頓公司的決定)을 발표하여[102] 1986년 하반기 이후 설립된 공사(公司)에 대한 정리와 정돈을 통해 각 부와 성 인민정부 등이 각급 공사의 경제 질서를 교란하는 행위나 투자에 엄격한 심사로 관리하였다(姚開建 · 陳勇勤 2003, 280).

이와 같은 치리정돈 정책의 결과로 물가상승은 일단 차단할 수 있었다. 1988년과 1989년 두 해 동안 18.5%와 17.8%까지 높게 올라갔던 소매물가지수가 1990년에 이르러 2.1%, 1991년에는 2.9%로 안정되었다. GDP 실질 연평균 성장률도 1989년 3.8%에서 1990년 9.2%를 기록해 경제의 빠른 회복을 보여주었다(『中國統計年鑑』 2003年 版; 전경련 국제본부 편 2004, 310). 이 외에도 1990년을 기점으로 향진기업을 비롯한 사영, 개체기업의 생산도 활기를 되찾아 농촌뿐만 아니라 도시에서도 소득수준이 향상되었다. 이렇듯 짧은 기간에 중국경제가 안정을 되찾을 수 있었던 것은 이미 중국경제는 개혁개방정책으로 인해 인민들의 실질적인 생활개선 요구를 어느 정도 충족시켜 주고 있기 때문이다(서진영 1997, 366). 인민들은 개혁개방을 통해 많은 것을 이미 얻었고 또 개혁개방이 더 많은 것을 줄 수 있을 것이라는 기대를 반증하는 것이라 할 수 있다.

이러한 중국 인민들의 경제적 이해관계와 개혁개방에 대한 미래의 기대가 덩샤오핑으로 하여금 보수파들의 '공안정국'을 돌파할 수 있는 자신

102_「共中央, 國務院關於清理整頓公司的決定」 http://cpc.people.com.cn/GB/64184/64186/66681/4494023.html(검색일: 2016. 03. 23.)

감을 주었을 것이라는 점은 틀림없다. 개혁개방 시기 개혁파와 보수파의 가장 큰 논쟁은 '계획과 시장조절' 간의 관계설정이다. 덩샤오핑은 보수파의 '치리정돈'이 실시되는 도중 이 논쟁을 정면으로 돌파하면서 개혁개방 정책의 지속적인 추진을 도모하고자 하였다. 보수파의 '국가가 시장을 조절하고, 시장이 기업을 유도한다'는 제13차 당대회의 방침이 자본가계급의 자유화를 불러일으키고 있다는 주장에 대해 덩샤오핑은 1990년 12월 24일, "자본주의와 사회주의 구분은 '계획'이냐 '시장'이냐의 문제에 있지 않다는 것을 반드시 이론을 통해 이해해야 한다"고 하면서 "사회주의 역시 시장경제가 있고 자본주의에도 역시 계획에 의한 통제가 있다. 자본주의에 통제가 없으면, 그것은 바로 자유인가? 최혜국 대우 역시 통제가 아닌가! 시장경제를 좀 하는 것을 바로 자본주의 길로 생각하지 말라. 그런 일은 없다. 계획과 시장은 모두 필요하다. 시장을 활용하지 않으면 세계적인 정보를 하나도 알 수 없다. 스스로 낙후되는 것이다"(鄧小平 1992, 370)라고 하면서 '시장과 계획' 논쟁의 중요한 기준을 제시하였다.

이와 같이 덩샤오핑은 보수파들이 제기하려는 '시장과 계획' 간의 논쟁 재점화 움직임을 현대화와 경제건설에 도움이 되지 않은 가치 없는 '철 지난' 논쟁으로 치부하면서 중앙의 고루한 보수파에 대한 반격을 시작하였다. 그리고 1992년 1월 덩샤오핑 자신이 추진했던 개혁개방의 가장 큰 수혜지역인 남부지역과 연해 지역의 경제특구를 방문하여 개혁파를 동원하고 지지세력을 확보하는 한편 당시 애매한 입장을 표명하던 장쩌민 총서기에 대한 일종의 메시지를 전달하고자 했다. 1992년 10월에 개최될 예정인 14차 당대회는 덩샤오핑 이후 후계 구도를 결정해야 하는 대회이기도 하면서 향후 중국의 발전 방향과 노선을 결정하는 대회였기 때문에 이 대회를 앞두고 개혁파와 보수파 간의 심각한 권력투쟁이 진행되고 있었고 강력한 경쟁자인 리펑을 의식하지 않을 수 없었던 장쩌민은 자신의 입장을 분명히 결정해야 시점이었다. 덩샤오핑은 이를 정확히 간파했다고 할 수 있다(郭熙保 · 張平 2008, 5-8; Meisner 1999, ch13).

덩샤오핑은 경제특구를 방문하면서 계획경제와 시장경제는 모두 수단에 불과하기 때문에 시장 역시 사회주의를 위해 활동할 수 있다고 하면서, '자본주의냐 사회주의냐 하는 논쟁'(姓資還是姓社論爭)은 사상과 행동을 제약하는 유해한 논쟁으로 판단기준은 오직 사회주의적인 것인가 자본주의적인 것인가에 있는 것이 아니라 사회주의 사회의 생산력을 발전시키는데 도움이 되는 것이냐 그렇지 않느냐에 두어야 한다고 주장하였다(鄧小平 1992, 372-375). 이에 3월에 개최된 중앙정치국회의에서 장쩌민은 덩샤오핑의 '남순강화'(南巡講話) 정신을 다시 한번 확인하고 자본주의냐 사회주의냐 하는 판단은 사회주의 사회의 생산력 발전에 유리한가, 사회주의 국가의 종합국력 증대에 도움이 되는가, 인민의 생활 수준을 높일 수 있는가하는 것에 따라 판단해야 한다고 강조하면서, 당의 기본노선을 견지하면서 개혁과 경제건설을 가속화해야 한다는 것을 지적하였다(姜華宣 · 張蔚萍 · 肖甡 2001, 515-516). 그리고 같은 해 6월 중공중앙당교 성부급(省部級) 간부 연수반에 대한 한 강연에서 "경제건설과 개혁개방을 더 빨리 더 좋게 하기 위해서는 하루빨리 사회주의 신경제체제를 건설해야 한다"고 주장하고 신경제체제의 관건은 "계획과 시장 문제와 그 상호관계"를 명확하게 하는 것이며, 이는 바로 국가의 자원 배분에 있어 시장의 기능을 중시하고 발전시키는 것이라고 강조한 바 있다(龍平平 · 劉金田 1998, 340).

덩샤오핑의 남순강화와 당 총서기 장쩌민의 입장이 정리되면서 재기하기 시작한 개혁파는 14차 당대회에서는 중앙고문위원회를 폐지함으로써 당 원로들의 정치개입을 공식적으로 중단시키고 '사회주의 시장경제'

라는 1990년대의 현대화와 경제건설 노선을 확정하였다. 장쩌민은 「개혁개방과 현대화건설의 발걸음을 가속화하여 중국 특색적 사회주의 사업의 더 큰 승리를 쟁취하자」(加快改革開放和現代化建設步伐, 奪取有中國特色的社會主義事業的更大勝利, 이하 「제14차 당대회 장쩌민 보고」)[103]라는 보고를 통해 현 단계 중국의 모순은 물질문명에 대한 인민의 높은 요구와 낮은 생산력 간에 있다고 지적하면서 생산력 발전을 위한 '사회주의 시장경제체제의 건설'을 14대 당노선으로 채택하였다.

이는 제11기 3중전 이후 계속되어 오던 '계획과 시장조절' 간의 논쟁을 '사회주의 시장경제론'으로 일단락하는 것이며, 시장에 의한 경제관리가 공식화함으로써 동아시아 발전 모델에 따른 중국적 '발전 국가'(developmental state)를 정당화하는 논리로 삼고자 하는 것이라 할 수 있겠다. 「제14차 당대회 장쩌민 보고」의 내용을 발전 국가론과 연계시켜 정치적, 경제적 측면으로 나누어 구체적으로 살펴본다면, 먼저 정치적 측면에서 「장쩌민 보고」는 첫째, 사회주의 민주와 법제의 실현을 강조하고 있다. 그러나 여기에서의 사회주의 민주라는 것은 서구식의 다당제와 의회제의 채택을 의미하는 것이 아니라 중국 헌법이 규정하고 있는 국가기구의 '민주집중제'(民主集中制)에 의한 운영을 의미한다. 따라서 민주집중제가 없다면 사회주의도 없고 사회주의 현대화도 없다고 할 수 있는 것이다. 이는 경쟁 정당 없는 공산당하의 당국가체제를 기반으로 경제발전과 현대화를 추진하려는 '신권위주의 체제' 성격을 갖는 정치체제라 규정할 수 있겠다(서진영 1997, 345-346; Saich 1992, 1136-1160).

103_「加快改革開放和現代化建設步伐 奪取有中國特色社會主義事業的更大勝利」 http://cpc.people.com.cn/GB/64162/64168/64567/65446/4526308.html(검색일: 2017. 02. 04)

둘째, 국가 행정관리의 효율성과 전문성을 높이기 위해 국가행정관리 체제와 당 기구에 대한 개혁을 지속적으로 추진해 나가야 한다는 점을 들고 있다. 이러한 중국식 '정치체제의 개혁'이야말로 시장경제체제 구축과 현대화와 경제발전을 가속화시키는 중요한 조건이라는 것이다. 이를 위해 「장쩌민 보고」는 종합경제 부문의 거시적 조절과 통제능력을 강화시킬 것을 제시하고 있다. 이는 '발전 국가'의 조직적 특성이라고 할 수 있는 '국가 능력'(state capacity) 즉 전문 기술관료들이 산업혁신을 선도할 수 있는 정책적 제도적 능력과 연관되어 있다(Oi 1995, 1132-1149). 이러한 점을 비추어 볼 때, 「제14차 당대회 장쩌민 보고」에서 주장하는 현대화와 경제발전을 위한 전제조건으로써의 관료체제의 개혁과 관료의 전문성 강화와 발전 국가론은 밀접하게 연결되어 있다 할 것이다.

셋째, 장쩌민은 사회주의 정신문명의 건설을 강조하고 있는데, 정신문명 건설은 반드시 경제발전을 그것의 중심으로 삼아야 하며, 경제발전과 개혁개방을 위해서는 마르크스주의에 대한 이론학습은 물론이고 철학과 사회과학 등에 대한 이론공작 역시 강화해야 한다는 점을 강조하고 있다. 이러한 경제발전을 중심에 두고 추진되는 정신문명 건설에 대한 강조는 '경제발전 제일주의'와 서구식 자유화와 물질만능주의에 대응하는 유교문화 중시와 이를 기반으로 하는 '중화민족주의' 등으로 쉽게 연결될 수 있다고 할 수 있다.

경제적인 측면에서 「제14차 당대회 장쩌민 보고」는 국영기업 특히 중대형기업에 대한 경영방식을 전환시켜 기업을 시장경쟁 속으로 유도하여 경쟁력을 제고해야 한다고 주장하고 있다. 이를 위해 소유권을 조정하여 정부와 기업의 분리를 실시하고 기업의 자주권을 인정하며, 기업으로 하여금 자율적인 경영과 손익에 대한 자기책임 그리고 자기발전을 통해 시장경제의 한 행위자로서 자리매김한다는 취지이다. 특히 국가자산 관리 차원에서 국유자산의 가치를 보호하고 증가시키도록 경영책임을 지우려 했다. 여기에 국가는 필요한 법적, 제도적 장치를 마련하며, 법과 제도적 장치에 따라 조건을 갖춘 기업의 연합이나 합병을 장려하고 기업집단(企業集團)의 조성을 합리화한다는 점을 강조하고 있다. 이러한 정책은 국가가 기업집단의 육성과 지주회사를 통해 국유자산을 관리하는 방침에 따라 관리를 수탁하지만 경영실적에 따라서는 언제든지 권한을 박탈할 수 있음을 명확히 하고 있어 낮은 수준이긴 하지만 발전 국가에서 볼 수 있는 '지원과 규율'(support and discipline)에 입각한 국가와 기업 관계로 간주할 수도 있다(정해용 1999, 258).

또한 국가에 의한 시장제도의 육성과 발전을 지적하고 있다. 아직 미숙한 상품시장 특히 생산재 시장을 활성화하고 그 밖의 금융시장을 비롯한 기술과 인력 그리고 부동산 시장을 적극적으로 육성하여 통일적인 시장체제를 형성하며, 시장발전에 따른 법적 장치를 강화하여 공정한 경쟁을 보장하고 촉진한다는 것이다. 그리고 대외개방을 더욱 확대하여 외국의 자본과 자원, 기술과 관리 경험을 도입하고 중국의 산업정책을 고려하여 적극적인 외국인 투자를 유치해야 한다고 주장했다. 또한 수출입에 대한 관리를 강화하여 수출품에 대한 국제시장에서의 경쟁력 확보와 선진기술의 도입 및 확대에 노력한다고 강조하고 있다.

마지막으로 산업구조의 조정과 합리화와 함께 농업을 중시하고 기초공업과 기간공업 그리고 3차산업의 발전을 가속화하여 산업고도화를 이루겠다는 것이다. 경제발전에 따른 교통, 통신, 에너지 그리고 중요한 원자재 등에 대한 절박한 요구를 충족시키고 이와 관련된 기초산업과 기간산업의 발전을 도모하여 현실적 필요를 충족시키고 경제발전 이후 산업구조 조정과 관련된 중요한 조건을 형성하겠다고 말했다. 이와 함께 초보 단계인 거시적인 간접통제 수단으로 중앙은행체제의 개선을 통한 화폐정책을 실시하며, 중앙은행 이외의 여타 은행을 설립하여 국가 예산 투자와 은행의 투자 대출 등 두 가지를 투자 조절수단으로 이용한다는 것이다. 이 시기 중국정부의 산업정책과 금융정책은 매우 초보적인 단계에 있었지만, 1994년 이후 산업정책이 본격적으로 실시되면서 목표산업(target industry)을 선정하여 집중 육성하였으며(劉鶴 · 楊僞民 1999, 90-92), 비슷한 시기에 시작된 금융개혁을 통해 중국인민은행의 거시경제 조절기능을 강화하면서 국가 통제적 금융정책을 확립해 나갔다(林文斌 2001, 67-93).

II. 국가발전계획위 · 국가경제무역위의 경쟁 구도 정립

1992년 14전대 이후 전면적으로 시장경제를 받아들이기 시작하면서 1993년 국무원에 대한 개편을 시작으로 국가계획위의 구조 역시 전면적으로 개편되었다. 1993년 3월 국무원 비서장인 뤄간(羅幹)은 8기 전인대 1차회의에 「국무원 기구개편방안」(國務院機構改編方案)을 제출하고 이에 대해 설명하면서, 기구개혁이 정치체제개혁과 사회주의 정치건설의 중요한 부분이며, 경제체제개혁과 사회주의 현대화 건실을 기속화하는 중요한 조건이 된다고 지적하고 사회주의 시장건설을 실현하기 위해 그동안의 개혁과정에 문제가 되어 왔던 행정과 기업의 비분리(政企不分)와 계획과 시장이 혼돈되어 있는 상태에서 발생하는 '순조롭지 못한 중앙과 지역, 그리고 부문 간의 관계'(關係不順), 기구의 비대화(機構擁腫) 및 효율의 저하(效率低下) 등에 대해 개혁해야 한다고 주장하였다. 이에 따라 1993년 국가기구 개편은 국가기구의 기능 전환(轉換職能)과 더불어 부문 간 지역 간 관계를 보다 순조롭게(理順關係) 하고, 기구와 정원을 대폭 감축(精兵簡政)하며, 정부 기관의 효율을 증대(提高效率)하고자 하였다(國務院辦公廳秘書局 · 中央編委辦公室綜合司 1995, 6-10).

이러한 방침에 따라 먼저 정부 기능을 시장경제에 맞도록 그 기능과 역할을 전환하고자 하였는데 그 첫 번째 목표가 행정과 기업을 분리하는 "정부와 기업의 분리"(政企分開)였다. 기업을 정부의 관리에서 분리하여 정책 결정의 자주권을 부여하고, 생산과 유통, 판매에 이르는 전 과정을 기업이 스스로 판단하여 결정하도록 하였다. 반면 정부는 거시적 통제와 감독을 강화하고, 사회관리 부문을 강화하며, 구체적인 심사사무와 기업을 직접 관리하는 부문은 대폭 축소시켜나갔다. 즉 거시부문은 잘 관리하고, 미시부문은 관리를 완화(宏關管好, 微觀放開)한다는 것이다. 이에 따라 그동안의 부문이나 업종별 관리에서 벗어나 통합관리(統籌管理)를 주로 하며, 관리와 계획에 의한 기업관리가 아닌 정책을 통한 관리(掌握政策)로 정부의 기능을 전환하고 정보 제공과 서비스 제공 그리고 각 부문, 단체와의 협력관계 구축 등을 강화하는 방향으로 기구개혁이 진행되었다(國務院辦公廳秘書局 · 中央編委辦公室綜合司 1995, 7). 그 결과 국무원의 각 부, 위원회, 직속기구, 판사기구는 총 68에서 59개로 15%로 축소되었고, 국무원 내의 85개의 비상설기구 또한 폐지되거나 조정되어 29개의 의사협조기구와 임시기구로 대체되었다. 한편 국무원 각 부문의 내부 실국은 8%, 정원은 1988년 5만 명이었던 것을 3만 명으로 축소하였다. 개편방안에 따르면, 거시경제조절 종합부문으로서의 국가계획위, 재경부, 중국인민은행 등은 그대로 유지하고, 국민경제 운영 중 중대 문제의 협조를 강화하고 증가되고 있는 무역업무를 전문관리하기 위해 국무원 경제무역판공실을 기반으로 국가경제무역위원회(國家經濟貿易委員會)를 설치하였다. 그리고 경제 종합부문은 업무의 중점을 '진정한' 거시관리로 전환하게 하여 국민경제발전전략, 발전계획 및 경제 총량의 균형에 역량을 집중하고, 산업정책을 제정하며, 시장을 육성하고 발전시키는 활동을 조정하도록 하는 한편 변화된 기능에 맞도록 정원을 대폭 감축하고, 기타 다른 부문과의 협력 유지에 힘쓰도록 규정하였다.

한편 덩샤오핑의 사망 이후 장쩌민을 중심으로 명실상부한 중국정치 지도부의 '제3세대' 체제가 형성되면서 주룽지(朱鎔基)가 중심이 되어 추진한 1998년 국무원 기구개편은 개혁개방의 가속화와 함께 추진된 국유기업 개혁과 금융개혁의 연장선에서, 그리고 WTO 가입 등 변화하는 국제무역 질서에 적응하기 위한 정부의 기능과 역할 정비 차원에서, 마지막으로 아시아 금융위기를 통해 학습한 중국의 취약한 부문에 대한 강화 차원에서 추진되었다(中國行政管理學會 2003, 496). WTO 가입은 중국경제를 한 단계 도약시키는 효과가 있을 뿐 아니라 정부 기능에 대한 전반적인 변화가 필요하기 때문이었다. 즉 낡고 보수적인 부처나 조직에 대한 축소와 해체가 불가피해지고 WTO 규범에 맞는 새로운 역할을 정립해야 하기 위함이었다.

이에 장쩌민-주룽지 체제는 덩샤오핑 사망으로 인해 예상되는 개혁속도와 방향의 조정을 둘러싼 당내 외부의 논쟁을 사전에 차단하기 위해 WTO 가입을 정치체제개혁의 당위성으로 제시하면서 관료사회 내부와 당내 보수파들을 견제하려고 하였다. 또한 1997년의 아시아 금융위기에 따른 내부 체제 정비의 필요성이 제기되면서 그동안 취약했던 금융구조에 대한 일대 개혁을 단행할 수 있는 계기로 활용하고자 하였다(劉智峰 1998, 225-227). 이는 1993년의 국무원 개편에서부터 시작된 거시경제 부문의 강화와 미시경제 부문의 조직과 기능의 축소 기조를 유지하면서 경제적으로는 국유기업에 대한 개혁을 단행하여 근대적 기업체제로 전환시키고 중국의 재정체제를 강화하기 위해 중앙은행 중심의 금융 제도 확립과 독립된 다수 상업은행에 대한 금융개혁을 추진하고(김형국 2002, 389) 이의 연장선에서 정치적으로는 관료조직에 대한 대대적인 수술을 진행하려 했던 것이다.

이러한 인식 하에 1998년 3월 9기 전인대 1차 회의에서 통과된 「국무원기구개혁방안」(國務院機構改革方案)에 따라 개편이 진행되었다. 국무원의 부(部)와 위원회를 조정하여 40개를 29개로 간소화하였으며, 국무원 산하의 직속기구와 판사기구 등을 일부 조정하였다. 1998년 개편의 가장 큰 특징은 역시 거시경제관리 종합부문의 변화라고 할 수 있겠다. 그동안 거시경제의 총체적인 관리를 담당해 왔던 국가계획위를 국가발전계획위(國家發展計劃委員會)로 명칭을 변경하여 그 권한을 대폭 축소하였고 반면 국가경제무역위원회의 권한과 역할은 대폭 확장하였으며, 중국인민은행의 9개 지역별 지점을 조정하였으며, 국가경제체제개혁위원회를 국무원 의사기구로 전환하여 총리가 주임을 겸임하고 관련 부처의 부장을 성원으로 하여 구성하나 국무원의 공식적 편제에서는 제외했다. 이들 거시경제 종합부문은 1988년 개편 때부터 추진되고 있는 거시경제 조절 능력의 제고와 경제총량균형 그리고 통화팽창억제, 경제구조 개선, 경제의 지속, 신속, 건강한 발전, 거시통제기제의 개선 등을 중점 임무로 규정하고 있다(國家行政學院 2000, 38-39).

이렇듯 1993년 개편과 1998년의 개편과 함께 국가계획위는 1988년 기구개편으로 흡수 통합되었던 국가경제위가 국가경제무역위원회로 부활함에 따라 경제정책의 중추 기관으로서의 지위가 흔들리기 시작하였다.

1993년 신설된 국가경제무역위원회(이하 국가경제무역위)는 1992년 6월 성립된 국무원 경제무역판공실을 모태로 하고 있다. 이 경제무역판공실은 국가경제위 출신들을 주축으로 하여 구성된 기구로서 주룽지가 국무원 부총리로 임명된 이후 주룽지가 주도하여 설립되었다.[104] 경제무역판공실 주임을 주룽지 자신이 직접 맡고 상무부주임으로는 주룽지의 핵심참모라고 할 수 있는 왕쭝위(王忠禹)를 임명하였다. 경제무역판공실은 덩샤오핑의 남순강화 이후 개혁개방을 가속화하는 중대한 임무를 맡아 활동하였으며, 이에 대한 보수파의 견제 또한 있었을 것이라고 추정할 수 있다. 이후 1993년 국가경제무역위의 설립과 함께 왕쭝위(王忠禹)가 주임을 맡게 되면서 주룽지-왕쭝위 라인에 의해 국가계획위의 권한과 기능 축소가 진행되었는데, 이러한 흐름이 더 심화된 것은 리펑의 뒤를 이어 주룽지가 총리로 임명되고 나서부터이며, 그 결과 국가계획위의 명칭은 변경되고 국가계획위가 담당하고 있는 '산업정책' 등 중요한 경제정책 관련 업무 또한 국가경제무역위로 이관되었다.

그러나 1993년 당시까지만 해도 국가계획위는 여전히 국민경제와 사회발전의 중장기 계획과 중대방침 그리고 정책을 연구 · 제정하고, 국가산업정책, 중요한 생산력의 배치와 지구경제발전계획에 대한 연구 등 중요한 역할을 담당하고 있었다. 반면 국가경제무역위는 장기 계획 편성과 산업정책, 산업구조정책 등의 제정에 참여하고, 주로 시장의 육성과 건설 그리고 발전을 지도하고 기업 간부와 경제 관료들에 대한 훈련과 배양을 담당하며, 기업개혁방안을 제정 · 실시하는 기업관리 분야를 전담케 하였

104_주룽지는 1988년 국가경제위가 국가계획위와 통합되기 전 국가경제위 부주임으로 있었으며, 장쩌민의 뒤를 이어 1988년 4월 상하이시장을 거쳐 1991년 4월 7기 전인대 4차회의에서 부총리로 임명되었다. 1993년에는 鄒家華, 錢其琛, 李嵐清과 함께 다시 부총리를 맡았다.

다. 편제상에서 보면, 국가계획위의 인원은 총 919명에 주임 1명, 부주임 4명 등으로 기관당위원회를 포함해 총 23개의 하부기구로 편제되었고, 국가경제무역위는 총 650명 정원에 주임 1명, 부주임 4명으로 기관 당 위원회를 포함해 20개의 하부로 편제되었다.

이 두 기구의 사(司) 편성을 〈그림 12〉와 같이 병렬해 보면 두 기구의 기능에 대한 비교가 가능하다고 할 수 있다. 1993년 개편에서 국가계획위의 핵심부서는 장기계획화산업정책사(長期計劃和產業政策司)라고 할 수 있는데, 1988년 개편 시 산업정책사(產業政策司)가 독립해 편제되어 있던 것을 장기 계획 업무를 병행하도록 편제되어 있는 것이 특징이다. 장기 계획과 산업정책사의 역할은 제1, 2, 3차 산업과 지역경제를 포함한 국민경제와 사회발전 전략과 중대한 방침정책과 발전 속도, 구조, 효익, 비례 그리고 생산력 배치 등 중요 문제를 연구하고, 국민경제와 사회발전의 중장기 계획을 총괄관리하며, 국가 산업정책, 중대한 기술 경제정책을 연구하여 제출하고 산업발전과 관련한 협력을 조직하고 실시하도록 하였다. 이 외에 대형기업집단의 설립을 심사하고 비준하며, 중점 산업 전문항목발전계획을 연구하여 제출하거나 중대형 건설항목의 계획수립을 심사하고 비준하도록 규정하고 있다. 한편 재정금융사(財政金融司)는 국가의 자금균형계획을 연구하고 발전전력과 지구계획, 산업정책 등을 근거로 이에 상응하는 재정과 금융정책을 연구 제정한다. 또한 각종 채권, 주식 발생 등의 계획을 편제하고 감독하는 것을 주요임무로 하고 있다.

〈그림 12〉 국가계획위와 국가경제무역위의 기구비교(1993)

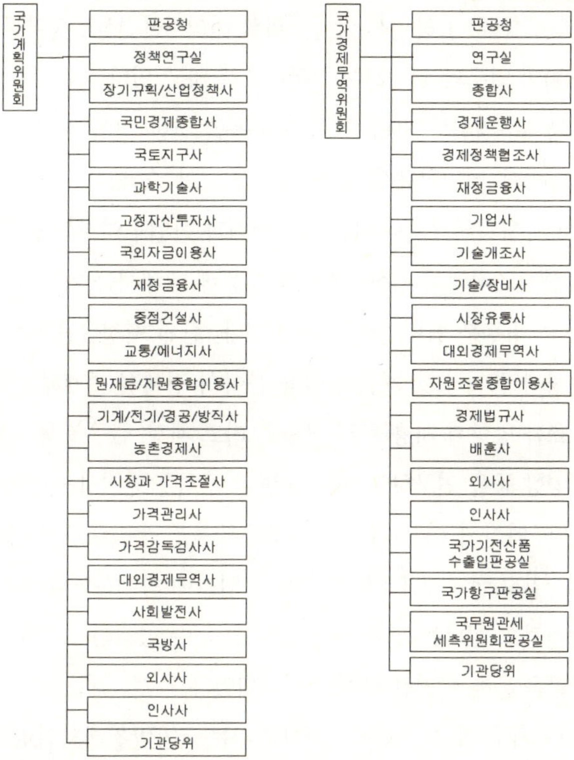

** 자료: 國務院辦公廳秘書局 · 中央編委辦公室綜合司(1995, 48-65)에 근거해 필자 작성

또 하나의 특징이라고 한다면, 갑자기 국방사(國防司)가 편입되었다는 점이다. 국민경제동원판공실이라는 다른 이름을 가지고 있는 국가계획위 국방사는 국방현대화에 있어서 중요한 문제와 국방건설과 경제건설 간의 관계를 연구하여 군사공업과 관련된 정책이나 법규, 조치건의를 제출하는 것을 주 임무로 삼고 있다. 또한 국방건설 중장기 계획은 물론이고 국방 관련 중점건설과 동원계획 그리고 군수품에 대한 과학연구와 생산계

획 등을 종합관리하고, 심사하도록 하고 있으며, 국민경제동원판공실이 부여한 임무를 맡아 하면서 국가계획위 내의 3선건설조정판공실(三線建設調整辦公室)의 업무와 연계하여 활동하도록 하고 있다.

국가경제무역위의 기관 중 특히 주목할 만한 것이 경제정책협조사(經濟政策協助司)와 재정금융사(財政金融司)라고 할 수 있다. 먼저 경제정책협조사는 국가계획위가 주관하는 산업정책과 산업구역정책 등의 제정에 참여하고, 산업조직정책과 산업기술정책 등에 대해서는 협력하여 제정하도록 하는 등 대부분 협력업무를 하고 있다. 한편 재정금융사는 재정, 금융계획 편성에 참여하고, 재정과 금융 분야의 정책성 문제해결에 협력하며 자금의 흐름 방향과 사용 효익 상황 그리고 재정, 금융정책이 기업생산에 미치는 영향 등을 연구하고 이와 관련된 대책을 건의하는 것을 주 임무로 하고 있다. 따라서 이 시기 산업정책과 금융정책은 주로 국가계획위에서 담당하고 있고 국가경제무역위는 정책 입안에 참여하거나 협력하는 수준으로 한정하고 있다는 점이 특징이라고 할 수 있겠다. 그러나 1998년 국무원 개편을 통해 이러한 관계는 변화되었다.

1998년 기구 개편을 통해 국가계획위는 국가발전계획위로 전환되면서 그동안 세부경제정책에 관여해 왔던 역할은 대폭 축소되고 장기 계획을 입안하고 이의 실시를 관리하는 것만을 담당하게 되었다. 반면 기존에 국가계획위가 담당하고 있던 구체적인 경제정책 관리를 국가경제무역위가 맡아 실행하게 된다(國務院辦公廳秘書局 · 中央機構編制委員會辦公室 1998, 09-112). 먼저 1998년 개편을 통해 국가발전계획위는 국민경제와 사회발전 전략, 중장기 계획과 연도 발전계획을 연구 제시하는 것을 주요 임무로 하여 총량균형, 발전속도 그리고 구조조정의 통제목표와 조절정책을 연구하여 제시하도록 하였다. 또한 구체적인 정책인 재정과 금융 등 부문에 대해서는 이들 정책 제정에 참여하고, 세율, 이자율, 환율 및 가격 등 중요 정책 수단에 대한 정책을 연구하여 건의토록 하여 정책제정에서 연구업무로 역할이 전환되었다. 그리고 그동안 국가계획위가 맡아왔던 전국 고정자산투자 분야에 대해서는 여전히 국가발전계획위가 맡아, 투자의 총 규모를 제시하고 중대항목의 배치를 계획하며, 국가 재정에 의한 건설자금을 배분하고 외자 건설자금의 사용 및 정책적 대출의 사용방향을 지도 · 감독하도록 하였다. 하지만 관련부서와 상의해 정책적 은행의 대출총량을 확정하고, 상업은행 대출 및 고정자산에 직접 투자할 총량만을 결정하도록 축소되었다.

그러나 가격정책이나, 중요 상품에 대한 총량균형, 중요 농산품의 수출입계획, 국가의 양식과 물자 비축관리 등에 대해서는 국가계획위에 이어 국가발전계획위가 담당하도록 하는 한편, 과학기술 · 교육 · 문화 · 위생 등 관련된 사회사업과 국방건설을 전체적인 경제사회발전과 연계해 균형을 유지하고 중대 과학기술 성과를 산업 부문으로 확산시키는 역할을 맡게 되었다. 이러한 역할 전환에 따라 국가발전계획위는 기관당위를 포함해 총 20개 하부기관으로 편성되었으며, 총인원은 590명으로 국가계획위에 비해 360여 명이 줄어들었다.

반면 국가경제무역위의 기능으로는 국민경제의 흐름을 종합분석하고 일상적으로 조절하며, 단기 경제 운용의 목표를 조정하고 관련 정책과 조치를 입안하여 추진하는 것을 주요 임무로 하여, 국가 산업정책을 입안해 실시하고 그 집행 상황을 감독, 그리고 산업구조조정을 지도하도록 하였다. 그 밖에 공업 및 통상 방면의 종합적인 경제법규 및 정책 입안, 전문항목 계획 및 법규 제정과 함께 업종별 투자계획 작성, 투자유도 목록 정기 발표, 상업은행 대출 방향 지도, 외자이용정책 입안, 기업의 외자이용 지도 등의 역할을 담당하였으며, 시장과 기업 영역에서는 시장체제의 육성 및 발전과 유통질서 그리고 시장규칙과 관련된 법규와 정책 입안, 기업에 대한 거시적 관리와 지도, 기업의 행위규칙 제정, 국유기업 개혁 정책 및 방침 입안, 대형기업과 기업집단에 관한 정책 및 조치 연구 등의 역할이 주어졌다. 또한 기업의 기술개발, 기술도입, 중요 장비 국산화 및 중요 기술장비 연구제작 지도, 국제 교류 및 협력 추진 등 전반적인 경제정책을 총괄하면서 미시적인 영역에까지 관리, 감독하게 되었다.

그러나 국가경제무역위의 이러한 역할 확장에도 불구하고 하부기관은 기관당위원회를 포함해 21개로 1993년에 비해 1개 늘었고, 정원 또한 650명에서 200명 줄어 450명으로 편제되었다. 그러나 1998년 개편과 함께 WTO 가입으로 축소될 것을 두려워 기득권을 지키려 하던 부급의 국가국(國家局) 10개를 일반 국(局) 수준으로 위상을 낮추어(Fewsmith 2001, 573-591) 이들을 국가경제무역위 하부에 배치함에 따라 총인원 1,500명에 달하는 거대한 공룡조직이 탄생되었다.[105]

〈그림 13〉에서 보는 바와 같이 그동안 국가계획위가 맡고 있던 업무 중 중요 경제정책과 관련된 업무가 다른 부서로 이관되었다는 것을 알 수 있다. 예를 들면, 장기 계획 등을 맡고 있는 산업정책사(長期計劃和産業政策司)와 재정금융사(財政金融司)가 맡고 있던 산업정책과 금융정책은 국가경제무역위로, 그리고 과거 국방사(國防司)에서 맡고 있던 업무는 국방과학기술공업위원회로, 대외무역사(對外貿易司)가 맡고 있던 대외무역, 경제협

105_이들 국들의 정원을 살펴보면, 國家國內貿易局(160명), 國家石炭工業局(95명), 國家機械工業局(95명), 國家冶金工業局(80명), 國家石油化學工業局(90명), 國家輕工業局(80명), 國家紡織工業局(80명), 國家建築材料工業局(80명), 國家有色金屬工業局(80명), 國家煙草專賣局(210명) 등으로 구성되어 있다(國務院辦公廳秘書局 · 中央機構編制委員會辦公室 1998).

력, 해외투자 등과 관련된 정책 권한은 대외무역경제합작부로, 재정금융사(財政金融司)가 맡고 있던 국채발행계획의 권한은 재정부, 국토지구사(國土地區司)가 맡고 있던 국토개발과 토지이용계획 권한은 국토자원부 등으로 이양되었다(國務院辦公廳秘書局 · 中央機構編制委員會辦公室 1998, 109).

〈그림 13〉 국가발전계획위와 국가경제무역위의 기구비교(1998)

※ 자료: 國務院辦公廳秘書局 · 中央機構編制委員會辦公室(1998, 109-118)에 근거해 필자 작성

III. 국가발전계획위에서 국가발전개혁위로의 전환

주룽지 총리와 국가경제무역위가 이끈 중국경제는 아시아외환위기라는 대외 경제환경의 열악함에도 불구하고 2001년 12월 WTO의 가입과 지속적인 경제성장을 기록하였다. 1993년 200억 달러에도 못 미쳤던 외환보유고가 2002년 말에는 2,800억 달러를 넘어섰으며, 1998년부터 2002년까지 매년 200억~400억 달러의 무역흑자를 기록하였다. 또한 같은 기간 GDP는 연평균 7.7%로 성장하였고, 소유제 구조 조정을 통해 개인, 사영기업이 확대되어 공업 총생산액 중 비국유기업이 차지하는 비중이 1998년 40.4%에서 2002년에는 58.2%까지 증가하였다(『中國統計年鑑』 2003年版). 그러나 이러한 성장 이면에는 지속적인 실업률의 상승과 여전히 취약한 농업경제와 금융체제, 그리고 확대되는 소득 격차 등 사회경제적 문제들이 발생했던 것도 사실이다. 이러한 사회경제적 상황을 반영하여 2002년 11월에 개최된 제16차 당대회에서는 2001년 중국의 WTO 가입에 따른 거시경제 조절체계를 완비해야 할 필요성과 함께 시장감독, 사회관리, 공공서비스 기능 등과 관련된 제도의 개혁 그리고 변화하는 국내외적 경제환경에 적응하기 위한 행정관리의 효율성 제고를 위해 국가기구 개혁의 필요성이 제기되었다(江澤民, 2002).[106]

이어 2003년 3월에 개최된 16기 2중전회에서 제출된 「행정관리체제와 기구개혁의 심화에 관한 의견」(關於深化行政管理體制和機構改革的意見)에 따라 국무원에 대한 기구개편이 진행되었다(夏海 2004, 46-48). 이 시기 국가

106_「全面建設小康社會, 開創中國特色社會主義事業新局面」 http://cpc.people.com.cn/GB/64162/64168/64569/65444/4429125.html(검색일: 2017. 02. 08.)

기구 개편의 가장 큰 특징이라면 역시 경제 관련 기구들에 대폭적인 개편이었다고 할 수 있겠다. 특히 1998년 이후 주룽지(朱鎔基) 총리가 이끌다시피 했던 국가경제무역위가 담당했던 국내 교역관련 업무와 대외무역경제합자부가 담당하고 있던 대외교역 업무를 하나로 통폐합하여 신설된 상무부(商務部)에 이관하였고(中共中央文獻研究室 2005, 1-6). 국가경제무역위가 관장하고 있던 산업정책을 비롯한 중요한 경제정책의 제정과 실시 기능은 다른 거시경제조절부문으로 이관되었다.[107] 이로써 국가경제무역위는 설립된 지 10년 만에 그리고 거시경제관리와 산업정책 관련 국가계획위의 원래의 업무를 대신한 지 불과 5년 만에 폐지하게 되었다. 이러한 경제 부문에 대한 기구 개편은 중국이 WTO 가입 이후 국내와 국외의 무역업무를 구별하는 것이 더 이상 의미 없다는 판단하에서 진행된 것이다.

주룽지 총리의 개혁조치로 1998년 국가발전계획위로 변경되었던 국가계획위는 2003년 국가기구 개편을 통해 불과 5년 만에 국가발전개혁위원회(國家發展和改革委員會, 이하 국가 발전개혁위)로 명칭이 변경되었다.[108] 2003년 국무원 개편을 통해 국가발전개혁위는 국무원 산하의 경제체제개혁 판공실(經濟體制改革辦公室)의 업무를 완전히 이양받아 '발전'과 '개혁'에 무게를 두는 기구로 바뀌었다. 1993년 개편으로 국가계획위 업무로 새로 편성되었던 산업정책과 재정금융 관련 업무는 1998년 국가경제무역위로 잠시 이관되었다가 다시 국가발전개혁위가 넘겨받게 되었고 국가경제무

107_「關於國務院機構改革方案的說明(2003年)」 http://www.npc.gov.cn/wxzl/gongbao/2003/04/04/content_5312163.htm(검색일: 2017. 02.10.)

108_이로써 1952년 이후 50년간 줄곧 이어져 왔던 거시경제 관리기구에서의 '계획'이라는 두 글자가 완전히 사라지게 되었으며, 1953년 매년 베이징에서 열린 전국계획회의는 2003년까지만 개최되었고, 2004년 이후에는 이를 전국발전개혁공작회의(全國發展和改革工作會議)로 명칭을 바꿔 거시경제 조절 등과 관련된 전국 단위 회의를 매년 12월 초에 개최하고 있다.

역위가 담당하고 있던 공업 분야 계획, 경제운행조절, 기술개조 · 투자관리, 다종 소유제 기업발전의 거시지도, 중소기업발전 촉진, 중요 공업품 원재료의 수출입계획 편제, 에너지 절약과 종합이용 촉진 등과 관련된 업무 일체를 넘겨받았다. 2003년 구성된 국가발전개혁위는 〈그림 14〉에서와 같이 기관당위를 제외하고, 판공 기관과 전문 사(司) 등 26개의 하부기관으로 편제되어 있으며, 부속기관으로 거시경제연구원과 국가정보센터 등 총 23개를 두고 있다. 이는 1988년 기구개편 시의 국가계획위의 하부기관 숫자와 비슷하다.

〈그림 14〉 국가발전개혁위 기구 구성(2003. 3)

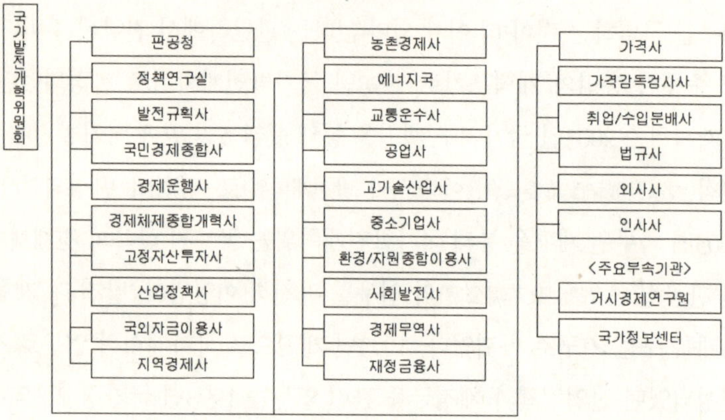

** 자료: 國務院辦公室 (2003. 4. 25);『中國組織別人名簿』(2004, 114-116)에 근거해 필자 작성

국가발전개혁위의 역할과 기구 및 인원편제를 규정하고 있는 「국가발전개혁위원회 주요 책무와 내부설치기구, 위원편제규정 통지」(國務院辦公廳關於印發國家發展和改革委員會主要職責內設機構和人員編制規定的通知)(이하 「국가발전개혁위원회 통지」)에 따르면[109] 국가발전개혁위는 투융자체제의 개혁

역할 강화, 총체적 지도와 종합적 협의 조정 역할 강화, 전략과 정책의 연구와 제정 기능 강화 등 세 가지의 역할 강화를 특징으로 하고 있다. 이를 자세하게 설명하자면 다음과 같다.

첫째, 투자와 융자체제에 대한 개혁 역할을 강화하고 있다. 이를 위해 국가발전개혁위는 투자의 주체로서 기업의 지위를 확립하고 정부투자행위를 규범화하는 한편, 기업의 자율적 투자와 은행의 독립된 대출 심사 그리고 다양한 융자방식 허용 등을 통해 거시경제 통제에 효과적인 투융자체제를 점진적으로 수립하도록 하고 있다. 또한 고정자산투자에 대한 관리의 중점을 투자구조와 산업구조를 고도화하는데 두고 중대 항목에 대한 적절한 배치와 중복투자 방지를 통해 투자의 효율성을 높이도록 하는 한편, 국가발전개혁위가 가지고 있는 권한인 투자의 심사 범위를 축소하고 심사 절차를 간소화하여 지방정부가 자신의 자금을 공공영역에 투자하는 권한을 확대하도록 하였다.

둘째, 미시관리 업무를 줄이는 대신 거시경제 관리에 있어서 총체적 지도와 종합적 협의 조정 역할을 강화하도록 하였다. 이를 위해 경제사회발전이나 개혁 및 안정과 관련된 중대 문제에 대한 연구를 강화하여 경제사회발전과 개혁개방의 전체적 업무를 종합적으로 조정하도록 하였다. 또한 국가발전개혁위는 지속가능발전전략(可持續發展戰略)에 대한 지도와 이와 관련된 중대한 문제에 대한 조정능력을 강화하고 국민경제와 자원 그리고 환경 간에 조화로운 발전을 촉진하도록 하는 역할을 부여받았다. 그리고 WTO 가입으로 인해 요구되는 새로운 방식의 공업발전을 국가발전

109_「국가발전개혁위원회통지」 전문(http://www.gov.cn/zwgk/2005-08/12/content_22099.htm)

개혁위가 지도하고 이를 위해 산업정책 제정 · 실시와 관련된 사항을 연구 · 검토하도록 하였다. 한편 「통지」는 국가발전개혁위의 조정기능 강화를 규정하고 있는데, 국가발전개혁위가 일상적인 경제운영과정에서 돌출되는 관리상 정책상의 중대 문제에 대해 각 지역과 각 부문 간을 조정하는 기능을 강화하도록 하고 있다. 셋째, 행정심사와 허가 그리고 경제활동의 직접적 행정개입을 축소하고 발전전략, 계획 그리고 거시정책 등에 대한 연구와 제정 역할을 강화하는 한편, 경쟁영역의 업종관리를 거시경제적 '지도'로 전환하여 해당 업종의 자율성을 촉진하도록 하는 역할을 부여하였다.

이와 같이 국가발전개혁위의 기능과 역할은 그 포괄범위가 매우 광범위한데, 이는 1993년 국무원 개편 시의 국가계획위를 복원하는 듯하다. 그러나 10년 전의 국가계획위의 기능과 역할과는 몇 가지 점에서 다른데, 1993년의 국가계획위가 세부적인 경제정책과 관련된 업무를 국가경제무역위에 이관하고 중장기 계획과 연도계획 작성, 국민경제와 사회발전전략 수립, 거시경제 균형 등 관련된 사안을 연구 · 검토하여 제출하는 것이 주요한 역할이었다면, 이 시기 국가발전개혁위는 이 모든 것을 포함하면서도 일상적인 경제운영과정에서 발생하는 문제뿐만 아니라 국민경제와 관련된 중대 문제에 대한 각 부분과 지역 간, 중장기 계획과 연도계획 간 그리고 종합계획과 전문항목 계획 간 협의와 조정 역할이 강화되었다.

이와 더불어 그동안 국가계획위는 경제체제개혁의 대상이었던 데 반해 2003년 이후의 국가발전개혁위는 경제체제개혁의 주체로 역할이 전환되었다는 점이 매우 다르다고 할 수 있겠다. 중국지도부가 국가발전개혁위 내에 체제개혁과 관련된 역할을 부여한 것은 먼저 '사회주의' 중국의 경제발전 중추 기구였던 국가계획위를 계승한 국가발전개혁위의 상징성을 유지하면서 동시에 WTO 체제하에서 중국경제의 지속적 발전을 위해서는 '경제체제개혁을 통한 발전의 길' 뿐이며, 그렇다면 체제개혁기구와 발전계획기구를 분리하여 설치할 이유가 없다는 인식에 기초한다고 할 수 있다. 이는 사회주의 시장경제로의 전환 이후 실시된 1993년과 1998년의 두 번의 기구개편을 통해, 1992년 이전 국가계획위가 담당했던 계획에 의한 자원분배역할은 상실되었으며, 국가계획위는 이미 시장경제에 맞게 그 역할이 변화되었기 때문에 경제발전계획을 입안하고 실시하는 기구가 계획에 맞게 경제체제를 개혁하는 것이 유리하다고 판단하였다. 이러한 인식은 2003년 기구개편 이후 신화사 기자와 국가발전개혁위 간부 간의 인터뷰를 통해서도 확인할 수 있다. 이 인터뷰에서 국가발전개혁위 간부는 국가발전개혁위에 국무원 체제개혁판공실이 담당했던 역할을 부여한 것에 대해 '개혁의 약화'라는 우려에 대해 3가지의 유리한 점을 지적하고 있는데, ①'개혁이나 발전과 관련한 모든 국면의 업무에서 종합적인 협의와 조정에 유리하고, ②전체적이고 거시적인 측면에서 보다 효율적 지도와 개혁의 추진에 유리하며, ③개혁방안설계의 발전을 촉진하고 제도혁신추진을 촉진한다는 측면에서 유리'하기 때문에 결과적으로 발전에 더 효과적인 작용을 할 것이라고 한 바 있다. 따라서 국가발전개혁위는 1993년 이래 국가발전계획위와 국가경제무역위에 분산되어 있던 시장경제관리 기능들을 모두 담당하는 통합적 관리기구가 되었는데, 이와 같은 조직구성과 기능 그리고 정책의 포괄범위는 계획경제체제 하에서 '1 · 5계획'을 수립하고 실행했던 초기 국가계획위와 대비되는 시장경제체제하의 중국적 특징을 지닌 기구라고 할 수 있을 것이다.

4. 기구개편과 역할 전환기 국가발전계획위 경제 관료

먼저 전환기 주임들의 이력을 살펴볼 필요가 있다. 쩌우자화(鄒家華)는 1993년 국무원 부총리로 승진하여 국가계획위를 떠나면서 국가계획위 주임으로 천진화(陳錦華)가 임명되었다. 천진화는 안후이성 출신으로 1949년 공산당에 가입해 방직공업방면에서 활동을 시작하였다. 천진화는 이 당시 상하이방의 핵심인물인 쩡칭훙의 아버지 쩡산(曾山)의 비서로 활동하였으며, 중국인민대학 공업경제학과에서 연수하고, 1976년 말 상하이시 당 위원회, 시 혁명위원회 부주임을 거쳐 상하이시 부시장 겸 상하이시 계획위원회 주임 등을 역임하였다. 그리고 상하이석유화공 공장 2기공정의 영도소조로 활약하다가 1983년 중국석유화공총공사 설립을 주도하여 총경리를 거쳐 장쩌민이 총서기로 선출된 이후 1990년 국가경제체제개혁위원회 주임으로 임명되었다(中共中央組織部 2004, 48).[110] 1993년에 국가계획위 주임으로 임명된 소위 '상하이방'의 일원이라고 할 수 있다.

천진화에 이어 국가발전계획위의 주임을 맡은 쩡페이옌(曾培炎) 역시 장쩌민과 업무상 대단히 밀접한 연관을 가지고 있다고 할 수 있는데, 쩡페이옌은 저장성 출신으로 칭화대학 무선전자학과를 졸업하고 1978년에 공산당에 가입하였다. 제1기계부에서 공직을 시작하여 1982년 이후 주미중국대사관 상무참사관 1등 비서를 거쳐, 전자공업부 판공청 주임(부장=장쩌민), 계획건설사 사장(司長) 등을 역임하고 1988년 이후 기계전자공업부 부부장이 되었다. 1992년에는 당시 총서기인 장쩌민이 주임으로 있는

110_일반적으로 국가경제체제개혁위원회 주임은 자오쯔양과 리펑이 그러했던 것처럼 총리가 겸임하는 것이 관례화되었는데 이를 천진화가 발탁된 것은 장쩌민과 그의 최측근 참모였던 쩡칭훙의 영향이 컸다고 할 수 있겠다(高新 2001. 320).

중앙재경영도소조 부비서장, 판공실 주임, 국가계획위 부주임 등을 겸임하였다. 1997년 중앙위원으로 선출되었고 이어 1998년 3월 국가발전계획위 주임으로 임명된 전문 기술관료라 할 수 있다(中共中央組織部 2004, 992).

한편 국가발전개혁위원회의 초대 주임인 마카이(馬凱)는 상하이 출신으로 1965년에 공산당에 가입하였고, 중국인민대학 정치경제학과 대학원을 졸업하였다. 초기 베이징시를 중심으로 공직을 시작하여 국무원 가격연구센터 연구원과 베이징시 시계획위 주임을 역임하고, 베이징시 물가국 부국장, 국가물가국 부국장을 거쳐 1993년 3월 마홍(馬洪), 류즈펑(劉智峰) 등과 함께 국가경제체제개혁위원회 부주임(주임=리테잉(李鐵映), 정치국위원), 1995년 국가계획위 부주임을 역임하였다. 1998년 주룽지 총리의 부비서장(비서장=왕쭝위)을 맡아 활동하다가 2003년 3월 국가계획위 주임으로 승진한 인물로 주룽지 인맥이라고 할 수 있다(中共中央組織部 2004, 520).

사회주의 시장경제 선언 이후 국가계획위의 주임을 맡은 이들 세 사람은 모두 대학 이상의 학력을 갖고 있으며, 중국인민대학과 칭화대학 등 중국의 '주요 대학' 출신들이다. 특히 국무원 국가계획위로 출발한 1954년 이후 8명의 주임 중 3명, 야오이린, 쑹핑에 이어 쩡페이옌이 칭화대학 출신이라는 점이 흥미롭다. 그리고 1993년 이후 주임들은 국가계획위 외부에서 활동한 이후 부주임을 거쳐 주임으로 임명되었다는 점이 특징이라고 할 수 있겠다.

〈표 14〉 **국가발전계획위원회 인적 구성**(1993. 3.~2003. 3.)

主任	陳錦華(1993. 3.-1998. 3.)
副主任	甘子玉, 葉靑, 郝建秀, 王春正, 盛樹仁, 劉江, 芮杏文, 桂世鏞 郭樹言, 曾培炎 陳耀邦, 羅植齡, 佘健明

	陳同海 馬凱
* 甘子玉에서 桂世鏞까지는 1992년 이전 임명, 郭樹言, 曾培炎 1993년 2월 임명, 陳耀邦, 羅植齡, 佘健明 1993년 6월 임명, 陳同海 1994년 1월, 馬凱 1995년 1월 임명.	
主 任	曾培炎(1998. 3.-2003. 3.)
副主任	王春正, 郝建秀, 劉江, 包敘定, 李榮融 汪洋, 張國寶, 李子彬, 姜偉新
* 王春正에서 李榮融까지는 1998년 4월 일괄 임명, 汪洋, 張國寶 1999년 9월 임명, 李子彬 2000년 4월, 姜偉新 2002년 6월 임명	
主 任	馬凱(2003. 3 -)
副主任	王春正, 劉江, 張國寶, 李子彬, 姜偉新 李盛霖, 朱之鑫, 歐新黔(女), 張曉強
* 王春正, 劉江, 張國寶, 李子彬, 姜偉新 연임, 李盛霖, 朱之鑫, 歐新黔 2003년 4월 임명, 張曉強 2003년 11월 임명	

** 자료: 『中國組織別人名簿』(해당년도판)에 근거해 필자 작성

천진화가 이끄는 국가발전계획위 부주임들의 특징을 보면, 먼저 궈수옌(郭樹言)은 1957년 공산당에 가입하고 소련 우랄공학원 야금학과를 졸업한 해외유학파로 야금주조 공정사이다. 이후 제1기계공업 기계연구원 선양(瀋陽) 주조(鑄造)연구소 부소장으로 공직에 들어와 국가과학기술위원회 발전예측국 부국장을 거쳐, 국무원 과학기술영도소조 판공실 부주임과 국가과학기술위원회 부주임을 역임하였다. 1990년 이후 중공 후베이성 위원회 부서기, 부성장, 성장으로 활동하다 1993년 국가계획위 부주임으로 임명된 전문 기술관료라 할 수 있겠다(中共中央組織部 2004, 185). 천야오방(陳耀邦)은 광동성 출신으로 화중농학원 대학원을 졸업하고 농업부 식물검역실험소 기술원으로 공직에 들어와, 농업부 부국장까지 승진한 후 1984년 장쑤성 우시시(無錫市) 당위 부서기와 농업부 부부장 등을 역임하고, 1993년 국가계획위 부주임에 임명된 전문 기술관료라 할 수 있다(中

共中央組織部 2004, 74). 뤄즈링(羅植齡)은 허베이 경제학원 무역경제학과를 졸업하고 허베이성 친황다오시(秦皇島市) 재정국 부국장을 거쳐 허베이성 스자좡(石家莊) 시위원회 부서기, 시장 등을 역임한 후 1990년 국가물가국 국장으로 근무하다가 1993년 국가계획위 부주임으로 발탁된 인물로 이후 국내무역부 부부장까지 승진한다.[111]

서젠밍(佘健明)은 후난 출신으로 베이징공업학원을 졸업한 후 제5기계부 부처장, 처장, 판공청 주임 등을 거쳐, 국가병기공업부 연구실 주임 그리고 기술경제연구소 소장 등으로 활동한 후 국가기계위원회 판공청 주임과 기계전자공업부 판공청 주임(부장=쩌우자화, 겸임)에서 1991년 국가계획위 판공청 주임으로 전임되어 쩌우자화 주임의 비서장을 거쳐 1993년 부주임으로 임명되었다. 천둥하이(陳同海)는 산동성 출신으로 동북석유학원 석유채굴공정과를 나온 교수급 고급경제사이다. 다칭연구원 개발1실 지질원으로 시작해, 저장성 과학위원회 간부 등을 거쳐 전 중국석유화공총공사 진해석유화공총공장 서기, 저장성 닝보시(寧波市) 상무부시장과 닝보시 시장 등을 거쳐 1994년 국가계획위 부주임에 발탁되었다. 그는 이후 중국석유화공집단공사 사장으로 활약한 석유화공 분야의 전문 기술관료라 할 수 있다.

다음으로 쩡페이옌 주임 시기의 국가발전계획위 부주임의 인적 정보상의 특징으로는, 바오슈딩(包敍定)의 경우 상쑤싱 출신으로 선양(瀋陽) 기계공업학교 금속재료열처리과를 졸업하고 1961년에 공산당에 가입, 쓰촨성 기계공업국 부국장과 쓰촨성(四川省) 기계공업청 부청장, 청장 등을 거

111_中共中央組織部(2004)의 인적 정보자료가 없는 부주임의 경우, 百度 (https://www.baidu.com/)을 검색을 활용하였음을 밝힌다. 상세한 인터넷 페이지는 생략한다.

쳐 1988년 쓰촨성(四川省) 계획위 주임으로 있다가 기계전자공업부부장(부장=쩌우자화, 겸임)으로 중앙에 진출하였다. 이후 1996년 기계공업부 부장에서 1998년 국가발전계획위 부주임으로 임명된 쩌우자화 인맥의 전문 기술관료이다. 리룽룽(李榮融)은 장쑤 출신으로 텐진대학 화학공정계를 졸업한 고급공정사로서, 1983년 공산당에 가입하기 이전 일반 노동자, 작업장 주임, 공장장 등을 거쳐, 1986년 장쑤성 우시시(無錫市) 경제위원회 부주임으로 공직을 시작, 우시시 경공업국 국장, 시계획위 주임, 장쑤성 계획위 부주임 등을 역임하였으며 1992년 국무원 생산판공실(부총리인 朱鎔基가 주관) 생산계획국에서 활동하다 생산판공실이 국무원 경제무역판공실로 개편됨에 따라 경제무역판공실 대외경제합자사 부사장이 되었다. 이후 1998년 국가경제무역위원회가 설립되면서 국가경제무역위 기술개조사 사장, 비서장, 부주임과 국가계획위 부주임을 겸임하였다. 이후 2001년에는 국가경제무역위 주임으로 임명되는 주룽지 인맥의 핵심 중 한 사람이다.

왕양(汪洋)은 안후이성(安徽省) 출신으로 중앙당교를 졸업, 중국과기대학 공학석사로서 1975년에 공산당에 가입하였다. 만 50세에 16기 당 중앙후보위원과 충칭시위 서기에 당선될 만큼 뛰어난 능력을 소유하고 있다고 알려진 인물이다. 그는 고향인 안후이성의 쑤현(宿縣) 식품공장 노동자로 시작해 작업장 주임 그리고 숙현지구 '5.7간부학교' 교원 등을 거쳐 쑤시안띠(宿縣地) 위원회 당교교원, 공청단 안후이성 쑤시안띠 부서기와 선전부 부장, 공청단 안후이성 당위 부서기 등을 역임하였다. 1988년 만 33세에 안후이성 동링시(銅陵市) 위원회 부서기, 시장대리, 시장으로 있다가 1992년 안후이성 계획위 주임과 성장보, 부성장을 거쳐 1998년에 부성장 겸 부서기에 선출되고 이어 1999년 9월 국가발전계획위 부주임으로 발탁된 후진타오(胡錦濤)의 공청단 인맥의 핵심 중 하나이며, 유망한 차세대 정치 지도자라고 할 수 있다.

장궈바오(張國寶)는 저장성 출신으로 시안(西安)교통대학 기계공정학과 석사로 고급공정사이다. 그는 대학 졸업 후 기계공업부에서 공직을 시작하여 국무원 외국전문가국에서 활동하다 1981년 국가계획위로 옮겨와 국가계획위 기계전자국 부처장으로 시작하여 처장, 투자사 공업처 처장, 1996년 부비서장을 거쳐 1999년 9월 汪洋과 함께 국가발전계획위 부주임에 임명되어 기초산업, 공업 고급기술산업 방면의 공작을 담당했던 국가계획위 내부 승진 인물이다. 리쯔빈(李子彬)은 랴오닝성 출신으로 칭화대학을 나온 고급공정사로서 1981년 공산당에 가입하였다. 나이멍구 자치구 파오터우시(包頭市) 202공장 기술원으로 시작해, 랴오닝 진시현(錦西縣) 공업국 기술원, 공장연구소 부소장, 공장장 등을 거쳐 1989년 진시현(錦西縣) 시위 상무위원과 부시장에 선출되었다. 이후 1991년 화학공업부 부부장으로 중앙관계에 진출하여, 광둥 선전시(深圳市) 부시장과 부서기, 시장으로 있다가 2000년 국무원 서부지구개발 영도소조 판공실 부주임과 서부대개발사업을 주관하고 있는 국가발전계획위 부주임을 겸임하였다. 장웨이신(姜偉新)은 헤이룽장성 출신으로 1969년 공산당에 가입했으며, 베이징대학을 졸업한 후, 국가계획위 투자사과장을 시작으로 부처장, 처장 등을 거쳐 국가계획위 투자연구소 부소장과 중점건설사 부사장, 사장을 역임하였다. 1998년 국가발전계획위로 명칭을 변경한 이후에도 투자사 사장으로 활동하다가 2001년 6월 국가발전계획위 부주임에 임명된 내부 승진 인사이다.

다음으로 마카이 주임의 국가발전개혁위 신임 부주임 중 리성린(李盛霖)은 장쑤성 출신으로 장쑤 진장(鎮江)농업기계학원에서 농업기계학을 전공하였으며, 이후 톈진 트랙터공장 작업장 노동자와 기획원으로 근무하다가 중앙당교 성부급(省部級) 영도간부 연수반에서 학습한 이후, 톈진 트랙터공장 공업공사 기술과 과장, 판공실 부주임 등을 거쳐 1980년 이후 톈진시 방직공업국 국장, 당위 부서기 그리고 1988년 이후 톈진시 계획위 주임과 부시장, 당위원회 상무위원이 되었다. 1998년 이후 톈진시 시장을 역임한 후 2003년 5월 국가발전개혁위의 부주임에 임명된 전문 기술관료이다. 2005년 이후 교통부 부장을 맡게 된다. 주즈신(朱之鑫)은 저장성 출신으로 1975년에 공산당에 입당하였고 베이징방송통신대학(廣播電視大學)에서 중문학을 전공하였다. 그는 1969년 지린성 따안현(大安縣) 연합인민공사에서 지식청년으로 활동을 시작하여, 제1자동차제조공장 설비수리공 노동자, 간부 등을 거쳐 제1자기계공업부 정치연구실 간부, 1981년 이후에는 안후이성 성정부 판공청 성장비서(성장=저우즈젠(周子健), 1977년 기계공업부 부장)을 거친 후 1989년 국무원 기관사무관리국 부처급 비서로 있다가 1991년 국가계획위 국민경제종합사 종합처장으로 국가계획위에 들어온다. 1993년 이후 국가계획위 국민경제종합사 부사장, 사장을 거쳐 1999년 이후 국가통계국 부국장, 국장을 역임하고 2002년 후보중앙위원으로 선출되고 나서 2003년 국가발전개혁위의 부주임으로 임명된 일종의 내부 승진 인사라 하겠다.

어우신첸(歐新黔)은 구수롄, 하오젠슈의 뒤를 잇는 여성 부주임으로 꾸이저우성 출신이다. 그녀는 베이징대학에서 무기화학을 전공하였으며, 1968년 설립된 국영 베이징878공장(國營東光電工廠)에서 근무를 시작하였고 문혁시기에 국가계획위 생산조로 자리를 옮긴 후 국가계획위와 국가경제위 중공업국을 중심으로 공직생활을 하였다. 1991년 국무원생산판공실이 설립되면서 리룽룽(李榮融) 등과 함께 주룽지의 개혁정책을 보좌하였고, 생산판공실이 국무원경제무역판공실로 개편됨에 따라 조절국(調度局) 부처장, 처장 등을 역임하고 국가경제무역위의 설립과 함께 국가경제무역위 정책협조사 부사장으로 활동하였다. 1996년 이후에는 국가경제무역위의 정책협조사 사장, 산업정책사 사장을 거쳐 2002년 국가경제무역위 부주임에 임명되었다. 2003년 국가경제무위가 폐지됨에 따라 그녀는 국가발전개혁위 부주임으로 자리를 옮겨 경제운영국, 산업정책사, 중소기업사를 관장하였다. 장샤오장(張曉強) 부주임은 베이징대학교 경제학과를 졸업하고 바로 국가계획위에서 활동을 시작하였다. 이후 국가계획위 외자사 부처장, 처장을 거쳐 광저우시(廣州市) 계획위원회 부임으로 전근되어 지방 근무를 하고 난 후 1992년 국가계획위 외자사 부사장으로 승진하였다. 그리고 1994년에는 중국 주미대사관 경제참사로 나갔다가 다음해에 국가계획위 외자사 사장으로 승진하였고, 이어 1998년 이후에는 국가발전계획위 부서장과 비서장(주임=曾培炎)을 거쳐, 2003년 4월, 국가발전계획위원회 비서장 그리고 같은 11월 부주임으로 승진 임명되었다. 장사오창은 전형적인 국가계획위의 내부 승진 인사로서 위원회 내 엘리트 과정을 거쳤다고 할 수 있겠다.[112]

이상 13명이 1993년부터 2003년 3월까지 국가계획위, 국가발전계획위 그리고 국가발전개혁위에 새로 임명된 부주임들의 간단한 경력이다. 종합해 볼 때, 이들은 모두 대학 이상의 학력을 소지하고 있으며, 출신 지역에 따른 눈에 띄는 특징은 없으나 대체적으로 경제가 발달한 광동, 장쑤, 안후이, 저장, 랴오닝 등 연해 지역 출신들이 상대적으로 많다는 점이 특

112_장샤오장은 인민해방군 장윈이(張雲逸) 대장의 손자이며, 그의 아버지는 전 국가핵공업4국 국장이었던 장위안(張遠)으로 출신성분으로 본다면 매우 우수하다. 그런 이러한 이유는 장샤오장이 국가계획위 내 경제엘리트로 성장하는데 적지 않은 영향을 주었을 것으로 추론된다.

징이라면 특징일 수 있겠다. 13명 중 공업공정사나 경제사인 인물들이 9명으로 69.2%를 차지해 '쩌우자화 체제'하의 57.1%보다 높은 것을 나타냈다. 또한 해외 유학이나 근무경험이 있는 부주임은 궈수옌과 장샤오창 2명이었으며, 국가계획위 내부승진을 통해 부주임이 되는 경우는 13명 중 5명(38.5%)으로 '쑹핑 체제'와 '쩌우자화 체제'에 이어 계속 축소되고 있음을 알 수 있다.

11장

중국식 발전 국가의 경제계획과 산업정책

일반적으로 경제계획과 산업정책은 경제발전과정에서의 국가의 성격을 결정하는 중요한 구성요소 중 하나이다.[113] 따라서 산업정책이 존재하느냐 그렇지 않느냐 하는 것은 그 국가가 발전지향적인가 그렇지 않은가를 보여주는 중요한 잣대로 작용한다. 그런 의미에서 동아시아 발전 국가의 고도성장을 논의할 때는 언제나 그 중심에는 산업정책이 있다고 해도 과언이 아니다. 즉 산업정책이 수립되어 있다는 것은 국가가 경제에 대해 전략적인 입장에 서 있는 것을 의미하고, 경제에 대한 목표지향적인 접근을 한다는 것은 그 국가는 발전 국가적 성격적 갖는다는 것을 말하는 것이다.

발전 국가에서의 산업정책은 국가가 특정 산업이나 기업을 선별하고 이에 대해 제한된 자원을 집중적으로 지원하기 때문에 정책적 효율성을 가능하게 할뿐더러 그 전략적 성격으로 인하여 경제성장의 원동력을 창

113_본 장의 내용은 서상민, 「시장경제 시기 중국의 국가 역할」, 『아태연구』18:1(2001), 32-41; 「"발전 국가" 성립과정에서 중국의 산업정책 결정 과정 분석: 정책수단과 행위 동학을 중심으로」, 『한국동북아논총』21(2016), 23-42를 일부 발췌하고 수정 · 보완하였다.

출할 수 있는 장점을 내포하고 있어 적극적으로 활용되는 정책이라고 할 수 있다. 그러나 같은 동아시아 발전 국가라 할지라도 각 나라의 산업정책은 그 나라가 처한 사회경제적 조건에 따라 달라질 수 있고 산업정책수단 또한 국가마다 차별적으로 사용되어진다. 중국의 경우 이미 1970년대 후반 일본으로부터 산업정책의 핵심 메커니즘을 학습하였다. 그리고 1980년 중반 이후 동아시아의 발전 국가 모델을 계획경제체제 이후 국가의 역할을 획정하는 틀로 삼았다고 할 수 있다.

본 장에서는 중국이 발전 국가론의 수용과 함께 도입되기 시작한 시점에서의 중국의 경제계획의 종류와 입안 과정 그리고 산업정책의 수단과 결정 과정을 분석하고자 한다. 이를 통해 중국공산당이 중국의 국가 성격을 어떻게 전환시켜 나갔으며 그 전환의 목표는 동아시아적 발전 국가였음을 규명하고자 한다. 특히 사회주의적 유산을 가지고 있는 중국적 정치적 조건에서 국가발전개혁위원회 역할에 주목하고자 하면서 일본, 한국, 대만과 암묵적 비교를 통해 다른 정치사회적 맥락하에서 중국의 발전 국가가 갖는 특징을 파악하고자 한다.

Ⅰ. 개혁개방 이후 계획체제

개혁개방 이래 계획과 시장 관계는 〈표 15〉에서와 같이, '계획위주, 시장보완 → 계획적 상품경제 → 국가의 시장조절, 시장의 기업 유도 → 계획경제와 시장조절의 유기적 결합 → 사회주의 시장경제' 순으로 변화함에 따라 계획체제 역시 변화를 거듭해 왔다. 1978년 '역사적 노선전환'과 함께 시작되어 1984년 중공중앙의 '경제체제개혁에 관한 결정'이 있기 전까지

계획은 중국경제를 관리하는 주요수단으로써 국민 생활과 관련된 산품의 생산과 분배에 대해 지령성 계획을 하달하고, 경제와 사회발전 중 비교적 중요한 사항에 대해서는 지도성 계획을 하달하였으며, 전체적인 경제형세에 영향을 덜 주는 기타 경제와 사회활동에 대해서는 시장조절에 맡겨 두어 기업단위에서 시장의 수요에 따라 계획을 결정하도록 하였다. 이를 위해 계획체제를 장기발전계획에 알맞도록 조정하는 한편 장기, 중기, 단기 계획 간을 상호 연계시키고 경제와 과학, 사회발전계획을 상호 결합시켜 나갔다. 『계획체제 개혁에 관한 약간의 임시규정』(關於改進計劃體制的若幹暫行規定, 이하 「임시규정」)에 따라 전국종합재정여신계획과 전국종합물자계획, 전국고정자산투자계획 그리고 지구간협력계획 등을 편제하는 것을 주요 임무로 설정하였다. 또한 시장조절 기제를 도입하여 가격, 세수, 여신, 임금, 장려금, 재정보조금 등 경제 지렛대를 경제정책에 활용하고 국가기본건설투자를 재정교부에서 은행 대출로 바꾸는 등의 개혁을 단행하였다(房維中 · 桂世鏞 主編 1984, 470). 이 시기 계획체제는 시장조절 기제를 초보적으로 도입하여 이를 지도성 계획과 함께 결합시켜 '8자방침'에 따른 「6 · 5계획」 목표를 달성하는 것이었다고 할 수 있겠다.

〈표 15〉 개혁개방기 계획과 시장조절간 관계 변화 과정

시 기	'계획과 시장조절' 간의 관계
1978년~1979년	계획경제, 상품교환가치법칙 이용
1978년~1984년 10월	계획경제 위주, 시장조절 보완
1984년 10월~1987년 10월	계획적 상품경제
1987년 10월~1989년 6월	국가의 시장조절, 시장의 기업조절
1989년 6월~1992년 10월	계획경제와 시장조절의 유기적 결합
1992년 10월~	사회주의 시장경제

** 자료: 樊綱(1996, 180)에 근거해 일부 수정

1984년 12기 중전회에서 통과된 「중공중앙의 경제체제개혁에 관한 결정」 이후 제기된 '계획적 상품경제' 방침에 따라 가격 법칙을 활용한 계획체제를 수립을 요구하고, 1987년 13전대에서 제출된 '계획이 있는 상품경제의 신체제' 건설 노선에 따라 계획과 시장의 통일적 체제 구축과 계획공작에서의 상품교환과 가격 법칙의 기초하에 "국가가 시장을 조절하고, 시장이 기업을 유도"하는 메커니즘의 확립이 제시됨에 따라 계획체제에 대한 개혁은 가속화되었다. 이 시기 계획체제는 첫째, 중요한 공농업산품에 대한 국가의 지령성 계획의 범위를 축소하고 지도성계획과 시장조절의 범위를 확대하며, 둘째, 지방, 부문, 기업의 고정자산투자계획의 권한을 확대하였다. 특히 기본건설투자 중 국가 예산 내 교부(撥款)를 정부의 대출(貸款)에 의한 투자로 바꾸고, 이를 국가여신계획의 기본건설교부에 넣어 국가가 책임지고 균형을 유지하도록 하였다. 그리고 생산성 투자항목에 대한 지령성 계획은 1,000만 위안 이상 3,000만 위안 이하에 대해서만 국가계획위가 심사하여 비준하는 것으로 규정하였고, 비생산성 항목 중 자금, 에너지, 재료, 설비 등 스스로 해결이 가능할 경우 원칙적으로 각 부나 각 성 그리고 자치구, 직할시에서 자체적으로 심사하도록 권한을 이양하였으며, 기술개조항목에 대한 심사 비준권 역시 대폭 하방하였다. 1988년 이후의 계획체제에 대한 개혁을 가속화하여 중대 건설투자와 장기투자에 대한 실행을 각급으로 나누어 관리하도록 하여 전국적인 중점건설 프로젝트는 중앙이나 중앙위주로 담당하게 하고 지구나 성급 중점항목과 일반건설 프로젝트에 대해서는 지방이 담당하도록 하였다(曾培炎 主編, 『中國投資建設50年』, pp.123-136). 한편 기업을 일반성 투자의 주체로 인정하고 기업의 기술개조 프로젝트와 필요한 복지시설에 대해서는 기업투자건설을 주로 시행하도록 하는 한편, 기업이 자금이 풍부하다면 기본건설을 진행할 수 있게 하였다. 그리고 기본건설 기금제도를 만들어 투자공사(投資公司)를 설립하고 입찰제(招標制)와 도급제(投標制) 등을 실행하였다.

또한 기본건설항목의 심사 절차를 간소화하는 등 규제를 완화하여 국가가 심사하는 중대형 항목에 대한 심사 절차를 5단계에서 2단계로 축소하였으며, 다양한 방식의 계획승포책임제를 실행하여 국가의 계획 임무를 유관 집행단위에 맡겨 관리토록 하고 국가가 필요한 물자와 운수, 가격, 투자, 대부 등의 공급 조건을 공급을 보장해 주었다. 그리고 일부 중심도시나 연해개방지역에서는 계획을 단독으로 실행할 수 있도록 하는(計劃單列) 한편 국가계획위가 성(省)을 통하지 않고 이러한 도시와 직접적인 계획 관계를 맺어 계획의 임무와 자금분배 그리고 물자를 직접 관리하는 등 성급 계획관리 권한을 누리도록 특별 배려하였다.

치리정돈 시기에는 '계획경제와 시장조절 간의 유기적 상호결합'이라는 경제체제원칙에 입각해 계획체제 개혁을 추진하였는데, 먼저 산업정책을 제정하였다. 1989년 3월 15일, 국무원은 「국무원의 직면한 산업정책 요점에 관한 결정」(國務院關於當前産業政策要點的決定)을 발표하고, 국민경제 각 영역에서 지원할 부분과 제한할 부분을 명확히 하여 산업구조를 조정과 거시경제 조절의 중요 근거로 삼았다(白和金 主編 2002, 243). 또한 대형기업집단(企業集團)에 대한 계획단독실행(計劃單列)을 시범적으로 도입하고 국가계획위가 기업의 원래 주관부처와 소재 지역을 건너뛰어 이들 기업과 직접 생산계획관계를 맺고 계획 임무에 상응하는 자금과 물자 등에 대한 공급 및 계획관리와 업무지도를 할 수 있게 하였으며, 기업집단 경우 국가의 법적, 정책적 규정의 범위 내에서 독립적이고 자주적으로 생산경영활동을 진행할 수 있도록 국가 규제를 대폭 완화하였다.

이와 같이 국가계획체제에 대한 개혁은 1992년 14전대에서 사회주의 시장경제체제 건설이 제시되면서 더욱 심화 확대된다. 14전대에서는 앞에서도 지적했듯이 시장을 국가거시경제 조절하의 자원 배분의 기초적 기제로 삼고 국가계획은 거시경제 조절의 '중요한 수단 중 하나'로 인식하고, 계획체제 전반에 대한 개혁단행을 요구하였다. 14전대에서는 계획에 대한 생각을 새롭게 하여 계획방법을 개선할 것을 요구하면서, 계획의 중점을 "국민경제와 사회발전전략의 목표를 합리적이면서 정확하게 확립하고, 경제발전예측, 총량에 대한 조절과 통제, 중대한 구조와 생산적 배치 기획에 진력하여 보다 빠르고 보다 양호한 경제발전을 촉진하는 것"에 두어야 한다고 지적하였다. 이를 반영하여 1993년 11월 14일 14기 3중전회에서 중공중앙은 「사회주의 시장경제체제 건설의 약간의 문제에 관한 결정」(關於建設市場經濟體制若幹問題的決定)을 통해 사회주의 시장경제 하에서의 계획공작의 지위와 역할 그리고 범위와 직능에 대한 종합적인 개혁 방향을 제시하였다(姜華宣 · 張蔚萍 · 肖甡 主編 2001, 544-545).

1978년 이후 진행된 개혁을 통해 계획체제에 대한 지령성 계획을 대폭 축소된 반면 시장조절이 확대되었는 바, 농업방면에서는 1979년 이전 국가가 지령성 계획을 통해 직접 관리하는 주요 농산품 품목 25종이 1985년에는 전부 지령성 계획에서 해제되었고, 1994년부터 양식에 대한 전면가격개방이 이루어졌고, 1990년대 후반에 이르러 국가는 식량, 면화 등 9종의 주요 농산물에 대해서만 지도성 계획을 통해 관리하였다. 또한 공업방면에서는 1980년 국가가 지령성 계획을 통해 120종의 품목, 전국 공업생산 총액의 40%를 관리하였으나 1994년에는 33종으로 줄어들었고 공업 총생산에서 차지하는 비중도 4.5%로 축소되었다. 특히 고정자산투자는 중앙에 의한 집중투자방식에서 투자 주체와 자금원천 다양화로의 방향전환을 통해 1993년 국가계획위의 책임하에 있는 투자 자금은 전체 사회고정자산

교부비중 중 10.31%만을 관리하고 있다(張卓元 · 黃範章 · 利廣安 主編 1998, 104-152).

이러한 상황은 물자관리 측면에서도 비슷하게 나타나는데, 국가계획위가 균형과 분배를 책임지고 있던 통배물자(統配物資)의 수가 1981년 256종에서 1994년에는 11종으로 축소되었으며, 국가계획위가 수매하거나 관리하는 상품의 수가 1978년 65종에서 1994년에는 14종으로 감소하였으며, 이 중 지령성 계획 하에 있는 상품은 10종에 지나지 않고 나머지 4종은 지도성계획에 의해 관리되었다(林毅夫 · 蔡昉 · 李周 1999, 196). 가격방면에서 살펴보면, 1992년 말 절대다수의 상품가격이 시장에 의해 조절되고 있다. 전 사회 상품소매판매 총액 중 정부가 정한 가격이 차지하는 비중은 1992년에 5.9%까지 떨어졌다, 농산품 구매총액 중 정부의 고정가격은 1992년 12.5%까지 떨어졌다. 공업기업이 판매하는 생산재 거래 총액 중 정부고정가격은 1992년에 18.7%, 1996년에는 더 떨어져 14.0%까지 떨어졌다(林毅夫 · 蔡昉 · 李周 1999, 210).

이렇듯 중국의 계획체제는 부단한 개혁을 통해, 계획관리기능의 근본적인 변화를 이루어냈다. 생산, 투자, 분배, 가격, 물자 등 경제 전반을 관리해 오던 국가계획의 역할이 1992년 사회주의 시장경제로의 전환이 이루어지면서 거시경제 조절 방면의 총체적 지도와 종합적 조절 역할만을 맡게 되었다. 따라서 계획 역시 연도 계획 위주에서 중장기 계획 위주로 전환되었으며, 경제구조 조정과 최적화를 위한 산업정책을 강화하는 방향으로 역할을 전환하였다.

II. 시장경제하의 계획의 종류와 체계

사회주의 시장경제 하에서의 중국의 계획체계는 대체로 다음과 같이 크게 세 가지 종류의 계획으로 구성되어 있다. 첫째, 장기 계획(長期計劃), 중기 계획(中期計劃), 단기 계획(短期計劃) 등 계획 기간에 따라 나누어진다. 장기 계획은 흔히 '미래전망계획'(遠景計劃)이라고 하는데, 일반적으로 10년 혹은 10년 이상의 계획을 의미한다. 장기 계획의 주요 임무는 국민경제와 사회발전의 장기구상을 제출하는 것으로써 경제사회발전전략과 그 시한이 같을 수도 있으나, 경제사회발전전략기간중 하나의 비교적 장기 단계의 계획일 수도 있다. 그래서 이른바 '전략성 계획'(戰略性計劃)이라고도 하는데, 장기 계획만이 경제사회발전전략 중의 중요한 문제인 발전전략의 목표, 전략중점, 전략단계, 중대한 경제구조와 비중관계 조정, 교육과 과학발전 방향, 생산력 배치, 중요한 기술경제정책과 사회발전목표 등을 해결할 수 있기 때문이다. 또한 장기 계획은 중기계획의 방향과 임무 그리고 기본내용을 결정하고 중기계획편제의 중요한 근거를 제공한다. 이러한 장기 계획은 국민들에게 국민경제발전 청사진을 제공하고 이런 청사진에 따라 국민들의 생산 의욕을 고취시키고 발전에 필요한 동력을 동원하는 작용을 한다고 할 수 있겠다. 장기 계획은 강령적, 윤곽적인 특징이 있는 계획이기 때문에 계획 자체가 자세하지 않고 개략적으로 편제되어 있다. 따라서 중기계획과 단기 계획을 통해 장기 계획을 구체적으로 실현할 수밖에 없다고 할 수 있는데, 이는 그동안의 장기 계획들을 보면 쉽게 알 수 있다.

중국은 1953년부터 몇 가지의 장기 계획을 입안하였는데, '1953~1867년 국민경제발전을 위한 15년 미래초보구상', '1960년~1967년 8년 기획

초보구상', '1963년~1972년 10년 기획 초보구상', '1976년~1985년 국민경제발전 10년 기획' 등이다. 그러나 이러한 장기 계획은 국가계획위 등에 의해 만들어진 연구수준의 것으로 국무원과 중공중앙의 심사와 비준을 받지 못한 것으로 정식적 문건은 아니었다(鄭新立 主編 1999, 52-54). 그러나 「1991년~2000년 국민경제와 사회발전 10년 기획」(1991~2000年國民經濟和社會發展10年規劃), 「1995년~2010년 국민경제와 사회발전 미래목표 강요」(1995~2010年國民經濟和社會發展遠景目標綱要) 등은 정식으로 채택된 최초의 장기 계획이라고 할 수 있겠다. 대부분 이러한 장기 계획은 덩샤오핑(鄧小平)이 1987년 4월 스페인 노동자사회당 당수와의 담화에서 제출한 '세보걸음 전략'(三步走戰略)사상에 의해 편제되었다(鄭新立 主編 1999, 55).

다음으로 중기계획이 있다. 중기계획은 일반적으로 5년을 기한으로 하여 편성되는 계획으로써 국가발전계획의 기본적인 형식이다. 중기계획은 장기 계획을 분획하여 구체화한 것으로 주요임무는 장기 계획에서의 요구에 근거하여 미래 일정 시기 동안의 경제, 과학 그리고 사회발전의 구체적 목표와 그 실현목표의 객관적 조건에 대한 예측하고, 장기 계획 해당 기간 내의 각 항목의 임무를 구체적인 수량으로 표시하는 것이다. 또한 중요한 자원에 대한 균형을 잡아줄 조치를 제출하는 것이다. 즉 중기계획은 국민경제, 과학, 사회발전의 총 임무를 확정하고 경제성장률, 경제효과, 재정수지, 여신수지, 외화수지, 중요한 과학기술문제 해결과 응용확산, 선진기술도입, 교육과 사회사업발전 규모와 구조, 3차산업 구조, 대외무역과 기술교류, 외자이용, 중요 건설과 기술개조 항목, 지구생산력 배치와 지구개발, 국토개발과 정비, 물가종합수준과 인민 생활 제고 정도, 실업률과 중요한 경제기술정책 등 다양한 부분을 포괄하여 계획에 필요한 중대한 조치를 실행하는 것을 말한다. 또한 중기 계획은 단기 계획 편성의 근거로서 역할을 한다(馬凱 · 曹玉書 主編 2002, 141-145). 이와 같은 중기계획은 사회주의 시장경제하에서 더욱 중요한 계획 형태가 되어가고 있다. 중기계획이 가지고 있는 특성으로 인해 방향성, 전략성, 총량성, 조직성 등의 중요한 계획상의 문제를 해결할 수 있기 때문이며, 이를 통해 거시경제정책과 경제 지렛대 등에 대한 종합적 활용이 가능하기 때문이다. 계획체제에 대한 개혁 이후 계획지표의 중요성은 축소된 반면 정책성을 중시하게 되면서 중기계획은 전문 업종에 대한 계획에 중점을 두고 있어 전체적인 국민경제발전의 목표와 임무를 실현하는데 중요한 지위를 담당하고 있다 하겠다.

마지막으로 단기 계획으로써 연도별 계획을 편성하는 것을 말한다. 연도별 계획은 중장기 계획의 해당 연도의 실시방안에 대한 계획으로 실현성과 조작성(操作性)을 매우 강조한다(呂汝良 主編 1995, 25-27). 연도별 계획은 중장기 계획과 경제 상황에 근거해 거시경제의 목표를 제공하고 경제, 과학 그리고 사회발전의 기본임무를 확정한다. 또한 국가중점 생산건설 항목과 중대과학 항목 등을 조직하고 실행하며, 국민 생활 수준 향상 정도를 안배하는 계획이다. 단기 계획은 국가의 해당년도 거시경제 조절의 근거이자 중요수단이 되기 때문에 단기 계획에는 경제발전목표와 관리목표가 있어야 하고, 거시경제정책과 그에 상응하는 경제조절조치 실시방안이 들어있어야 한다. 그리고 단기 계획은 국가재정투자, 정책성 융자, 국가외화, 중장기국채와 중요상품의 비축 등 국가가 직접 장악할 수 있는 물질적 조건을 활용하여 전 사회의 자금과 자원의 유통 방향을 유도하고 사회 총공급과 총수요의 대체적인 균형을 조절하며 경제구조의 지속적인 경쟁력 강화와 국민경제의 안정적 성장을 촉진하는 방안을 제시하는 것이다.

둘째, 계획이 포괄하는 범위에 따라 종합계획(綜合計劃)과 전문항목계획(專項計劃)으로 나누어진다. 먼저 종합계획은 '국민경제와 사회발전계획'과 같이 국민경제활동과 관련된 전반적인 부문을 포괄하는 계획으로 그 주요임무로는 계획 기간 내의 경제사회발전의 총체적인 동태와 발전추세를 분석하여 계획 기간 중 각 방면의 주요임무와 기본방침 그리고 목표실현계획 등을 제시하는 것이다. 따라서 종합계획은 국민경제와 사회발전의 강령적 문건이며, 국민경제의 통일적 계획관리를 위한 중요한 도구이기도 한다.

반면 전문항목계획은 국민경제와 사회발전 중 하나의 관건이 되는 문제를 해결하거나 특정 목표를 실현하기 위해 제정되는 전문성 계획을 말하는 것으로 일종의 산업이나 지역발전 그리고 중대 과제 등에 대한 계획이다. 따라서 이 계획은 매우 적실성을 갖춰야 하며 신축성이 있어야 한다. 전문항목계획의 대표적인 사례로는 인구발전 계획인 『1996~2000년 가족계획 공작 강요』(1996~2000年計劃生育工作綱要), 과학교육전략을 관철하기 위해서 마련된 교육사업 발전계획인 「중국교육개혁과 발전강요』(中國教育改革和發展綱要), 노동과 취업문제를 해결하기 위한 계획으로 제정된 「재취업 프로젝트」(재취업공정)와 「농촌지역 취업협조 계획」(城鄉就業協助計劃)이 있으며, 농촌지역의 빈곤퇴치를 위한 「빈곤퇴치 개발계획」(扶貧開發計劃) 등이 있다. 그 밖에 「교통운수산업 진흥계획」, 『에너지공업 발전계획』, 『기계, 전자, 석유, 화공, 자동차제조공업과 건축업 진흥계획」, 「고기술산업 발전계획」, 「농촌중소기업 과학기술 보급계획』(星火計劃)[114] 등

114_星火計劃(spark plan)이라는 명칭은 '성화요원'(星火燎原)에서 나온 말로, "작은 불씨가 광활한 광야를 불태운다"는 1930년의 마오쩌둥의 말을 따서 사용했다. 인민공사 해체 이후 1983~1984년 농촌에서 향진기업이 확산되었지만 기술 수준이 매우 낮았다. 그래서 랴오닝

경제 분야 전문항목 계획이 여기에 속한다(鄭新立 主編 1999, 80-89).

그러나 전문항목계획은 종합계획을 기준으로 삼아 종합계획에서 규정하고 있는 주요 목표와 기본임무에 따라서 편성되어야 한다. 즉 전문항목계획이 종합계획의 기본적인 틀을 벗어나지 않아야 한다는 것이다. 또한 전문항목계획의 실시에 따른 시간과 범위 등의 특징으로 인해서 종합계획과 불일치하는 경우가 종종 발생한다. 예를 들어 소위 '9525공정'이라고 하는 전문항목계획인 『칭장고원민족경제와 생태환경종합발전방안』(『靑藏高原民族經濟與生態環境綜合發展方案』)의 경우 25년간 3단계에 걸쳐 실시하도록 계획되었으며, 포괄하는 지역 범위 또한 시장(西藏) 전부와 칭하이(靑海) 남부, 그리고 쓰촨(四川) 서부 그리고 윈난(雲南) 북부 등 여러 성에 걸쳐있는 광범위 지역이다. 따라서 종합계획을 편제할 때에는 전문항목계획을 실시하는데 필요한 시한과 각 부문 간, 그리고 각 지역 간 협조 등을 충분히 고려하여 국가가 직접 관리하는 자원에 대한 배분과 각 방면의 협조를 미리 염두에 두고 안배하도록 하고 있다.

셋째, 제정하는 주체에 따라 전국계획(全國計劃)과 부문 · 업종계획(部門, 行業計劃)으로 나눠진다. 전국계획은 국무원이 제정하는 계획이며, 전국인민대표자대회의 심의와 비준을 통과한 계획이며, 반면 부문 · 업종계

성 등지에서 향진기업의 기술 혁신을 추진하였고 그 성과가 높아 1985년 중앙정부가 이를 성화계획이라고 명칭을 부여하고 1986년부터 '7 · 5계획'에 넣어 전국적으로 실행하였다. 주로 농촌의 기술 간부와 경영진을 교육하고 훈련시키거나 동시의 퇴직 관리나 기술자를 농촌으로 파견하는 것으로 시작하였는데 이후 선진 기술의 보급과 개발의 계획화까지 발전하였다. 이 계획은 일회성 계획이 아니라 지속추진 계획이라고 할 수 있는데 일반적으로는 중장기 종합계획과 연계하여 실시하고 있다. 예를 들어 1996년 국가과학위원회가 「성화계획 '9차 5개년 계획' 발전강요」(星火計劃'九五'發展綱要」를 제정하였는데, 여기에서는 2000년까지의 성화계획의 실시방안을 담고 있다(天兒慧 外 編 1999, 608-609).

획은 국무원의 각 주관 부문이 제정하는 것으로 국무원의 비준을 받은 계획을 말한다. 전국계획이 일정 기간 내의 경제와 사회발전의 주요목표, 임무와 정책을 규정하고 이를 통해 국민 전체의 이익과 장기이익을 실현하기 위해 제정된 것이라면, 부문 · 업종계획은 이러한 전국계획 내의 해당 부문과, 해당 업종 그리고 해당 계통의 발전을 위해 제정된 것이라 할 수 있다. 따라서 부문 · 업종계획은 전국계획에 근거해 미시경제정책을 결정해야 하며, 전국계획은 이를 위한 중요한 참고로 삼아야 한다. 위의 두 가지 계획은 전부 중앙계획에 해당하며, 이와 별도로 지방계획이 있다. 지방계획은 지방발전을 위해 성, 직할시, 자치구에서 제정한 지역발전계획을 의미한다(呂汝良 主編 1995, 34).

이와같이 사회주의 시장경제하의 중국의 계획체계는 비교적 복잡하게 구성되어 있다. 하지만 상호 간에는 매우 밀접하게 연계되어 있으면서도 상호 제약하는 체계로 구성되어 있다고 할 수 있을 것이다. 업종별로 수직적인 체계를 갖고 있으면서도, 수준별로 수평적인 체계로 구성되고 있어 통일적 계획체계 하에 있다고 할 수 있을 것이다. 중국에서 계획안의 작성과 편제는 기본적으로 '아래에서 위로, 위에서 아래로 다시 아래에서 위로'(自上而下, 自下而上)의 상하 관계를 반복하면서 편제되어 진다. 특히 사회주의 시장경제 하에서의 계획의 편제 과정은 5단계를 거쳐 진행된다. 이를 구체적으로 살펴보면, 첫 번째 단계는 '형세분석과 예측 단계'로 계획관리부서가 경제, 기술, 자원, 환경 등 여러 방면에 대한 조사와 연구를 진행하여 이에 대한 평가자료와 계획 기간 내의 국내외의 정치, 경제 사회와 과학발전의 추세에 대한 정확한 예측을 결합하여 제출하고, 이를 관련된 부서와의 공동 연구 및 의견교환을 거쳐 각 업종 및 전체 국민경제와 사회발전의 추세를 제시하고 시장의 공급과 수요를 예측하며, 해결해야 할 중대한 문제를 제기한다.

두 번째 단계는 '계획윤곽 구상단계'인데 국가계획의 기본방침, 거시조정의 주요 목표, 필요한 중대한 조치 및 국민경제와 사회발전에 대한 윤곽 구상을 제시한다. 이 윤곽 구성 속에는 반드시 계획의 기본 방침과 주요임무가 명확하게 제시되어 있어야 하고 계획목표와 중요 정책 조치를 확정해야 한다. 계획 부문은 제출된 종합적 윤곽구상에 기초하여 반복해서 연구 토론한 후 기본적으로 일치된 의견을 형성하여 국무원 각 부문, 각 지구와 각 독립계획제정(計劃單列) 기업집단에 계획편제에 관한 통지를 발출한다. 이때 계획 부문은 통지를 하달받은 부문에 계획편제의 지도사상과 기본원칙 그리고 기본임무를 명확하게 할 것을 구체적으로 요구한다. 세 번째 단계는 '계획 초안의 편정 단계'로 국무원 각 부서와 각 성, 관련 기업집단들은 국가계획 부문의 통지를 받은 후 자신의 실제상황과 결합하여 각자의 계획건의를 제출한다. 이에 계획 부문은 각 방면의 계획건의를 받은 후 먼저 분야별 계획초안을 연구하고 동시에 계획 기간 내의 총수요와 총공급관계, 경제발전과 사회발전, 투자와 소비, 수출과 수입 등 상관관계에 대한 균형을 예측하고 계산하며, 상호 차이가 나는 계획안에 대한 득실관계를 대조 분석한다. 그런 후 국민경제와 사회발전계획의 주요지표와 총체적 정책 틀을 편제한다. 계획 부문은 이를 가지고 각 주요 종합부문의 의견을 청취한 후 계획 초안을 국무원에 보고하고 국무원의 지시에 따라 개혁 초안에 대해 재차 수정을 가한다. 네 번째 단계는 '계획의 심사와 조정 단계'인데, 계획 부문은 개정된 계획 초안을 전국계획회의에서 충분히 토론하고 동시에 전인대 상무위원회, 국무원, 당 중앙의 지시사항을 반영하여 다시 한번 계획 초안을 조정한다. 다섯 번째 단계는 '계획의 심의와 하달단계'로서 국가계획 부문은 개정한 국가발전계획 초안을 국무원에 보고하여 국무원의 심의와 결정을 받은 후, 전인대의 심의와 비준을 요청한다. 전인대의 심의와 비준받은 정식 계획은 국무원이 각 성, 각 부문에 하달되어 집행한다(呂汝良 主編 1995, 39-40).

이상과 같은 절차는 중앙수준에서 진행되는 것이다. 이와 더불어 각 부문이나 각 지방과 계획부서와의 계획업무는 〈그림 15〉와 같이 이른바 '두 번 상부로 올리고, 두 번 하부로 내린다'(二上二下)는 절차를 통해 계획을 편제하며 계획관리 또한 비슷한 경로를 통해 수행해 나간다. 즉 기층 계획단위는 상부기관에 각 부분과 지역의 계획관계기관이 계획제안수치를 작성하여 상부 기관에 보고하고, 이 보고에 따라 국가계획위는 경제상황과 지역 간 부문 간 균형을 고려하여 각 부문과 지역 계획기관에 계획안 작성을 위한 통제 수치를 하달한다. 이 통제 수치를 받은 하급기관은 지역과 부문의 상황을 종합 분석하여 통합계획을 작성하고 이를 상급기관에 제출한다. 하급기관의 계획안 작성과정에서는 반드시 당 위원회나 당조의 지도하에 노동자, 기술자, 관료들이 토론에 참여하여 계획안에 대한 제안과 의견을 청취하도록 규정되어 있다. 그리고 이렇게 올라온 계획안을 토대로 국가계획위는 관련 중앙부처와 토의하여 조정하고 전국계획회의를 개최하여 각 부문과 지역과 반복해 협의하면서 최종적인 경제계획안을 작성한다. 이렇게 작성된 계획안은 국무원의 비준과 전인대의 심의와 비준을 받아 확정하여 공포되고 이를 하부기관에 하달한다. 각 부문과 각 지역의 하부기관은 하달된 계획안을 근거로 하여 해당 부문과 지역의 상세계획안을 작성하게 된다(鄭新立 主編, 1999, 55).

〈그림 15〉 계획의 편제 및 관리 체계

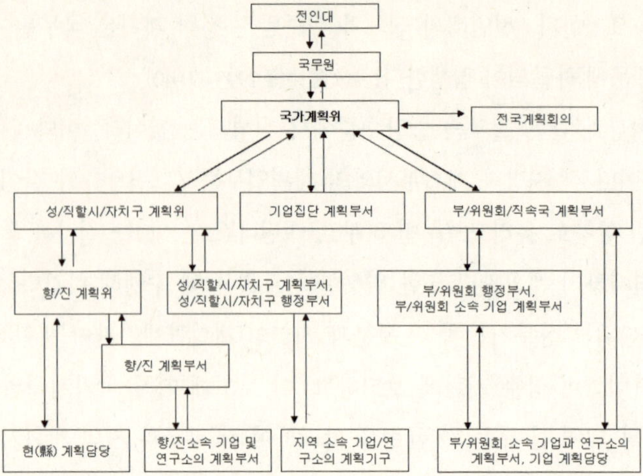

** 자료: 呂汝良 主編(1995, 39-40); 鄭新立 主編(1999, 52-55); Ishihara(1993, 8-9)에 근거해 필자 작성

이렇게 작성된 계획은 다음과 같은 몇 가지 방법을 통해서 공개된다. 먼저 '계획보고'(計劃報告)이다. 계획보고는 종합성 보고(綜合性報告)와 전항보고(專項報告)로 구성되어 있는데, 종합성 보고인 연도보고(年度報告)를 보면, 4가지의 종합성보고와 6개의 필수전문항목에 대한 보고로 구성되어 있다. 종합성 보고로는 '국민경제발전 보고', '과학발전 보고', '사회사업발전 보고', 그리고 '국제경제환경분석 보고' 등 4부분으로 구성되어 있고, 전항보고는 '공업경제발전 보고', '농업과 농촌경제발전 보고', '고정자산투자형사와 투자정책 보고', '시장물가시세 예측과 조절정책 보고', '전사회 자금공급 예측분석과 조절통제 보고', '수출입과 외자이용형세분석과 조절통제 보고' 등 6가지 필수보고사항과 함께 필요에 따라 중요문제에 대한 보고가 포함될 수 있다.[115] 예를 들어 매년 전인대에서 심의 비준하는 매년도 '국민경제와 사회발전계획 상황보고'와 각 년도 '국민경제와 사

회발전계획 보고' 그리고 국가계획위가 1995년부터 공포하기 시작한 「연도계획백서」(年度計劃白皮書)[116] 등이 연도 보고에 해당한다. 매년 발표되는 연도 보고는 경제 행위자에게 경제 형세에 대한 정보를 전달할 뿐만 아니라 정부의 중요한 정책이나 시장조절과 관련된 지도방침을 공표하기 때문에 매우 중요한 문건이라고 할 수 있겠다. 전항 보고는 거시경제 조절과정에서의 중점 영역이나 관건이 되는 부분, 그리고 발생한 모순 등 주요한 문제에 대해 정부가 심층 분석하여 이에 대한 거시경제정책과 조절 조치 등을 발표하는 것이다. 예를 들면, 「90년대 중국농업발전강요」나 「중국교육개혁과 발전강요」 등이 전항 보고에 해당한다고 할 수 있겠다.

이러한 보고를 통한 계획의 공개화 이외에 각종 '정책성 문건'(政策性文件)이 활용되기도 한다. 예를 들면, 「자동차공업 산업정책」, 「사회발전정책 강요」, 「산업정책 요점에 관한 결정」 등 경제총량균형과 경제구조 개선과 관련한 정부의 산업정책, 재정정책, 수입분배정책, 금융정책, 투자정책, 수출입정책, 외자이용정책, 가격정책, 취업정책 등의 정책성 문건이 여기에 해당한다. 이 문건 속에는 기업에 대한 국가의 지도방침이 포함되어 있는데, 정부 정책의 경향이나 선호 그리고 긴축과 완화, 장려와 제한, 촉진과 금지 등 정부의 장래 일정시기 동안의 의도를 반영하고 있어 유관 기업이나 경제행위자들의 경제활동 상의 결정을 유도하기도 한다.

115_「2005年中國國民經濟和社會發展報告」, 國務院 國家發展和改革委員會(http://www.ndrc.gov.cn 검색일: 2014. 11.20.) 참조

116_중국에서 해마다 발행되는 연도계획백서는 크게 두 가지 부분으로 나누어서 작성된다. 첫 번째 부분은 매년 3월 국가계획위 주임이 전국인민대표대회에서 발표하는 '보고연도국민경제와 사회발전계획집행 상황'과 '계획년도 국민경제와 사회발전계획 초안'을 싣고, 두 번째 부분에는 종합경제, 산업경제, 대외경제, 과학 · 기술과 사회발전, 지구경제와 국토정비, 체제개혁과 법제 건설 등 6개의 구체적인 항목을 담고 있다.

III. 중국의 산업정책수단과 입안 과정

중국은 1980년대 다양한 산업정책수단을 활용해 왔다(Ahrens 2013, 12-13). 여러 수단 중 정책적 효과가 있고, 1990년 이후 지속적으로 활용되고 있는 주요한 네 가지 종류의 수단을 설명하고자 한다. 먼저 중국의 산업정책수단 중 가장 강력한 수단으로써 행정수단(行政手段)을 들 수 있다. 국가의 계획, 개입규제, 행정적 개조 등이 여기에 포함되는데, 국가계획의 경우 1980년대 이후 국가가 투자의 인허가와 외화의 분배 등을 관리하면서 일반적으로 사용해 왔다. 최근 13차 5개년 계획에서도 드러나듯이 중국정부는 여전히 중요한 산업정책수단으로 활용하고 있다. 1990년대 초 계획에 의한 경제관리가 대폭 축소되면서 계획에 의한 직접적인 통제 역시 상당히 축소되었지만 중국국가 성격인 당-국가체제의 원리에 따른 중요 자원의 국가에 의한 배분이나 정보 등을 통해 기업을 유도하는 기능은 여전히 남아 있다. 행정수단 중 개입규제(介入規制)가 있다. 이는 생산이나 영업 그리고 업무의 인허가, 신청, 등록 등의 제도를 포함한 것으로 통신이나 교통, 수도, 전력 등 국가기간산업이라고 할 수 있는 업종에 대해서는 국가가 엄격하게 이를 개입하여 규제하고 있다. 또한 일부 공업에 대해 정부가 품질을 보증해야 할 필요가 있을 때, 생산허가제를 도입하여 관리한다(楊偽民 1993). 예를 들어 약품, 식품, 전기설비나 자동차 등과 같이 안전과 관련이 있는 제품에 대해서는 인허가나 등록 등을 통해 관리해 왔다.

행정적 개조란 국유기업에 대해 정부가 적극적으로 개입하여 구조조정을 단행하는 것을 의미한다. 즉 정부가 직접 나서 기업의 폐쇄, 생산정지, 합병 등을 강제적으로 조치를 취하고 경영실적이 부실한 일부 대형기업집단이나 국유자산은 이전조치 하는 것이다. 1998년도에 중국정부가 석유산업과 석유화학산업을 대규모로 재편하면서 활용했던 수단이었다. 당시 중국정부는 대형국유기업인 중국석유천연가스집단공사(CNPC)와 중국석유화공집단(Sinopec)을 양대 기업으로 구조조정을 단행하였다. 이 두 회사가 중국을 양분하여 CNPC는 중국의 북부와 서부지역을, 그리고 Sinopec은 동부와 남부지역을 담당하게 하도록 하였다(대한석유협회 1999, 78-82). 이렇듯 국유기업이 많은 중국의 특수한 상황에서 행정적 개조라는 수단을 빈번히 활용하였다. 그 밖에 가격이나 요금관리 수단을 통해 산업정책을 집행하는 방법이 있으나, 1992년 이후 중국정부가 관리하는 가격 품목은 거의 없어졌고 공공서비스의 가격이나 요금에 대해서만 일부 활용하고 있는 수단이 되었다(桂世鏞 · 周紹明 2000, 35-37).

둘째, 행정적 수단 외에 중국에서 산업정책의 중요한 수단으로 활용되고 있는 것이 재정수단(財政手段)이다(周振華 1990, 49). 앞에서 언급한 아렌스(Ahrens 2013, 12)의 경우 재정수단을 중국정부가 현재 취할 수 있는 가장 강력한 산업정책수단으로 보고 있다. 이는 재정보조금과 재정투자, 재정융자 그리고 특정부가금이나 특별이윤유보제도 등을 말한다. 재정보조금(grant)과 재정투자는 주로 도시지하철이나 공항 등과 같은 건설이나 공공서비스, 그리고 화학비료나 농업 그리고 군사공업 등과 같은 일시적으로 정책적 적자가 필요한 업종에 활용되었다(김익수 1997, 213-239). 1990년대 초까지만 하더라도 국유 광공업이나 상업에 대한 재정투자가 있었으나 현재는 거의 없어진 상태이다(項安波 · 張文魁 2013, 56-57). 다음으로 재정융자를 들 수 있는데, 여기에는 재정을 통해 이자를 보조해주는 융자와 재정자금을 융자해주는 방식이 있다. 재정융자는 주로 인프라 업종이나 인프라 프로젝트에 주어지며, 일부는 산업정책의 지원대상 중 경쟁적인 산업이나 신기술개발 프로젝트와 같은 것에 주어진다. 앞에서도 언급했지만 정부의 보조금은 인프라 건설에 필요한 자금을 충당하기 위해 철도나 전력 그리고 공항의 이용자들에게 특정 목적의 부가금을 징수하여 같은 분야에 투자하는 것으로 일부 공업이나 상업 부문에서도 사용되었다(陳東琪 2000, 134-136). 예를 들어 자동차 부품의 국산화를 위해 특정 부품에 국산화부가금을 부과한다든지, 전자산업의 발전을 위해 전자공업발전부가금 등이 사용되었다(한기조 · 서봉교 2014, 539-560).

셋째, 조세와 관세수단 역시 산업정책의 수단으로 활용되었다. 향진기업이나 고기술기업, 외자기업, 경제특구나 포동신구(浦東新區) 등 특정 지역의 기업에 대하여서 기업의 소득세를 감면해 주어 발전을 촉진하기도 한다(김창수 1999, 177-204). 또한 유치산업(幼稚産業)을 보호하고 수출촉진 수단으로써 관세수단을 사용하였는데, 중국정부는 국산화율이 높은 기업이 수입하려는 부품이나, 수출하기 위해 원재료나 부품을 들여오는 기업의 경우 낮은 관세율이나 수입부가세율을 적용하였으며 곡물, 원유, 자동차 등 일부 상품의 수입에 대해서는 수입허가 없이 쿼터 지표를 통해 관리하기도 하였다(이상옥 2007, 1-18). 특히 외국자본에 대해서는 투자를 장려하지만, 중국의 자원조건을 고려해 "외상투자산업지도목록"(外商投資産業指導目錄)을 통해 관리하였다. 이 목록은 1995년 처음으로 발표된 후 약 3년마다 수정본을 발표한다. 가장 최근의 수정목록은 2015년 3월 13일에 국가발전개혁위원회(國家發展改革委員會)와 상무부(商務部)가 공동으로 발표하였다. 이 목록에서는 철강, 에틸렌, 제지, 기중기 설비, 송전 · 변압 설비, 백주(白酒) 등을 개방하였고 물류, 전자상거래, 운수, 금융, 문화 등의 서비스업에 대해 외국자본에 개방되어 총 2011년 목록과 비교해 79개 항목에서 38개로 대폭 감소하였다. 외국자본 투자 제한 목록에는 농작물 신품종 및 종재개발 생산, 금은, 흑연, 리튬의 탐사 채굴, 통신, 식량 수매 등이 포함되어 있으며, 상업은행의 지분율 20% 이상 금지, 보험회사 지분율 50% 이상 금지, 선물회사 금지 등이 목록 안에 여전히 남아 있다.[117]

넷째, 외자배분수단(外資配分手段)과 금융수단(金融手段)의 정책수단 있는데, 외자배분수단은 1980~90년대 산업정책이 도입된 시기에 가장 중요한 정책수단으로써 일반적으로 생산허가나 지정생산거점, 투자허가 등의 정책과 병행하여 사용하였으며 정책적 효과가 매우 컸던 수단이었다(조현준 2005, 1-39). 금융수단은 융자계획과 특수목적성 융자를 통해 관리하는 것으로 투자프로젝트를 관리하는 중요한 정책수단이다. 1980년대 이후 은행융자가 기업의 가장 중요한 자금 확보 수단이었기 때문이었다. 이에 정부는 융자계획을 통하여 기업의 투자 방향을 조정하거나 투자를 제한하거나 장려해왔다(쩡지엔밍 2011, 98-103). 특히 특수목적성 융자는 중앙은행이 국가의 특수한 정책을 실행하기 위해 직접 융자자금을 분배하는 융자라 할 수 있다(林毅夫 2012, 17). 신규투자를 관리하는 국가계획위와 설비개조를 관할하는 국가경제무역위에 의해 제출된 특정 목적성 융자계획 등 정부의 행정지도에 의한 융자를 포괄하기도 한다(陳伯志 2001, 16-18). 1980년대 은행은 정부가 융자계획에 포함되어 허가한 프로젝트에 대해서는 반드시 융자를 해주어야 했으나, 1990년대 이후에는 정부가 허가한 프로젝트의 경우에도 은행이 반드시 융자해줄 필요는 없게 되었다. 그러나 중국은행의 기업에 대한 정보수집과 프로젝트에 대한 평가 능력이 약해 정부의 의견을 중시하지 않을 수 없다(張卓元 · 黃範章 · 利廣安 1998, 280-289).

117_中華人民共和國國家發展和改革委員會, 「外商投資產業指導目錄 (2015年修訂)」(2015年 第22號令) www.sdpc.gov.cn/zcfb/zcfbl/201503/t20150313_667332.html(검색일: 2016. 01. 23.)

1980년대 후반 산업정책이 도입된 이후 중국정부가 활용한 산업정책수단은 매우 다양하다. 여러 산업정책수단은 각 산업의 성질에 따라서 각기 다르게 사용되었는데, '시장실패'가 있을 것 같은 산업이나 업종에 대해서는 개입규제, 가격 · 요금관리, 재정 보조금이나 재정투자, 정책융자 등의 정책수단이 사용되었고, 대부분의 경쟁적 업종에 대해서는 일정한 무역이나 외자도입 등과 관련된 규제이외의 주로 경제적 수단을 통한 유도나 정보 · 정책을 통한 유도 등 기능적 정책이 사용되었다.

1993년과 1994년 외환과 재정, 조세, 금융 등의 제도에 대한 개혁이 단행되면서 산업정책수단 또한 변화하여 과거 특구의 조세우대정책 등의 조치들은 모두 폐지되고 외화 배분 역시 점점 폐지되었다. 이로 인해 정부의 융자배분 권한 역시 매우 축소되었다고 할 수 있다. 반면 석유나 전기통신과 같은 산업에 대한 대규모의 재편이 진행되면서 이에 대한 정책수단의 활용이 높아짐에 따라 정부는 대기업과 기업집단의 발전장려 및 경쟁장려 정책 등을 주요한 수단으로 활용하였다.

중국에서 산업정책에 실질적으로 시작된 시점은 2004년 후진타오(胡錦濤) 집권 시기라고 할 수 있다(歐新黔 · 劉江 2006). 산업정책 결정 과정은 당시 일반적인 경제정책 결정 과정과 크게 다르지 않다. 외교정책과는 달리 종합경제 부문 간, 부처 간, 산업 간, 기업 간 이해충돌이 빈번하게 발생하므로 중요한 정책사안의 경우 종합경제 부문(국가계획위와 국가경제무역위원회 등)의 타협을 거쳐, 최종적으로 중공중앙재정경제영도소조(이하 중앙재경영도소조)의 토론을 거쳐 국무원이 결정한다는 점이 특징이라고 할 수 있겠다. 산업정책 입안 과정은 다양한 부처와 연구기관 간 촘촘한 네트워크가 구축되어 있는 것 또한 괄목할 만하다. 하나의 산업정책이 복수의 부처와 연관되어 있기 때문에 각 부처 및 지방 간 조정과 통합을 관리하기 위한 네트워크가 형성되어 있다.

산업정책 입안 과정에 영향을 미치는 각 수준별 행위자들을 살펴보면, 먼저 중국공산당의 중앙재정영도소조가 있었다(ラヂオプレス 2006, 32-33). 당시 중앙재정경제영도소조 조장은 국가주석인 후진타오, 부조장은 국무원 총리 원자바오(溫家寶)이고 비서장 겸 판공청 주임은 국가발전개혁위원회 부주임인 왕춘쩡(王春正)이 맡았다. 공산당 중앙 최고지도부는 일상적인 산업정책에 대해서는 대체로 개입하지 않지만, 국가 경제와 관련된 중대한 문제에 대해서는 당내 토론을 거쳐 중앙재경영도소조에 이를 전달할 수도 있다(邵宗海 2005, 1-23). 그러나 공식적으로 중앙재경영도소조는 정책 결정 기관이 아니라 일종의 자문기관 성격을 갖지만 '실질적'으로 국가의 중대한 정책을 결정하고 있다고 봐야 할 것이다. 따라서 국무원의 경제영역의 중요 정책 결정은 중앙재경영도소조의 토론을 반드시 거쳐야 할 필요가 있다. 다음으로는 헌법상 최고의 권력기관인 전인대(全人代)인데, 전인대의 폐회 중에는 전인대 상무위원회가 산업정책 관련된 법률안들을 심의하거나 통과시키는 역할을 한다. 1990년대 이후 전인대의 입법 역할이 확대되었다고는 하나(조영남 2000, 329-338), 여전히 산업정책 관련 법률은 종합경제관리 부문과 전문 부처가 제정하고 국무원 내의 법제국(法制局)에서 이를 심사하고 있다.

주룽지(朱鎔基) 총리 시기 국가경제무역위원회에 있던 산업정책 업무를 후진타오 집권 이후인 2004년부터 국가발전개혁위원회가 산업정책을 전담하게 되면서 본격적인 산업정책이 시행되게 된다. 이는 1980년대 후반 국무원발전중심과 사회과학원을 중심으로 하여 산업정책에 대한 연구가 활발하게 진행되었기 때문에 가능한 일이었다. 중국의 산업정책과 관련한 연구기관의 연구성과에 대해서는 〈표 16〉에서 보는 바와 같다.

〈표 16〉 산업정책 결정 과정 네트워크 내 참여연구기관 및 연구 결과

	주도 기관	참여기관수	연구성과
1989	국무원발전중심 DRC Center	42	중국부문 산업정책 연구 (中國部門產業政策硏究)
1990	사회과학원 CASS	4	중국 산업정책 연구 (中國產業政策硏究)
1999	국가발전위원회 SDPC	-	중국산업기술정책 연구 (中國產業技術政策硏究)
2000	국가경제무역위원회 SETC	10	공업구조현황분석과 대책연구 (工業結構現況分析與對策硏究)
2004	국가발전개혁위원회 NDRC	5	지속가능발전의 중국 산업정책 연구 (中國可持續發展的產業政策硏究)
2006	국가발전개혁위원회 NDRC	각 지방정부	중국산업발전과 산업정책 (中國產業發展與產業政策)

** 출처: Heilmann & Shih(2012, 15) 재인용

국가발전개혁위원회 이외 국무원 내에서 산업정책 결정에 영향을 미치는 기관으로는 거시경제 관리 부문과 산업별 관리 부문이 있는데, 거시경제관리 부문으로는 재정부와 중국인민은행 등 재정정책과 금융정책을 담당하고 있는 기관들이 있다. 산업정책은 재정 · 조세정책이나 금융정책과 밀접하기 때문에 이들 기관과의 업무협조가 이루어져야만 한다. 산업별 관리 부문은 국무원 부서와 행정관리권한을 가지고 있는 공사(公司), 예를 들면 중국석유화학총공사, 중국자동차공업총공사 등과 같은 기관들이 있다. 산업정책 관련 자문기관으로서 국무원발전중심(國務院發展中心)이 국무원 직속으로 편제되어 있는데, 이 중심은 국무원이나 중앙재경영도소조 등의 의사결정기관에 직접 건의할 수 있도록 하였다. 또한 국무원 직속 중국사회과학원은 전문 학술연구기관으로 산업정책에 관한 독자적인 연구를 진행 · 발표한다.

다음은 지방정부를 들 수 있겠다. 산업정책은 중앙정부가 제정하는 전

국성, 종합성 정책이기 때문에 성정부나 성인민대표대회가 산업정책을 제정할 권한은 가지고 있지 않다. 다만 성, 시, 자치구 등 지방정부는 산업정책이라는 이름을 쓰지 않고 '발전규획', '전략', '강요', '구상' 등의 정책을 제정하고 일정한 권한범위 내에서 지역의 산업에 대한 유도와 지원정책을 실시하고 있다. 예를 들어 1988년의 「산업정책 결정」(産業政策決定)이나 1994년의 「산업정책 강요」(産業政策綱要)를 중앙정부가 발표한 후 각 성과 시, 자치구정부는 각 지역의 「산업정책 실시 세칙」(産業政策實施細則)을 제정하였다(劉鶴 · 楊僞民 1999, 45; 國家計劃委員會政策硏究室 1996, 5). 또한 대기업과 기업단체나 협회 등이 산업정책에 영향을 미치고 있는데, 민영대기업의 경우 2000년대 이후 그 영향력이 점점 커지고 있는 추세이긴 하지만 일본이나 한국에 비해 그 영향력 수준은 매우 낮다고 할 수 있다(이정남 2003, 27-69).

산업정책 초안은 관련 경제 관료들이 작성하는 경우가 많으나 경우에 따라서는 정책자문기구나 연구기관 그리고 관련 분야 학자가 문제점이나 대안이 될 만한 외국사례 등을 연구하여 구체적인 정책규정이 제시되지 않는 정책구상 수준의 안을 작성하고 이렇게 작성된 안이 산업정책 결정의 최고 책임자라고 할 수 있는 국무원의 관할 부총리에게 전달하게 된다. 관할 부총리가 접수한 이후부터는 이를 '초안'(草案)이라고 명명하게 되는데, 그전에는 '제언'이나 '발전구상' 등으로 불렸다. 대부분의 경우 하부 기관에서 작성한 뒤 상부 기관을 거쳐 부총리급으로 전달되나, 국무원 부총리 등 국무원 지도부가 먼저 의견을 제출하는 경우도 있다.[118] 하부

118_주룽지가 부총리로 있을 시 추진된 국유기업개혁과 금융개혁 등의 개혁방안은 상향식 방법이 아닌 하향식 방법으로 추진되었다. 주룽지 부총리는 전 국가경제위 관료들과 함께 개혁방안을 만든 후 종합경제관리 부문(당시 국가계획위) 등에 이를 하달하고 관련 부문이 이를 받

로부터의 제안을 국무원에서 인정하여 문건으로 발표하고 이를 총리가 동의를 표명하면 부총리는 관련 기관에 구체적인 정책안 작성을 요구하게 된다.

이러한 부총리의 요구에 따라 종합경제관리 부문과 산업별 관리 부문이 정식으로 실제적인 산업정책을 제정하기 시작한다. 이 단계에서는 관련 산업정책에 대한 이해당사자들의 건의와 요구를 수렴하고 각 방면의 의견을 취합한다. 구체적으로 살펴보면, 종합경제관리 부문의 관련 처(處)가 국무원에서 받아들인 정책제언이나 구상을 정책안으로 재작성하고, 이렇게 작성된 안을 종합경제관리 부문의 사(司)나 초안과 관련이 있는 산업별 관리 부문의 사(司) 또는 처와 협의한 후, 사(司)의 명의로 종합경제관리 부문의 주임에게 정책안 초고를 제출한다. 이렇게 제출된 정책안 초고를 가지고 주임판공실회의를 통해 수정 · 확정한다. 수정 · 확정된 안은 종합경제관리 부문의 명의로 국무원에 제출되고 담당 부총리가 회의를 소집해 제출된 안에 대해 토론한다. 토론의 결과를 반영한 안은 종합경제관리 부문이 국무원의 명의로 정식 정책안으로 제출하여 국무회의에서 결정을 받아 정책안을 확정한다. 이 과정에서 국무원과 종합경제관리 부문은 중앙재경영도소조(일반적으로 판공실)와 정책안의 성격, 내용 등에 대해 지속적으로 의사소통하고 중앙의 의견을 확인한다. 또한 법률이 필요한 경우 전인대와 협조하여 처리하게 되어 있다. 이 과정을 그림으로 나타내면 〈그림 16〉과 같다.

아 추진하는 방식을 취하였다.

〈그림 16〉 중국의 산업정책 결정 과정

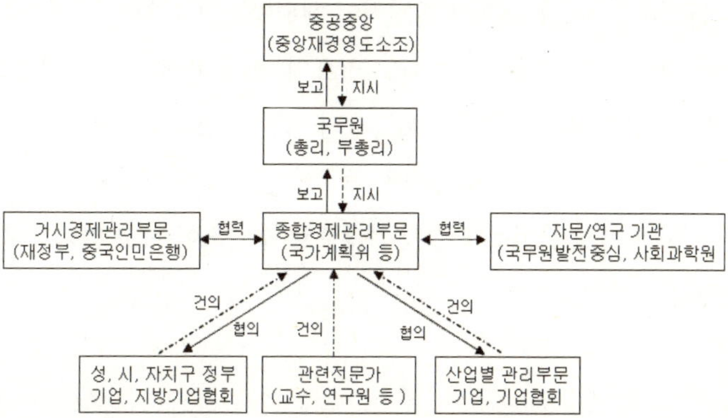

** 출처: 필자 작성

중국의 산업정책 결정 과정은 대체적으로 앞에서 살펴보는 바와 같지만, 그 과정에서 다양한 행위들의 이익이 충돌하고 이를 조정하는 복잡한 과정을 거친다. 특히 중앙과 지방 간의 갈등이나 각 중앙부문 간의 갈등 그리고 정부와 기업 간, 기업들 간의 갈등이 혼재되어 있는 것이다. 그러나 중앙의 산업정책 담당 기관은 다른 행위들의 제안이나 건의보다 정책 자문기구나 연구 기관의 조언을 중시하게 된다(經濟管理編輯部課題組 1998).

이와 같이 중국의 산업정책 결정 과정에서 중공중앙, 국무원지도부, 중앙경제관리 부문 그리고 자문 · 연구기관의 영향력이 상대적으로 큰 반면, 산업별 관리부서, 지방정부, 기업과 기업협회, 그리고 전인대 등의 영향력은 상대적으로 작다고 할 수 있겠다. 산업정책 자체가 전국성과 종합성 그리고 지도성 등의 특징이 있기 때문에 최고위 지도자들이나 부문의 영향력이 클 수밖에 없다고 할 수 있으나, 다른 한편으로는 신중국 성립 이후 형성되어 온 구조적 정책 결정 시스템이 시장경제를 도입하고 시장의 역할이 대폭 확대되고 있음에도 불구하고 여전히 크게 작용하고 있다고 하겠다. 그러나 경제의 실질적인 행위자들인 기업과 기업협회의 영향력이 미미하지만 점점 확대되고 있으며, 이를 반영하여 국가발전개혁위원회 산업정책사의 역할 중 이들과의 협력과 조화(和諧)를 강화하도록 하는 임무가 주어져 있음을 볼 때, 중국의 산업정책이 일본이나 한국, 대만의 발전 국가식 산업정책 결정 과정으로 수렴되어 가고 있다고 평가할 수 있겠다.

Ⅳ. 중국식 발전 국가와 산업정책 성격 변화

1978년의 역사적 노선전환은 정치적 이념적 노선전환이었으며 국가발전전략과 경제관리체제 그리고 경제정책의 노선전환을 의미한다. 1953년 '1 · 5'계획이 추진되기 시작하면서 본격으로 진행된 중공 우선의 발전전략은 화궈펑과 석유파의 '10개년계획' 즉 '신약진'(新躍進)으로 끝을 맺고, '8자방침'(八字方針)에 따라 산업 간, 부문 간, 지역 간 종합균형을 목표로 추진된 경제조정정책은 중공업 투자의 비중을 대폭 축소하고 대신에 경공업과 농업에 대한 투자를 확대하였다. 이를 위해 개혁지도부는 그동안 중공업투자를 위한 자본축적을 위해 강제적으로 억제해 왔던 농산품의 수매가격과 도시주민의 임금을 높여 주민들의 실질구매력을 증대시키는 한편 소비확대에 따른 소비재 수요를 충당하기 위해 소비재 산업이 확장됨에 따라 소비재를 중심으로 하는 경공업에 대한 투자를 확대하였던 것이다. 이러한 투자확대는 그간 심각한 상황에 있었던 도시에서의 실업문제 또한 일정하게 해소가 되면서 조정기 경제는 선순환 구조가 형성되었다(이근 · 한동훈 2002, 31-32).

1980년대 전반에는 의류, 식품, 시계, 자전거 등 국민의 생활과 직결되어 있는 '먹고(食), 입고(衣), 쓰는(用)' 문제를 해결하는데 경제정책의 초점이 맞춰졌지만, 이후 정책 방향은 냉장고, 세탁기, 텔레비전 등 가전제품 영역으로 빠르게 이동하였다. 가격이 일부 자유화되고 기업과 지방으로의 권한과 이익이 이양하면서(放權讓利) 정부투자 이외의 지방정부와 기업의 투자가 확대됨에 따라 경제는 빠른 회복세를 보였고 과열의 기미까지 있었다. 1981년 3월 국가계획위를 중심으로 각 부문 연합으로 발표한 「맹목적 건설과 중복 건설의 제지에 관한 몇 가지 규정」(關於制止盲目建設, 重複建設的幾個規定)은 이러한 상황을 우려한 데서 나온 것이라 하겠다(白和金 2002, 42). 이 규정에서는 자원수급이 불명확하여 실현 불가능한 건설항목과 자연조건이나 공정조건이 갖추어지지 않은 항목 등 12가지 항목의 투자를 불허하고 있다. 특히 중복투자의 온상인 '대이전 소이전'(大而全, 小而全)의 항목을 엄격하게 불허하였다. 이러한 조치에도 불구하고 경제가 계속 과열되자 국무원은 결국 1982년 12월 24일, 「고정자산 투자규모를 엄격하게 규제하는 것에 관한 보충규정」(關於嚴格控制固定資産投資規模的補充決定)을 다시 발표하여, 정부지출이나 기업이나 지방정부 자체자금 그리고 은행 대출 등 전부를 고정자산투자 총규모에 포함시켜 국가계획위나 성, 시, 자치주의 계획위에서 통일 관리하게 하는 등 투자에 대해 엄격하게 관리하고, 면방직, 모방직, 화학섬유, 자동차, 공작기계, 농업기계, 텔레비전 등 '일반가공업' 30가지를 억제산업으로 지정하였다(白和金 2002, 85).

시장조절하에서는 이를 해결할 수 개연성이 있었지만 중국은 '계획 위주, 시장조절 보완' 방침에 따라 제한된 시장조절만이 가능했기 때문에 정부가 나서서 에너지 산업과 교통인프라에 대한 투자를 확대하였다. 여기에 필요한 자금은 기업이나 지방정부 등에 각종 부가금의 형태로 징세하여 일반가공업 부문의 이윤을 에너지 산업과 교통인프라를 구축하는 데로 전환을 시도하였다. 또한 1983년 기본건설항목에 대한 경영책임제(包幹經濟責任制)를 실시하여 민간에 운영을 맡기고, 부족한 자금은 각종 부과금과 별도로 은행융자와 외자를 이 부문 산업에 최우선하여 배당해 주었다(曾培炎 1999, 94-95; 白和金 2002, 91).

일반가공업의 맹목적 투자와 중복 투자로 인해 급속하게 발전한 향진기업은 시장과 자원을 둘러싸고 국유기업과 갈등을 유발하였다. 특히 텔레비전과 냉장고, 세탁기 등 가전제품의 생산설비가 경쟁적으로 수입되어 중복수입, 외자낭비가 심해지자 국무원은 1985년 4월 전자공업부의 제안에 따라 「컬러TV 조립라인과 컬러 브라운관 생산라인의 수입을 엄격하게 통제하는데 관한 통지」(關於嚴格控制引進彩色電視機裝配線和彩色顯像管生產線的通知)를 발표하여 텔레비전 설비도입을 전면 금지하였다. 대신 전자공업부는 58개 업체를 지정하여 이들로 하여금 브라운관을 배분하게 하고 그 이외의 기업을 국내시장에서 배제하였다. 이러한 지정제도는 한편으로 과열 중복투자를 해소할 수 있었지만 지정업체의 경쟁력을 떨어뜨리는 부작용도 발생하였다. 따라서 지정제도가 없어지는 1992년 이후에는 비지정업체는 급성장하였지만 지정업체는 경쟁에서 살아남지 못하고 도태되었다(한홍석 2001, 107-132).

1987년 13차 당대회를 통해 사회주의적 상품경제론이 제기되면서 '국가가 시장을 관리하고, 시장이 기업을 유도한다'는 방침에 따라 1988년 기구개편과 함께 국가계획위 산하에 산업정책사를 설립하였다. 이는 앞서도 지적했지만, 자오쯔양(趙紫陽)의 신권위주의의 수용과 맥락이 닿아 있는데, 그동안의 지령성 계획을 대폭 축소하는 대신에 지도성 계획과 시장조절 기제를 확대한다는 차원에서 동아시아 발전 국가들이 경제발전의 수단으로 활용했던 산업정책을 본격적으로 도입하려는 의도에서였다. 이보다 앞서 이미 1982년부터 1985년까지 사회과학원 원장으로 있었던 마홍(馬洪)은 중국사회과학원 공업경제연구소 소장으로 재직할 당시 일본식 산업정책에 대한 연구를 심도 있게 진행해 왔으며, 그 연구의 결과로 1979년에 "중국식 사회주의 현대화와 경제구조조정"(中國式的社會主義現代化經濟結構調整)이라는 논문을 중공당교에서 발표하고 『경제문제(經濟問題)』에 게재한다. 그리고 같은 해 "일본공업기업 관리고찰 보고"(日本工業企業管理考察報告)를 『세계경제(世界經濟)』에 발표하여 계획경제에서 시장경제로의 전환과정에서 일본식 발전 국가 방식의 산업구조조정의 필요성을 제기하였다(馬洪 2008, 1-24).

국가계획위 산업정책사는 최초의 산업정책성 문건으로 「당면한 산업정책요점에 관한 결정」(關於當前産業政策要點的決定, 이하 「산업정책 결정」)을 발표하였다(國家計劃委員會産業政策司 1990). 이렇게 발표된 「산업정책 결정」은 '치리정돈'(治理整頓) 방침 속에서, 경제적, 행정적, 법률적, 기율적 수단을 활용한 산업정책의 시행을 천명하는 한편, 국민경제와 관련된 생산, 투자, 기술개조, 무역 등과 관련해 국가가 '발전을 지원할 업종'(支持發展行業), '발전을 제한할 업종'(制限發展行業) 등으로 구분하였다. 그리고 이들 업종에 대해 우선순위를 정해 목록을 작성하고, 이러한 우선순위에 따라 각 부문과 지방정부는 투자분배와 외자 유치를 해야 하며, 은행은 제한업종에서 지원업종으로 융자를 바꾸고, 유관부문은 세제, 가격정책, 외화분배, 운수 등을 지원업종에 우선 배치해 줄 것을 요구하였다. 이렇듯 「산업정책 결정」은 국가계획위뿐만 아니라 각 부와 위원회 그리고 지방정부, 그리고 지방은행에 이르기까지 통일적으로 경제활동을 규정하게 되었

다.[119]

중국의 최초 산업정책이라고 할 수 있는 「산업발전결정」은 4개 현대화와 경제발전을 통해 '부강한 중국'을 건설한다는 목표 속에서, 특정 산업에 대한 '선택적' 지원과 도태산업에 대한 지원억제라는 동아시아 발전국가들이 취해왔던 산업정책과 유사하게 중국적 산업정책을 시행하였지만, 산업정책을 통한 산업혁신, 그리고 새로운 성장동력의 발굴 단계까지는 발전하지 못하고 산업정책이 단순히 효율적이고 균형 잡힌 경제성장 목표만을 달성하는 부수적인 하부수단으로만 활용되고 있다는 점에서 한계가 있다고 할 수 있다(김익수 1997, 69). 그리고 '경제적 수단'을 통한 간접통제 이외에 행정적, 기율적 수단을 통한 직접통제를 병행하여 사용하고 있고 규제적인 간섭보다는 '개발형 개입'을 중시하고 있는 점에서 계획국가에서 발전 국가로 넘어가는 과도기적이면서 '초보적'(incipient)인 산업정책이라고 할 수 있겠다(Heilmann and Shih 2013, 1-24).

천안문 사태의 충격에서 벗어나 덩샤오핑의 남순(南巡)과 함께 시장경제로의 전환이 가속화되면서, 중국경제는 급속하게 시장경제로 진입하게 된다. 1992년 말 14차 당대회에서의 '사회주의 시장경제' 건설 선언은 시장경제의 개혁이 더 이상 되돌릴 수 없는 흐름이 되었다는 것을 천명하는 것이었으며, 그동안 계획경제관리를 통해 중국 사회주의의 '사회주의성'을 유지하려던 보수파와 계획경제관리 관료들에게는 스스로 시장경제에 적응하도록 압박하는 최후의 통첩과도 같은 것이었다. 이듬해에 진행된 국가기구의 개편은 이러한 흐름을 확인시켜주는 것이었고, 보수파의 마

119_「산업발전 결정」에 대한 정책적 효과에 대해서는 武力(1999, 1530-1534); 田江海(1994, 23); 김남주(2001, 14); (주장환 2005, 85); (곽복선 2014, 83-123) 등을 참고할 수 있다.

지막 보루인 국가계획위 또한 시장경제 규범에 맞는 역할로의 전환을 모색해야만 하는 상황에 처하게 되었다(楊光斌 2011, 150). 천안문 사태 이후 국가계획위가 중심이 되어 실행했던 치리정돈은 안정적인 상태에서 회복되었고, 처음이긴 하지만 1988년에 입안해 추진했던 '산업정책' 또한 국가계획위가 수립한 중장기 계획을 달성하는데 중요한 활용수단이 될 수 있다는 점과 국가가 주도하여 기업과 경제행위자를 유도한다는 점에서 이전의 국가계획위가 가지고 있던 권한과 역할을 일정한 수준에서 유지할 수 있어 국가계획위로서는 적극적으로 추진해 볼 만한 정책이었다고 할 수 있겠다.

이러한 상황에서 국가계획위가 작성한 「90년대 국가산업정책 강요』(九十年代産業政策綱要, 이하 「산업정책 강요』)는 국무원 제16차 상임위원회 회의에서 토론을 거쳐 통과되었는데, 「산업정책 강요」에서 제시한 산업정책의 주요 방향은 농업의 지위 강화를 통한 농촌경제발전, 기초산업을 충실화하여 기초산업과 기초시설의 낙후문제 극복, 지주산업(支柱産業)발전 가속화를 통한 국민경제 진흥, 그리고 대외무역구조의 합리적 조정을 통한 국내산업의 국제경쟁력 강화, 제3차 산업 발전, 고신기술개발 가속화 등이다. 「산업발전 강요」 중 특히 주목해야할 부분은 국민경제의 전반적인 진흥을 가져올 수단으로써의 '지주산업'의 발전을 들고 있다는 점과 국가의 장기적인 발전에 필요한 산업에 대한 집중육성 및 투자가 활성화되지 않는 영역 중 반드시 투자가 필요한 부분에 대한 투자의 활성화를 제시하고 있다는 점이다. 그리고 그동안 논란이 되어왔던 산업정책의 주관부서를 국가계획위로 확정하고 있다는 점이다. 이는 이전의 산업정책보다 진일보한 것으로써, 소수의 지주 산업을 선택하여 집중적으로 육성하겠다는 '전략성'(戰略性)과 장기적 국가발전을 위해 성장동력을 발굴하고 이를 위해 투자하겠다는 '선도성'(先導性)을 보여주고 있어 적극적 산업정책이라고 할 수 있겠다.

특히 「산업정책 강요」는 지주산업으로 기계, 전자, 석유화학, 자동차제조, 건축업 등을 선정하고 있는데, 이들 산업이 선정된 이유로는 산업의 안정성과 장래의 수요에 대비한 것이라고 할 수 있겠다. 전자산업의 경우 1980년 중반부터 지속적으로 성장을 거듭하여 상당한 발전을 이루고 있는 안정된 산업이었다는 점이 크게 작용했다고 할 수 있으며, 자동차제조업과 건축업의 경우는 경제발전과 함께 소득수준이 증대되면서 수요가 확대될 것으로 예상되는 자동차와 주택의 문제를 해결하는 차원에서 선정되었다고 생각된다. 한편, 기계산업과 석유화학의 경우 경제성장에 따라 예상되는 기계설비와 석유화학제품 수요의 증가에 대비한 것이라 할 수 있겠다.

이들 산업에 대한 육성의 방법으로 「산업정책 강요」에서 제시하고 있는 것은 첫째, 개별산업에 대한 산업정책을 제정하고, 둘째, 투융자체제를 정비하여 기업의 주식상장과 사채발행에서 우대하며 셋째, 정부가 이들 산업에 대한 기술개발을 지원하고 넷째, 일부 기업집단에 대해서는 외자도입을 허가하며, 마지막으로 일부 제품에 대해 관세정책 등을 통한 유치산업보호정책을 시행한다. 예를 들면, 자동차 산업의 경우, 국내 자동차산업을 육성하기 위해 1994년 7월 「자동차공업 산업정책」(汽車工業産業政策)을 제정하고 대량생산체제의 구축을 목표로 생산대수를 증대하고 부품산업을 육성하는 것을 기본방향으로 삼아 외국인의 생산투자 확대를 제한하는 한편, 생산 이외의 합작회사 활동 즉 수입, 배분, 도매에 대해서는 금지하고 자동차 구입 시기나 구입 이후의 할부금융 등에 대해서도 제한하였다(김형국 1997, 388).

국가계획위가 일차적으로 전체 산업정책을 담당하고 있지만, 개별 업종이나 산업에 대해서는 국가경제무역위원회가 담당하는 이원적 체계로 구성되어 있다. 그러나 이 두 기관 간의 협력은 잘 이루어지지 않았다. 이원적 산업정책 주관체계는 종합경제 부문과 전문경제 부처로 입안과 집행 주체가 분산되어 있어 효과적인 정책을 추진하는 데 한계가 있었다. 이는 후속해서 진행되어야 할 지주산업에 대한 개별산업정책 제정이 부처 간, 위원회 간 경쟁과 견제로 인해 지체되는 일이 빈발하였다. 또한 지주 산업을 육성하기 위해서는 대규모의 설비투자가 병행되어야 하나 당시 중국기업의 자금 동원능력은 취약해 정부에 의존할 수밖에 없었고 중국 중앙정부 또한 재정 능력이 지속적으로 약화되어 지주산업 지원하는데 매우 어려웠다고 할 수 있다.

이후 국가경제무역위원회가 중국경제 거시조절을 맡게 되면서 중국경제는 보다 시장 친화적이고 대외개방적인 방향으로 전환하게 된다. 산업정책을 국가경제무역위원회가 맡게 된 후 1998년 작성된 「산업정책 현 시기 공작요점」(産業政策近期工作要點, 이하 「산업정책 요점」)은 산업구조조정과 산업합리화를 산업정책의 중요과제로 제시하고, 낙후된 산업 퇴출, 산업구조 고도화, 새로운 경제성장점(經濟增長點) 육성 등을 중요한 과제로 제시하면서 중복투자에 대한 강력한 제제 그리고 중점산업에 대한 구조조정 가속화와 기술개조 등을 구체적인 방침으로 제시하였다(國家經濟貿易委員會 1999) 그리고 1999년 방직, 철강 등 오래되고 경쟁력이 없는 산업에 대해 목록을 작성하고, 이들을 시장에서 도태시키는 것을 국유기업의 적자문제를 해결하는 돌파구로 삼겠다고 공언하고 국가자산관리공사를 설립하여 이들 기업을 정리하면서 동시에 기업합병정책 또한 적극적으로 추진하였다. 또한 이와 함께 새로운 성장동력 산업에 대한 육성책도 함께 제시하였다.「산업정책 요점」에서는 기술개발을 적극적으로 지원하는 방안을 담고 있는데 이는 WTO 가입에 따른 경쟁 제한적인 산업정책이 어렵게 되자 보다 중립적인 산업기술정책으로 초점을 이동한 것이라 볼 수 있다.

1988년부터 초보적인 형태이지만 추진되어 온 중국의 산업정책은 산업구조 조정책에서 시작하여 산업합리화정책을 거쳐 신성장동력 육성과 산업기술육성정책으로까지 발전했으며, WTO 가입 등과 맞물리면서 산업정책의 방향이 전환되어 온 것이라 할 수 있다. 2003년 이후 국가발전개혁위로 산업정책 업무가 이관되면서 산업정책사의 역할도 국가중장기발전전략에 맞춰 개별 산업정책보다는 종합성 산업정책을 그리고 국제협력과 교류와 서로 연계하여 추진하는 것으로 전환되었다. 그 주요 임무로는 산업과 생산품의 특화정책(優化政策)을 제정하며, 지원장려해야 제품, 생산을 제한해야 할 제품, 도태시켜야 할 제품 등 목록을 작성하여 제출하도록 하고, 소유제 구조의 최적화 정책과 다양한 소유제 경제의 공동발전과 국유 경제의 전략성 조정 등과 관련된 정책을 입안하였다. 물론 그동안 추진해 왔던 산업과 기업이 구조조정 정책과 조치를 입안하는 업무와 더불어 기업재편공작(企業重組工作) 지도 · 협력 등의 업무을 맡아 본격적인 산업정책을 주도하는 기구가 되었다고 할 수 있다.[120] 동아시아 발전 국가들에서 나타나는 공통적인 기구편재라 할 수 있으나(盧正濤 2013, 35-43), 중국적인 특징이라고 한다면 "종합"과 "균형"이라는 거시조절 원칙에 더 치중해 있다고 할 수 있을 것이다.

120_國家發展改革委員會 產業政策司 홈페이지(http://cys.ndrc.gov.cn/default.htm) 참고할 수 있다.

V. 소결

본 장에서는 중국의 산업정책 도입의 초기과정에서 산업정책 결정과 정책배열을 파악하면서 "발전 국가"적 성격을 갖는 국가로 전환하는 과정을 분석하고자 했다. 중국에서의 산업정책 결정은 매우 분절적이면서 실용적인 특징을 가지고 있다. 사회주의 계획경제체제하에서 계획관리를 전담했던 기구의 역할을 국가목표 실현을 위한 산업정책 입안과 실행의 책임 기구로 전환시켰다는 점은 다른 동아시아 발전 국가와 다른 맥락에서 파악되어야 한다. 특히 산업정책을 결정하는 과정에 참여하고 있는 중국공산당과 국가연구기관의 적극적인 역할에도 주목할 필요가 있다. 중국공산당의 지속적인 집권이라는 정치적 목표 실현에 역설적이게도 주변 국가들의 사회경제적 그리고 정치적 경험이 상당히 큰 긍정적 역할을 했다는 점 역시 '후발국의 이점'이 작용했다고 할 수 있다.

주지하다시피 동아시아 발전 국가들은 공통적으로 고도성장기 동안 사회경제적 갈등의 표출을 차단하고 정치적 안정을 강제할 수 있는 강력하고도 독점적인 국가권력 하에 있었으며, 또한 이러한 국가권력을 행정적 정책적으로 뒷받침할 수 있는 강력한 중앙집권적 관료체제를 유지하고 있었다는 점과 사상적 통제와 함께 '근대화', '산업화', '현대화', '경제발전'이라는 국가목표를 제시하여 실적 위주의 가시적인 경제적 성과를 추구하였다는 점 그리고 경제적 성과를 바탕으로 한 경제사회적 발전은 자칫 강압적 권력의 행사로 인해 표출될 수 있는 정치 권력에 대한 사회적 저항과 정당성 약화를 차단하고 정치 권력의 유지를 합리화하는 데 활용되었다는 점, 또한 국가가 경제적 성과를 달성하기 위한 과정을 효율적으로 기획 · 관리하기 위해 전문 기술관료(technocrat)를 적극적으로 활용하고 있다는 점 등이 공통적인 요소라고 할 수 있다.

이와 같은 요소를 중국 역시 대체로 공유하고 있다. 그러나 문제는 발전 국가 이전의 국가 성격이 달랐다는 점에서 중국의 발전 국가는 다른 동아시아 국가와 다른 특성을 갖는다고 할 수 있다. 본서는 중국과 다른 동아시아 국가와 상이성에 주목하고 중국의 국가 성격의 전환기에 있어서 중국적 발전 국가의 '기원'을 탐색하고자 하였다. 따라서 본서가 최근 중국의 국가 성격과 관련한 중국 정치학계 내에서 활발하게 진행되고 있는 '발전 국가인 중국'(China as a Developmental State)과 관련된 논의 속에서 놓치고 있는 연구공백을 채울 수 있기를 기대한다.

12장

결론
: 현대 중국의 정치경제 변환과정과 경제 관료

Ⅰ. 신중국의 발전 전략과 발전 선도기구 역할 평가

1980년 중반 후야오방의 실각과 함께 궁지에 몰린 시장경제 지향 개혁파는 자오쯔양과 그의 싱크탱크를 중심으로 본격적으로 중국식 발전 국가를 모색하기 시작했다. 앞에서 살펴본 바와 같이 이 당시 동아시아 발전 국가론은 중국지도부에게 세 가지 측면에서 중국 상황에 시사하는 바가 컸다고 할 수 있는데 첫째는 사회주의를 대체할 수 있는 새로운 이데올로기 창출의 필요성, 둘째는 보수파와 국가기구 내의 개혁 저항세력이었던 관료들의 통제할 수 있는 강력한 리더십, 그리고 셋째로는 시장 지향적 개혁개방을 가속화하기 위한 정책의 수립이다. 발전 국가론은 당시 경제관리체제와 관련된 '계획과 시장'을 둘러싼 중국지도부 내 긴장상황을 돌파하려는 개혁파의 전략이었다. 이는 정치적, 경제적 구성요소가 사회주의 정치경제체제와 상당한 친화력을 갖는 것이었기 때문에 중국적 상황에 자연스럽게 흡수될 수 있었다.

개혁개방 시기 중국 국가를 동아시아 발전 국가라 할 수 있는 근거는 다음과 같이 발전 국가론이 주장하는 세 가지 구성요소를 공유하고 있기 때문이다. 첫째, 제도외적 맥락에서 신권위주의 체제의 확립과 체제 정당성 확보를 위한 이념적 근거를 제시하고 있다는 점이다. 중국은 정치적으로 개혁개방 이후 지속적으로 테크노크라트를 정치 전면에 등장시킴으로써 합리성과 효율성을 중시하고 생산성 제고와 경제발전을 정책의 최우선과제로 추진할 수 있는 정치적 토대를 마련했으며, 이를 중국공산당 지배의 당-국가체제 유지를 위한 정당성의 근거로 삼고 있다. 이는 덩샤오핑(鄧小平)의 개혁개방 시기의 기본원칙인 "한 개의 중심(一個中心=경제발전), 두 개의 기본점(兩個基本點=개혁·개방+사항견지)"(鄧小平 1992, 70-144)에서도 잘 나타나 있으며, 이후 사회주의주 체제의 '역사적 종말'과 천안문 사태라는 국내외적 위기국면을 타개하기 위해 중국은 1992년 10월 '사회주의적 시장경제'로의 본격적인 전환을 위한 개혁개방을 가속화하는 한편 정치적으로는 다당합작제와 정치협상제도의 강조를 통한 '신권위주의 체제'를 확립하고자 했던 과정에서도 더욱더 잘 나타난다. 특히 이 과정에서 유교 부활과 중화주의를 전면화하면서 '중화민족주의'로 사회주의 이념을 대체할 수 있는 이념적 근거를 제공하였으며, '3개 대표론'(三個代表論)과 '전면소강사회건설'(全面小康社會建設) 등 정치적, 국가적 목표를 제시함으로써 개혁개방 전반기보다는 훨씬 세련된 이념적 정책적 좌표를 설정했다. 이러한 점에서 장쩌민 체제 이후의 중국의 발전모델이 한국이나 대만에서와 같이 권위주의적 정치체제 그리고 체제 정당성을 강화하기 위한 이념 제시 등 발전 국가의 구성요소를 갖추기 시작했다는 점에서 비슷한 발전경로를 걷고 있다고 할 수 있을 것이다.

둘째, '배태된 자율성'(embedded autonomy)에 기초한 국가와 기업 관계에 기반한 전략적 산업정책을 주요 정책적 지렛대로 활용하고 있다는 점이다. 동아시아 발전 국가의 일반적인 특징은 경제발전의 근간이 되거나 될 산업을 선정하고 이를 집중적으로 육성한다. 또한 정책금융 등을 통해 민간기업의 투자를 유도하고 기업 행위를 국가적 목표에 맞게 통제하고 조절한다는 특징을 지닌다. 중국의 경우 개혁개방 전반기에는 발전 국가적 성격의 산업정책과 금융정책은 찾아보기 어렵다. 단지 국가계획위를 통한 중장기 경제발전 방향과 목표만을 책정하고 경제의 체질을 시장경제로 전환시키는 것에 중점을 두었다.

농촌개혁과정의 농업생산책임제(農業生産責任制), 4개의 개방 특구의 선정과 개발, 1984년 이후 도시지역의 경영청부제와 파산제의 도입 등 개혁개방 전반기의 경제체제 개혁과정과 1992년 이후의 국유기업의 개혁 등이 시기 대부분의 경제정책들이 시장경제의 성장기반을 강화하는 것에 목표로 두고 있다. 그 대표적인 예가 1992년의 7월 국무원이 발표한 「전인민소유제 공업기업의 경영기제 전환을 위한 조례」(全人民所有制工業企業轉換經營機制條例)인데, 중국정부는 이 「조례」에 근거해 '국가와 기업 관계'(政企關係)에서 기업의 자율성을 확대하는 정책을 추진하였으며,[121] 국영기업에 대한 '지령성'(指令性) 관리에서 '지도성'(指導性) 관리로 전환함으로써 경영실적에 상관없이 국가가 책임지기보다는 자율경영권을 인정하되 경영성과에 따라 선별적으로 지원과 규제를 단행하는 관계로 전환하였다(孫關宏 · 胡雨春 · 陳周旺 2002, 226).

121_1978년 이후 국유기업 개혁은 이윤유보제(1978-82) → 이개세(利改稅, 1983-86) → 경영청부제(1987-91) → 경영자주권 전면실시와 법인화(1992-) 순으로 진행되었다(川井伸一 1996, 3-5).

이러한 정부-기업 관계를 비롯한 경제체제 개혁과정에서 중국정부는 국무원 발전중심과 사회과학원 소속의 학자들이 그동안 관심을 가지고 연구하여 제안한 산업정책을 입안하고 이를 추진하기 위한 기구의 설립을 추진하는데, 1987년 국가계획위 산하의 산업정책사가 그것이다. 이렇게 설립된 산업정책사가 중심이 되어 입안한 1989년 「당면 산업정책의 요점에 관한 결정」 등은 산업 간 불균형 발전 문제를 해결하는 것에 중점을 두었던 '소극적' 산업정책이라고 할 수 있는 반면, 사회주의 시장경제로의 전환과 금융개혁과 국유기업에 대한 개혁 추진 중 입안된 1994년의 「90년대 국가산업정책 강요」과 1998년 이후 국가경제무역위가 국가계획위의 「산업정책 공작요점」(産業政策近期工作要點) 등은 시장경제하의 중요한 산업정책 관련 주요 문건인데, 이들 문건에서 제시된 산업구조조정 정책을 비롯한 산업기술정책과 함께 '선택과 육성'이라는 원칙하 전략적 발전산업의 선정하고 이를 적극적으로 지원 · 육성하려 한 것은 1992년 이전과 구별하여 '적극적' 산업정책이라고 할 수 있다. 이러한 전략적 산업정책이 효과적으로 추진되었는냐 그렇지 않느냐를 떠나 고도성장기 동아시아 발전 국가들의 산업정책과 맥락을 같이 하는 것으로써 이 시기 중국의 국가는 "발전 국가"적 성격을 갖게 되었다고 할 수 있다.

이와 더불어 1993년부터 중국은 본격적으로 금융개혁에 착수하여 은행의 상업화를 추진, 정책은행이라고 할 수 있는 국가개발은행(國家開發銀行), 농업발전은행(農業發展銀行), 수출입은행(輸出入銀行)을 설립하였다. 중국정부는 대출 심사 권한을 점진적으로 은행들에게 이양하는 한편 산업정책을 통해 선정된 전략산업과 기업에 대해 정책적 대출을 장려했다. 한편 국무원의 통제 하에 있는 중앙은행인 중국인민은행(中國人民銀行)의 체제를 개편하여 중국인민은행이 상업은행을 관리하도록 하는 등 금융을 국가의 정책수단으로 활용했다. 이렇듯 '사회주의 시장경제체제' 하에서의 중국의 국가는 변화하는 국내외의 시장질서와 환경을 예측하여 방향을 제시하여 왔으며, 적극적인 산업정책과 국가 통제적 금융정책 등을 발전 국가적 정책수단으로 활용하여 경제발전과 현대화라는 국가적 목표를 달성하고자 하였다.

셋째, 개혁개방 시기 중국의 발전 국가는 고도의 국가 자율성(state autonomy)과 국가 능력성(state capacity)을 갖추고 있다는 점에서 동아시아 발전 국가들이 갖는 공통된 요소를 지니고 있다 할 것이다. 중국공산당은 1949년 이후 줄곧 공산당 지배의 당-국가체제와 계획경제하에 있었기 때문에 동아시아의 어느 국가들보다 강한 국가의 자율성을 갖추고 있으며, 계획경제 과정에서 형성된 방대한 국가 관료체제를 유지해 오고 있다. 하지만 강한 국가 자율성과 방대한 국가 관료를 유지하고 있다고 해서 국가 능력이 보장되는 것은 아니다. 1978년 이전 계획경제하에서의 국가는 행정이 비효율적이었으며, 산업혁신을 주도했다기보다는 마오쩌둥과 당의 정치적 목표를 위한 정책적 지원만을 수행한 것에 지나지 않았으며, 국가 관료 충원도 전문성(專)보다는 혁명성(紅)을 더욱 강조해 국가관료의 산업 혁신 능력을 제약했다. 그러나 개혁개방 이후 덩샤오핑을 비롯한 중국지도부는 국가의 제1 목표인 경제건설을 위한 인재를 충원하기 위해 '간부4화'(연경화, 지식화, 전문화, 혁명화)를 추진하는 등 간부 제도에 대해 대대적인 개혁과 함께 혁명 간부에 대한 명예로운 퇴진을 유도한 반면 새로운 전문 기술관료들 중심의 관료체제를 구축하고자 하였다. 특히 '사회주의 시장경제'으로의 노선 전환 이후, 1993년 「국가공무원 임시시행조례」(國家公務員暫行條例)를 공포하고 이를 본격적으로 시행해 충원과 관리를 보다 공개적이며 객관적으로 시행하였다. 그 결과 국가 관료의 교육 수준과 전문성은 대폭 향상되었으며, 관료의 정책능력이 실질적으로 개선되었다.

넷째, 발전 선도기구로서(pilot agency)의 국가계획위의 역할이라고 할 수 있다. 한국의 경제기획원, 일본의 통상성(通産省, MITI) 그리고 대만의 경제건설위원회(經濟建設委員會)나 경제부공업국(經濟部工業局)과 같이 중국의 국가발전위원회(SDPC)는 국가의 중장기 계획을 기획하고 산업정책 등 주요 경제정책을 입안하고 조절 · 관리하는 실질적인 발전의 선도기구의 역할을 담담해오고 있다는 점이다. 그러나 중국의 국가계획위는 동아시아 다른 국가들의 선도기구와는 다른 역사적 맥락을 갖는 국가기구이다. 중국의 국가계획위는 초기 정무원과 동급의 '경제 내각'으로 출발하였고 국무원이 설립됨에 따라 국무원 산하에 편제되었지만 개혁개방 이전이나 이후 국무원 내의 그 어떤 부나 위원회보다 막강한 권한과 역할을 가진 계획경제관리 총사령탑이었다고 할 수 있다.

특히 개혁개방기 국가계획위는 사회주의 중국의 경제건설과 현대화 과정에서 국가기구의 사회주의적 성격을 대표하는 '상징성'(象徵性)을 가지고 있었으며, 종합균형 달성이라는 목표에 따라 각 부문과 각 지역 간 균형 그리고 충돌하는 계획과 정책에 대한 조정을 통해 국민경제를 종합관리하는 '종합조정성'(綜合調整性)을 지니고 있었다. 그리고 오랫동안 경제와 사회 분야의 중장기발전전략과 산업별 발전전략을 입안하고 이러한 전략에 근거해 거시경제 발전 방향과 방침을 제시하는 한편 경제발전을 추동할 수 있는 주력산업과 신성장동력을 발굴하는 등 정책 방향을 전환하는 '선도성'(先導性)이 있었다. 이와 더불어 전략적 산업을 선정하여 이를 중점 육성한다거나, 산업발전에 필요한 전략적 기술을 개발하는 등 산업발전과 관련된 산업구조조정정책, 산업기술정책, 산업조직정책 등의 산업정책 전반을 입안하고 관리하는 '전략성'(戰略性) 또한 지니고 있었다

할 것이다.

1998년 국가계획위는 국가경제무역위에 산업정책과 미시경제 정책에 대한 역할을 넘기고 중장기 발전계획을 수립하고 거시경제 균형을 달성하는데 필요한 시장 상황에 대한 예측과 문제해결을 위한 관리방안 등을 연구하고 검토해 국무원에 제출하는 역할로 전환되면서 그 명칭 또한 국가발전계획위(SDPC)로 바꾸었다. WTO 가입 이후 2003년 다시 산업정책을 담당하게 되고 그 명칭 또한 국가발전개혁위로 변경되면서 명실상부한 중국의 발전 선도기구로 재등장하였다. 이러한 변화는 개혁개방 이후 오랫동안 긴장 관계를 유지했던 '계획과 시장' 간의 관계가 정리되면서 계획경제체제 하에서 그리고 개혁개방 전반기에 계획을 수단으로 거시경제를 관리해 왔던 국가계획위의 역할이 자연스럽게 전환되었던 것으로 해석할 수 있다. 또한 국가계획위의 역할 변화는 경제체제의 변화와 더불어 국내외적 경제환경의 변화 그리고 중국공산당 내의 권력 구조의 변화를 반영하는 것이었으며, 세계화 시대의 중국적 선도기구의 역할을 탐색하는 과정이었다고 할 수 있을 것이다.

이상에서와 같이 개혁개방 이후 중국의 국가는 제2장에서 제시했던 발전 국가의 일반적 구성요소를 공유하고 있다는 점에서 발전 국가의 범주에 포함된다. 특히 중국이 사회주의 계획경제와 당-국가체제라는 여타 발전 국가와는 다른 이질적 정치경제제도를 상당 기간 유지해 왔음에도 불구하고 발전 국가 모델을 수용하고 이에 따라 국가의 역할을 점진적으로 변화시킬 수 있었다는 점에서 발전 국가로의 일반화가 가능하다 할 것이다. 그러나 발전 국가로서의 중국적 특수성 또한 바로 이 지점에서 시작된다. 1978년 이후 진행된 중국에서의 시장경제로의 전환과정, 소위 '시장화 개혁'이 결코 기존의 중국의 당-국가체제를 해체시키지 못했으며,

'계획경제 관리자'에서 '발전 선도자'로 국가의 역할 변화는 있었지만 국가 역할 그 자체를 약화시키지 못했다. 국유경제 부문이 축소되면서 사영경제를 비롯한 다양한 소유제 경제가 확대되고 노동과 자본의 계급분화가 발생하며, 외국자본이 유입되는 등 시장 경제적 요소들이 확산되었지만 중국경제는 여전히 개혁의 대상이어야 할 국가가 개혁을 주도하고 있다. 계획경제 하에서의 중국의 국가와 '사회주의 시장경제' 하에서의 국가 간의 차이가 있다면, 그것은 경제를 '다루는' 방식에서의 차이일 뿐이다. 즉 국가의 경제에 대한 개입양식이 직접관리에서 간접관리로 그리고 지령성 계획에서 지도성 계획으로 바뀌었을 뿐 여전히 경제는 탈국가화되어 있지가 않다. 이러한 점이 일본이나 한국 그리고 대만의 발전 국가와 다른 성격의 국가라는 점을 보여준다.

물론 발전 국가로서의 중국의 특수성의 근거로 소규모 개방경제하의 다른 발전 국가와는 달리 중국의 대륙 경제적 성격이나(Xia 2000) 중앙정부보다는 지방정부의 발전 국가의 역할(Oi 1995, 1132-1149), 그리고 중국 관료들의 기업가적 행태와 외국투자의 유형 등에서도 중국적 특수성을 찾아볼 수 있다(So 2003, 1-26; 백승욱 2008, 135-178). 그러나 본서에서는 중국 발전 국가의 가장 중요한 특징으로써 중국의 당-국가체제와 경제 제도 간의 역동성에서 파생되는 구조적, 조직적 연속성과 함께 기능과 역할을 불연속성과 단절성을 보여주었던 중국의 선도기구인 국가계획위의 구성과 역할에 주목한다. 1992년 이래 국가계획위(현 국가발전개혁위)가 일본이나 한국 그리고 대만의 선도기구들과 그 역할이 조직 배열상에서 유사하지만 다른 나라의 사례에 비해 국무원 내의 부처나 지방에 대한 영향력의 정도 그리고 정책실행 능력이 상대적으로 컸다고 할 수 있으며, 역할 변화와 함께 정책조정능력 역시 점진적으로 증대되고 있다는 점을 강조하고자 한다.

그 근거로 첫째, 중국의 당-국가체제라는 구조적 측면에서 찾을 수 있는데 중국의 관료기구는 다른 발전 국가들에서와 같이 정치적으로 독립되어 정책을 입안하여 실행할 수 없는 구조적인 한계를 가지고 있다. 그렇기 때문에 기구의 영향력은 당의 최고지도부에 대한 접근 용이성과 비례한다. 예를 들면 1990년 중반 국가계획위 주임이었던 쩡페이옌(曾培炎)이나 국가발전개혁위의 부주임인 왕춘정(王春正)의 경우 중국 경제정책의 최고 결정기관이라고 할 수 있는 중국공산당 중앙재정경제영도소조의 판공실 주임이며, 비서장을 겸임했다는 점에서 국가계획위의 영향력의 정도를 알 수 있다.

둘째는 국가계획위가 자체의 조직적 특성에 기인한다. 국가계획위는 사회주의 경제관리기구가 갖는 조직적 특성을 여전히 유지하고 있어 다른 부나 위원회 그리고 지방에 대부분 하부조직을 가지고 있다. 따라서 각 부서의 정책 현안은 물론이거니와 각 지방의 경제적 상황 등에 관한 정보의 취득이 용이하다고 할 수 있다. 따라서 과거 계획경제 시기부터 축적된 경제적 정보와 각 하부기관이 수집하여 보고한 정보를 통해 경제 상황을 예측하고 이를 각 기관과 지역 간의 정책을 조정할 수 있는 실질적인 근거로 활용하고 있기 때문이다.

셋째, 2003년 기구개편을 통해 '개혁을 통한 발전, 발전과정 중의 개혁'이라는 기조하에 재편된 국가발전개혁위의 핵심적인 기능과 역할을 각 경제적 요소 간의 "종합적 협의와 조정"(綜合協調)에 두고 있다는 점이다. 그동안 다른 발전 국가와 비교해 중국의 산업정책이 효과적이지 않았던 가장 큰 요인으로 지적되어 온 선도기구의 조정능력의 취약성이 극복되고 있으며(이근 · 임경훈 2001, 39; 이일영 외 2000, 47-49), 이는 당 중앙에 대한 용이한 접근성과 체계화된 하부조직 그리고 정보수집 능력 등으로 인해 상대적으로 급속하게 제고될 수 있었을 것이라고 판단된다.

개혁개방 이후 급변하는 정치경제적 상황과 기구의 빈번한 역할 재정립 과정에서 50여 년 이상 중국경제의 중심에서 경제관리의 중추적 역할을 담당해 왔던 국가발전계획위(현 국가발전개혁위)의 경제발전과 현대화 과정에서의 역할, 즉 국가경제의 목표와 발전 방향을 설정하고 이러한 목표를 실현하기 위한 각 부문과 각 지역 간 협력을 조직하며, 국민경제에서 도출되는 중대문제와 충돌하는 정책과 계획 등을 조정하여 온 종합적인 거시경제 관리자이면서 시장경제체제 시기 중국의 선도기구인 국가계획위는 중국의 발전 국가 사례가 갖는 가장 큰 특징으로써 향후 발전 국가와 관련된 논의를 보다 다양화시킬 수 있을 것으로 본다.

II. 현대 중국의 발전선도기구와 경제 관료

국가계획위는 중국의 사회주의 성립과 함께 소련식 기구 모델을 따라서 설립되었다. 따라서 '경제 내각'이라 불리울 만큼 그 경제적 권한은 막강하였으며, 그 기구가 포괄하고 있는 범위 또한 전방위적이었다. 초기 국가계획위를 구성하는 주임과 부주임 그리고 위원들 또한 천윈, 리푸춘 그리고 쉐무차오와 같이 동북지방을 중심으로 활동했던 소련식 경제발전 모델의 전문가들로 구성되었다. 그러나 소련식 모델의 발전전략에서 중국식 발전모델을 모색하는 대약진운동 시기에 권한과 역할이 대폭 축소되었지만, 조정기를 거치면서 복원되었다가 문혁시기 전반적인 중앙정부 기구의 간소화에 따라 또 한 번 대폭 축소되었다. 문혁의 종결과 함께 재복원되는 과정을 겪었지만 단 한 번도 폐지되거나 합병되지 않고 개혁개방 이전 20여 년간의 중국 사회주의 경제체제의 경제계획을 입안과 계획관리 그리고 경제정책 전반을 조율해 왔었다.

개혁개방이 시작되고 자원의 분배 기제로서의 시장이 도입되기 시작하면서 개혁개방기 국가계획위의 역할은 지속적으로 축소되는 경향을 보이긴 했지만 폐지되거나 여타 다른 경제관리 기구에 통합되지 않고 그 조직 자체를 유지하면서 역할의 변화를 거듭해 왔다. 이렇듯 국가계획위가 기구의 연속성을 유지할 수 있었던 주요 원인은 첫째, 국가계획위가 '사회주의'라는 상징성을 가지고 있다는 것, 둘째, 기구 자체가 당시 최고의 경제전문가들로 구성되었으며 전문가들에 대한 충원을 통해 전문성이 지속적으로 확보하고 있다는 것, 셋째로는 국가계획위의 주요 임무가 국민경제의 '종합균형'에 있었기 때문에 경제의 과열과 냉각의 순환과정에서 끊임없이 제 기능과 역할을 수행할 수 있었다는 것, 넷째로는 중국공산당 지도부와의 정치적 후원 관계가 강고했다는 것이다.

다른 한편 기능과 역할에 있어서의 불연속성을 보인다. 마오쩌둥 체제에서 덩샤오핑 체제로 전환하는 과도기에서 국가계획위는 경제회복을 위해 화궈펑의 지도하에 추격 전략인 중공업 우선 발전을 통한 '신약진' 정책을 주도하였고, 이후에는 천윈의 '조롱경제론'에 입각한 경제관리 역할을 담당하였으며, 1992년 이후 시장경제로의 전환과 함께 그 주요 역할이 시장기제를 활용한 거시경제 조절 역할로 점차적으로 전환되었다. 장쩌민 체제의 등장으로 신권위주의적 정치체제와 시장경제가 결합되면서 중국식 경제발전 모델로써 '동아시아 발전 국가' 모델 적용이 시도되고, 이 과정에서 국가계획위는 '선도기구'(pilot agency)로서의 역할로 전환하게 된다. 국가계획위는 과거부터 담당해 온 중장기 계획수립은 물론이거니와 거시경제 조절 그리고 산업정책 수립 등 경제정책을 담당하는 종합경제관리 기구로 전환되었다. 중국의 국가계획위의 역할 변화 과정을 살펴보면, 신중국 성립 이후부터 개혁개방이 심화된 1997년까지 일정한 '경로의존성'(path-dependence)을 보이다가 1998년과 2003년에 이르러 이전과는 다른 성격과 역할을 갖는 국가계획위로 전환되었다. 이 과정에서 국가계획위가 활용한 정책수단으로 미시적 경제관리는 직접적 개입에서 정책수단을 통한 지도와 간접적 개입으로, 지령성 계획보다는 지도성계획과 시장조절로, 그리고 거시경제 조절과 산업정책 등 유인과 규율에 중심을 두어왔다. 이와 같은 수단의 활용은 국가발전계획위를 거쳐 국가발전개혁위원회에서 더욱 강화되고 있다고 할 수 있다. 이러한 정책수단의 변화에도 불구하고 원래 국가계획위의 역할 중 하나였던 중장기 경제사회발전전략 수립과 관련된 기능은 계속해 왔으나, 산업정책과 산업기술정책 그리고 산업구조조정정책 등은 국가경제무역위로 이양되었다가 다시 국가발전개혁위가 넘겨받아 추진해오고 있다. 한편 계획편제와 수정 그리고 부문 간 지역 간 정책조정의 중요 수단 중 하나였던 전국계획회의 또한 전국발전개혁공작회의라고 명칭을 바꿔 여전히 개최하고 있다. 이는 계획경제의 계획체계가 시장경제하에서 그 형식을 그대로 유지하고 있다는 점에서 선도기구의 중국적 특징이라고 할 수 있을 것이다.

개혁개방기 국가계획위의 주임과 부주임의 인적 구성을 보면, 다른 어떤 기관이나 부처보다 전문가 비율과 학력 수준이 또한 높았다. 그러나 계획경제 시기 국가계획위의 다수를 점하던 동베이지역 출신 지도부의 비율은 점차 줄어들었고 연해안 지역 즉 경제특구 등에서 경제적 성과를 축적한 전문 관료와 시장경제 전문가들이 국가계획위 부주임으로 발탁되는 비율이 점증하였다. 동시에 내부승진을 통해 부주임에 임명되는 비중 또한 점차 줄어드는 대신 국가계획위 내부 승진 부주임들은 거시조절 분야와 당 관계 업무에 집중하고 있음을 알 수 있다. 국가계획위의 영향력과 관련하여, 국가계획위 출범 이후 마카이(馬凱) 주임에 이르기까지 총 8명의 주임이 임명되었는데 그중 천진화와 마카이를 제외한 6명이 부총리에 발탁되었다는 점에서 국가계획위의 정치적 위상과 영향력 정도를 추정할 수 있다. 특히 전통적으로 국가계획위의 주임이나 부주임은 경제정책 관련 최고위 정책 결정 기구라 할 수 있는 중국공산당 중앙재정경제영도소조의 비서장이나 판공실 주임 등을 겸임하고 있다는 점에서 이 기구의 영향력과 정책조정능력이 국무원 내의 여타 부나 위원회보다 크다고 할 수 있다.

이상과 같이 개혁개방 시기 중국의 경제발전과정에서 국가의 역할과 관련해 선도기구로서의 국가계획위를 중심으로 파악하였다. 중국적 발전 국가의 특징이라고 한다면 크게 3가지를 들 수 있겠다.

첫째, 여타 동아시아 국가의 그것보다 강력한 자율성에 기초하고 있다는 점이다. 이는 중국의 당-국가체제라는 특수성에서 연유한다. 이런 측면에서 경제정책과 산업정책의 입안 과정에서의 당과 국가기구의 주도성이 다른 국가들보다 훨씬 강력하다고 할 수 있을 것이다.

둘째, 특정 학맥이나 지역적 연고에 따른 관료 간 응집력을 측정할 수 있을 정도의 특징은 보이지 않는다는 점이다. 대신에 1998년 이후 주룽지 총리가 주도하여 설립했던 국가계획위의 경쟁기구로서의 국가경제무역위 출신과 국가계획위 출신 간의 일정한 긴장 관계가 형성되어 있다는 점이 관찰된다.

셋째, 국가계획위와 마찬가지로 국가발전개혁위 또한 전국적인 하부 네트워크를 형성하고 있다는 점이다. 이는 계획경제 시기의 경제관리 체계가 시장경제로 이행되고 있음에도 불구하고 성, 자치구, 직할시 그리고 현 등 지방이나 기업 등에 이르기까지 하부 기구들이 거미줄처럼 형성되어 있다는 점이다. 따라서 중국적 발전 국가는 발전 국가론의 일반적인 구성요소를 충족시키면서도 선도기구와 관련된 구조적 조건에서 중국적인 특징을 보이는 것으로 파악되어진다.

본서에서는 신중국의 성립 이후 국가의 역할 변화를 파악하고자 하였다. 특히 1992년 이후의 국가계획위를 중국적 발전 국가의 '선도기구'로 규정하고 설립 시기부터 국가계획위의 기능과 역할 변화과정을 '시장과 계획 간 갈등과 타협의 과정'라는 관점에서 제도 변화의 연속성과 단절성을 규명하고자 한 것이다. 이를 통해 개혁개방 이후 중국의 경제발전은 다른 동아시아 국가들과는 다른 역사적, 구조적 맥락에서 형성된 국가계획위의 선도적 역할에 기인한 것이라는 것을 알 수 있었다. 그러나 경제적 성과의 원인이 단지 행위자로서 국가의 역할에 한정되는 것은 아니다. 그보다 더 분명한 원인은 역시 계획경제에서 시장경제로의 성공적인 전환을 이루어냈으면서도 여전히 당국가체제를 유지하고 국가기구를 실질적으로 지도하고 있는 중국공산당의 전략과 리더십에서 찾을 수 있을 것이다. 비록 중국공산당이 당국가체제를 굳건히 유지하면서 정치체제의 '개방'과 경쟁적 정치세력의 성장을 차단하면서 이루어낸 경제적 성과는 분명 중국공산당의 정당성 확보와 중국공산당의 '정치적 안정'을 가져다 준 점에서 평가할만한 것이라고 할 수 있겠다. 그러나 개혁개방 시기 경제발전이 즉자적이지 않더라도 중국의 정치발전에 긍정적 영향을 미쳤는가 아니면 그렇지 않았는가 하는 점에 대해서는 이견이 충분히 있을 것이다.

만일 개혁개방 이후 당 지도부 내의 이러저러한 정치적 정책적 갈등이나 권력투쟁에도 불구하고 중국정치가 '안정적'이었다고 가정한다면 그것은 중국정치의 구조적인 특징에 그 원인이 있다. 즉 중국의 사회주의 국가는 강제력에 기반한 강력한 국가기구를 통해 오랫동안 반대세력에 대해 정치적, 사상적 통제를 유지해 왔고, 이러한 국가의 억압적 기능은 개혁개방 이후에도 상당기간 잔존하면서 시민사회와 정치사회의 정치적 행위를 구속해 왔기 때문이다. 그 결과 1989년의 '천안문사건'을 제외하고는 당국가체제라는 정치체제의 혼란을 가져다줄 만큼의 정치적 혼란 없이 비교적 '안정된 정치'를 유지하여 왔다고 평가할 수 있다. 그러나 국가기구와 이념적 통제가 언제나 정치적 안정에 효과적인 것은 아니다. 정치체제의 구조적인 경직성은 새롭게 형성되는 시민사회의 경제사회적 요구와 정치적 의사표출에 대한 반응이 늦기 때문이다. 따라서 체제를 유연화하여 시민사회의 요구에 대한 반응성을 높이는 것은 정치적 안정을 유지하는데 매우 중요하다 할 수 있다. 중국공산당은 경제발전과정에서 싹트기 시작한 공산당 일당 지배하의 중국 사회주의에 대한 '신심(信心)의 위기'를 시장경제로 과감하게 전환함으로써 극복하였으며, 경제발전의 성과와 이 과정을 통해 성장한 시민사회 내의 경제적 수혜계층을 '삼개대표론'(三個代表論) 등을 통해 흡수하는 유연성을 발휘하였다.

1990년 후반 이후 새롭게 정치적 세력으로 등장하고 있는 이러한 계층은 정치적 자유화와 민주화보다는 당-국가체제의 유지를 통한 정치적 안정을 요구하게 되고 이러한 요구는 중국공산당의 이해와 일치했다. 정치적 불안을 가져올 수도 있는 경쟁적 정당의 출현은 차단되고 동시에 중국공산당의 일당 지배를 용인해주는 요인으로 작용하게 되었다고 할 수 있다. 이는 중국공산당 지도부로 하여금 정치적 민주화보다는 경제발전 우선주의라는 발전주의 이념을 통해 정치적 자유와 민주화를 제한하는 기반과 논리를 제공해왔던 것이다. 이렇듯 중국공산당은 경쟁적 정치세력이 발생시킬 수도 있는 정치적인 측면의 자유화와 민주화를 희생시키는 대신 지속적으로 역할 변화와 정치체제개혁을 통해 당과 당-국가체제를 유연화하려 노력하였다. 순조롭지는 않았지만 정치체제개혁을 통해 직접지배 방식에서 간접지배 방식으로의 중국공산당 역할과 권한을 축소하는 한편 젊고 전문성을 갖춘 간부들로 세대교체를 단행하거나 고급인재들을 당에 충원함으로써 당의 능력을 제고하여 왔다고 평가할 수 있다.

이와 같은 경제발전과정에서의 정치적 안정을 도모하려는 중국공산당의 노력과 역할, 그리고 발전 국가로서 중국 국가의 적극적인 역할은 향후 상당 기간 지속될 것이다. 그 근거로는 광범위한 국토를 가진 중국은 여전히 발전도상에 있다고 할 수 있으며, 발전 국가적 정책 페키지로 해결할 수 있는 정치적, 경제적 문제들이 여전히 남아 있기 때문이다. 그리고 계획경제적 유산과 발전 국가적 요소 간 긴밀하게 결합되어 있기는 하지만 국가와 기업 관계, 그리고 중앙과 지방관계 등 과거의 유산을 완전히 청산하지는 못했기 때문이다. 따라서 동아시아 발전 국가들이 민주화과정을 밟아 경제성장과 정치적 민주화를 공히 성취하였던 것처럼, 중국이 '발전 국가 이후 발전 국가'를 따라갈 것이라는 전망은 크게 의미가 없어 보인다. 중국 발전 국가의 전망과 관련된 바로 이러한 점들이 본서가 갖는 한계이면서 향후 되짚고 가야 할 탐색의 궤적이라고 할 수 있겠다. 한편으로 본서는 중국의 사례에 적용해 본 발전 국가론이 단지 후발 '자본주의 국가'의 경제발전과정과 요인을 분석하는데 그치는 것이 아니라 계획경제체제를 경험한 '사회주의 국가'의 사례까지 그 분석대상을 확대하여 적용할 수 있다는 가능성을 발견했다는 점에서 의의가 있을 것이며, 중국의 경제성장을 이룩한 '제도적 배열'이 향후 북한의 개혁개방 과정에서도 적용될 수 있을 것인가 아니면 그렇지 못한가 하는 것을 판단하는데 유용한 틀을 제공할 수 있을 것으로 사료된다.

| 참고문헌 |

〈중문 문헌〉

姜華宣・張蔚萍・肖甡 主編. 2001.『中國共産黨重要會議紀事(1921~2001)』. 北京: 中央文獻出版社.

經濟管理編輯部課題組 編. 1998.「中國産業政策實證研究」.『中國社會科學院工業經濟研究所 研究報告』第3期.

溪流. 2002.『中國公務員制度』. 北京: 淸華大學出版社

桂世鏞・周紹明. 2000.『宏觀經濟調節政策: 協助研究』. 北京: 經濟管理出版社.

顧龍生 主編. 1999.『中國共産黨經濟思想史』(1921~1997). 太原: 山西經濟出版社.

高新. 2001. 田口佐紀子 譯.『中國高級幹部人脈・經歷事典』. 東京: 講談社.

高峻. 1995.「毛澤東與鄧子恢關於農業合作化思想的分歧及其原因探析」.『中國社會經濟史研究』第3輯.

高增德 編. 1983.『中國現代社會科學家傳略』第2輯. 太原: 山西人民出版社.

孔祥利. 2003.『焦點問題中的政府經濟行爲』. 北京: 中國社會科學出版社.

郭熙・保張平. 2008.『中國經濟改革爭論 30年：回顧與思考』https://www.sinoss.net/qikan/ uploadfile/2010/1130/11035.pdf(검색일: 2017. 03. 29.)

國家經濟貿易委員會. 1999.「産業政策近期工作要點」.『管理信息』第2期.

國家計劃委員會産業政策司 編. 1990.『我國當面的産業政策問題』. 北京: 國家計劃出版社.

國家計劃委員會政策研究室 編. 1996.『社會主義市場經濟下的地方計劃工作』. 北京: 中國計劃出版社.

國家機構編制委員會辦公室 編. 1991.『中國政府機構(1991)』. 北京: 人事出版社.

國家行政學院 編. 2000.『中華人民共和國政府機構五十年』. 北京: 黨建讀物出版社.

國務院辦公室. 2003.「國家發展和改革委員會主要職責. 內設機構和人員編制規定」(國辦發2003: 27號).

國務院辦公廳秘書局・中央機構編制委員會辦公室 編. 1998.『中央政府組織機構』. 北京: 改革出版社.

金太軍 主編. 2002.『政府職能梳理與重構』. 廣州: 廣東人民出版社.

紀寶成・楊瑞龍 主編. 2004.『中國人民大學中國經濟發展研究報告 2004』. 北京: 中國人民大學出版社.

綦好東. 1998.「新中國農地產權結構的曆史變遷」.『經濟學家』1:1.

金沖及 主編. 1998.『周恩來傳』(三卷). 北京: 中共中央文獻出版社.

杜潤生. 2003.『中國農村制度變遷』. 成都: 四川人民出版社.

鄧禮峰. 2001.「'三支兩軍'述論」.『當代中國史研究』6.

鄧小平. 1994.『鄧小平文選』(1-3卷). 北京: 人民出版社.

羅平漢・盧毅・趙鵬. 2013.『中國黨史: 重大爭議問題研究』. 北京: 人民出版社.

梁瑩・劉偉紅. 2002.「轉變中的國家公務員制度: 中西方公務員制度改革與發展趨勢及其比較」.『南京

工業大學學報: 社會科學版』1:3.
呂汝良 主編. 1995.『國家計劃學』. 北京: 中國計劃出版社.
盧正濤. 2013.「東亞發展型國家的制度建設問題: 基於國家治理典型的分析」.『學術界』第177期.
廖蓋隆・羅竹風・範源 主編. 1994.『中國人名大辭典』(當代人物卷). 北京: 外文出版社.
廖蓋隆・範源 主編. 1992.『中國人名大詞典: 現任黨政軍領導人物券』. 北京: 外文出版社.
李德彬. 1987.『中華人民共和國經濟史簡編. 1949~1985』. 長沙: 湖南人民出版社.
李文良. 2003.『中國政府職能轉變問題報告: 問題・現狀・挑戰・對策』. 北京: 中國發展出版社.
李祥興. 2011.「中共六個五年計劃建議與經濟發展方式的轉變」.『安徽師範大學學報: 人文社會科學版』39:3.
林毅夫. 2012.『新結構經濟學; 反思經濟發展與政策的理論框架』, 北京 : 北京大學出版社.
林毅夫・蔡昉・李周. 1999.『中國的寄跡: 發展戰略與經濟改革』. 上海: 上海人民出版社
馬凱・曹玉書 主編. 2002.『計劃經濟體制向社會主義市場經濟體制的轉軌』. 北京: 人民出版社.
馬敏 外. 2000.『當代中國』. 貴陽: 貴州人民出版社.
毛澤東. 1991.『毛澤東選集』(1-4卷). 北京: 人民出版社.
武力 主編. 1999.『中華人民共和國經濟史』. 北京: 中國經濟出版社
薄一波. 1991.『若幹重大決策與事件的回顧』(上.下券). 北京: 中共中央黨校出版社.
房維中・桂世鏞 主編. 1987.『中華人民共和國國民經濟和社會發展計劃大事輯要』(1949~1985). 北京: 紅旗出版社.
白和金 主編. 2002.『中華人民共和國經濟大事輯要(1978~2001)』北京: 中國計劃出版社.
樊綱. 1996.『漸進改革的政治經濟學分析』. 上海: 上海远东出版社.
樊天順・趙博 主編. 1991.『中國共産黨組織工作大事記』. 北京: 中國國際廣報出版社
謝慶奎 主編. 1991.『當代中國政府』. 瀋陽: 遼寧人民出版社
斯夫・張樹成. 2003.「'批林批孔'運動始末」.『黨史博采: 理論版』9.
蕭功秦. 1994. "民族主義與中國轉型時期的意識形態."『戰略與管理』4
蕭功秦. 2004. "中國大陸的發展型權威政治演變的過程及其對經濟與社會的影響."『中國大陸研究』47:4 (2004. 12.)
蘇尙堯 主編. 1993.「中華人民共和國中央政府機構(1949~1990)」. 經濟科學出版社
蘇星. 1980.『我國農業的社會主義改造』. 北京: 人民出版社.
蘇星. 1982.「中國的計劃經濟與市場」.『經濟研究』(第8期)
蘇星. 1982.「責任制與農村集體所有制經濟的發展」.『經濟研究』(第11期).
蘇星. 1999.『新中國經濟史』. 北京: 中共中央黨校出版社
邵宗海. 2005. "中央中央工作領導小組的組織定位."『中國大陸研究』.第48券第3期.
孫關宏・胡雨春・陳周旺 主編. 2002.『政府與企業: 政治學視野中的中國政企關係改革』. 南昌: 江西人民出版社.
孫明. 2011.「'紅'與'專' : 社會主義國家政治精英選拔的理論爭辯」.『福建論壇』第4期.
孫琬鍾 外. 2002.『中華人民共和國國務院令(1949.10.~2001.4.)』(第一册~第四册). 長春: 吉林人民

出版社.
沈學明 · 鄭建英 主編. 2001.『中共第一屆至十五屆中央委員』. 北京: 中央文獻出版社.
楊光斌. 2011.『政治變遷中的國家與制度』. 北京 : 中央編譯出版社.
楊僞民. 1993. "建立以産業政策爲中心的經濟發展政策體系."『計劃經濟研究』(1993. 2.)
楊治. 1999.『產業政策與結構優化』. 北京: 新華出版社.
鄢一龍. 2017.「新計劃經濟還是'新鳥籠經濟'」.『經濟導刊』8.
鄢一龍 · 王紹光 · 胡鞍鋼. 2013.「中國中央政府決策模式演變: 以五年計劃編制爲例」.『清華大學學報: 哲學社會科學版』3.
王健英 編. 1983.『中國共産黨組織史資料滙編: 領導機構沿革和成員名錄』. 北京: 紅旗出版社.
汪東興. 1997.『汪東興回憶: 毛澤東與林彪反革命集團的鬥爭』. 北京: 當代中國出版社.
王紹光. 2000.「變化的政府作用」. 胡安鋼 · 王紹光 編.『政府與市場』. 北京: 中國計劃出版社.
王緝思 編. 1995.『文明與國際衝突: 中國學者評享廷頓的文明衝突論』. 上海: 上海人民出版社.
汪浩. 2006.「反冒進過程中周恩來的堅持和抗爭」.『毛澤東思想研究』第23卷第3期.
姚開建 · 陳勇勤. 2003.『改變中國: 中國的十個'五年計劃'』. 北京: 中國經濟出版社.
袁瑞良. 1994.『人民代表大會制度形成發展史』. 北京: 人民出版社.
劉國光. 1979.「論社會主義經濟中計劃與市場的關係」.『經濟研究』第5期.
劉君 · 李林 編. 1989.『新權威主義: 對改革理論綱領的論爭』. 北京: 經濟學院出版社.
柳隨年. 1984.「計劃管理體制改革討論會總結發言」.『計劃經濟研究』9.
劉仲藜 主編. 1999.『新中國經濟五十年』. 北京: 中國財政出版社.
劉智峰 編. 1998.『中國解析』. 北京: 經濟日報出版社.
劉鶴 · 楊僞民. 1999.『中國的産業政策: 理念與實踐』. 北京: 中國經濟出版社.
劉賢俊 · 田爲本 編著. 1999.『歷屆總理副總理傳略』. 長春: 吉林人民出版社.
應小麗. 2008.「關於人民公社制度變遷動力和機制的探討」.『中共黨史研究』4.
李富春. 1992.『李富春選集』. 北京: 中國計劃出版社.
李壽初 編. 1997.『中國政府制度』. 北京: 中央民族大學出版社.
林文斌. 2001.「中國大陸銀行體制變遷: 市場社會主義及之後」.『中國大陸研究』第44券第11期.
任曉. 1998.『中國行政改革』. 杭州: 浙江人民出版社.
張金才.「陳雲與中央財經工作領導機構的變遷」. http://dangshi.people.com.cn/n/2015/0203/ c85037-26496898-4.html(검색일: 2016.10.17.)
張立榮. 2003.『論有中國特色的國家行政制度』. 北京: 中國社會科學出版社
張塞 · 黃達強 · 徐理明 · 鄭家亨 主編. 1991.『中國國情大辭典』. 北京: 中國國際廣播出版社.
張曙光. 2017.『中國經濟學風雲史』. 北京: 八方文化企業公司.
蔣碩亮. 2008.「中國公務員制度研究的回顧與展望」.『政治學研究』6.
張琢. 1990.『現代中國社會學: 1979~1990年』. 成都: 四川人民出版社.
張卓元 · 黃範章 · 利廣安. 1998.『20年經濟改革: 回顧與展望』. 北京: 中國計劃出版社.
田江海. 1994.『投資: 主體多元化與方式多樣化』. 北京: 中國財政出版社.

郑新立 主编. 1999.『发展计划学』. 北京: 中国计划出版社
鄭竹園. 1992.『大陸政經巨變與中國前途』. 臺北: 五南出版社.
程中原「關於鄧小平領導1975年整頓若幹問題的探討」. http://www.zgdsw.org.cn/n1/2016/ 0411/c218998-28267620-3.html(검색일: 2017. 04. 03.)
趙生暉. 1987.『中國共産黨組織史綱要』. 合肥: 安徽人民出版社.
趙英. 2000.『中國產業政策實證分析』. 北京: 社會科學文獻出版社..
曹應旺. 2005. "開國財經首腦陳雲".『黨史博覽』(2005年06期).
趙紫陽. 1987.「沿著有中國特色的社會主義道路前進」(http://cpc.people.com.cn/GB/64162/ 64168/64566/65447/4526368.html. 검색일: 2014. 10. 23.)
鍾少曦.「毛澤東與攀枝花開發建設」http://www.zgdsw.org.cn/n/2013/1226/c369937-2395 1661.html(검색일: 2014. 11. 03.)
周其仁. 1995.「中國農村改革: 國家和所有權關系的變化(上): 個經濟制度變遷史的回顧」.『管理世界』3.
周冰. 2004.「中國轉型期經濟改革理論的發展」.『南開學報: 哲學社會科學版』2.
朱正直・潘崗・楊勳. 1986.「平生嫉腐惡人民同呼吸: 馬寅初傳略」.『中國當代經濟學家傳略』一劵. 沈陽: 遼寧人民出版社.
中共黨史事件人物錄編寫組 編. 1983.『中共黨史事件人物錄』. 上海: 上海人民出版社.
中共中央文獻研究室 編. 1997.『十一屆三中全會以來黨的曆次全國代表大會中央全會重要文件選編』. 北京：中央文獻出版社.
中共中央文獻研究室 編. 2005.『十六大以來重要文獻選編』. 北京: 中央文獻出版社.
中共中央組織部研究室編. 1990.『黨的組織工作大事記(1978~1988)』. 北京: 北京大學出版社.
中國共産黨中央文獻研究室 編. 1997.『建國以來重要文獻選編』. 北京: 中央文獻出版社.
中國社會科學院公共政策研究中心 編. 2001.『中國公共政策分析』. 北京: 中國社會科學出版社.
中國人民銀行總行參事室 編. 1991.『中華民國貨幣史資料』. 上海: 上海人民出版社.
中國行政管理學會 編. 2002.『新中國行政管理簡史1949~2000』. 北京: 人民出版社.
中央黨校 編. 1989.『建設有中國特色的社會主義的科學管理』. 北京: 中共中央黨校出版社.
中華人民共和國國家發展和改革委員會. 2015.「外商投資產業指導目錄(2015年修訂)」.第22號令 www.sdpc.gov.cn/zcfb/zcfbl/201503/t20150313_667332.html(검색일: 2016. 08. 16.)
曾培炎 主編. 1999.『中國投資建設50年』. 北京: 中國計劃出版社.
遲愛萍. 2010.「陳雲與新中國經濟論綱(下)」.『黨的文獻』4.
智效和. 2005.「陳雲"計劃經濟爲主.市場調節爲輔"思想研究: 爲紀念陳雲誕辰100周年而作」.『當代經濟研究』2005年06期.
秦宏毅. 2004.「毛澤東與鄧子恢對農業集體化的分歧及其原因」.『經濟與社會發展』2:5.
陳東琪. 2000.『新政府幹與論』. 北京: 首都經濟貿易大學出版部.
陳伯達. 1998.『蔣・宋・孔・陳ー中國四大家族』. 臺北：一橋出版社.
陳伯志. 2001.「中國大陸金融改革之分析: 1998~2001年」.『中國大陸研究』第44券第1期.

陳小洪 編. 1991.『産業組織及有效競爭: 中國産業組織的初步研究』. 北京: 中國經濟出版社.
陳小洪. 1999.「中國電信業: 政策. 産業組織的變化及若幹建議」.『管理世界』第1期.
陳永富 等 主編. 1990.『當代中國社會科學者大辭典』. 杭州: 浙江人民出版社.
陳雲. 1995.『陳雲文選』(1-3卷). 北京: 人民出版社.
川井伸一. 1996.『中國企業改革の研究』. 東京: 中央經濟社.
沈志華. 2003.『蘇聯專家在中國(1948~1960)』. 北京: 中國國際廣播出版社.
沈志華. 2008.「一九五七年整風運動是如何開始的」.『中共黨史研究』6.
彭世畦. 2005.「'三面紅旗'與中國社會主義建設道路的探索」.『雲南行政學院學報』3.
何健章・王積業 主編. 1984.『中國計劃管理問題』. 北京: 中國社會科學出版社.
夏海. 2004.『政府的自我革命: 中國政府機構改革研究』. 北京: 中國法制出版社.
何虎生・李耀東・向常福 主編. 1993.『中華人民共和國職官志』. 北京: 中國社會出版社.
項安波・張文魁. 2013.「中國產業政策的特點. 評估與政策調整建議」.『經濟觀察』.
解放軍報 社論. 1966.『高擧毛澤東思想偉大紅旗積極參加社會主義文化大革命』http://www. chinaagrisci.com/CN/abstract/abstract12708.shtml(검색일: 2016. 8. 14.)

〈영문 문헌〉

Ahrens, Nathaniel. 2013. "China's Industrial Policy-making Process." Center for Strategic and International Studies(https://www.csis.org/analysis/china%E2%80%99s-industrial-policymaking-process. 검색일: 2016.09.58)

Amable, Bruno. 2009. *The Diversity of Modern Capitalism*. Oxford: Oxford University Press.

Amsden, Alice H.. 1989. *Asia's Next Giant: South Korea and Late Industrialization*. Oxford: Oxford University Press.

Amsden, Alice H.. 1994. "Why isn't the Whole World Experimenting with the East Asian Model to Develop? Review of the East Asian Miracle". *World Development*. Vol. 22 No.4.

Bachman, David. 2006. *Bureaucracy, Economy, and Leadership in China: The institutional Origins of the Great Leap Forward*. New York: Cambridge University Press.

Baek, Seung-Wook. 2005. Does China follow "the East Asian Development Model?". *Journal of Contemporary Asia* 35:4.

Balassa, Bela. 1988. "The Lessons of East Asian Development: An Overview". *Economic Development and Cultural Change*. 36:3.

Baum, Richard. 1994. *Burying Mao: Chinese Politics in the Age of Deng Xiaoping*. Princeton: Princeton Univ. Press.

Beeson, Mark. 2004. "The Rise and Fall (?) of the Developmental State: The Vicissitudes and Implications of East Asian Industrialization". Linda Low (eds.). *Developmental States: Relevancy, Redundancy Or Reconfiguration?*. New York: Nova Publishers.

Beeson, Mark. 2009. "Developmental states in East Asia: A Comparison of the Japanese and Chinese experiences". *Asian Perspective*. Vol. 33. No.2.

Block, Fred. 1994. The Role of the State in the Economy. Neil J. Smerlser and Richard Swedberg (ed.). *The Handbook of Economic Sociology*. Princeton: Princeton University Press.

Bolesta, Andrzej. 2007. "China as a developmental state". *Montenegrin Journal of Economics* 3:5.

Bolesta, Andrzej. 2012. *China as a Post-Socialist Developmental State: Explaining Chinese Development Trajectory*. Diss. The London School of Economics and Political Science(LSE).

Cai, Y. & Zhang, J.. 2016. "Niche. connections and NGO operation in China". *Journal of Chinese Governance*. 1:2.

Capoccia, Giovanni. 2016. "Critical Junctures". Fioretos. Orfeo. Tulia G. Falleti. and Adam Sheingate. (eds.) *The Oxford Handbook of Historical Institutionalism*. Oxford: Oxford University Press.

Chan, Anita. and Jonathan Unger. 2017. "Corporatism in China: A developmental state in an East Asian context". *China after Socialism: In the Footsteps of Eastern Europe or East Asia?*. New York: Routledge

Chang, Maria H.. 2001. *Return of the Dragon: China's Wounded Nationalism*. Boulder: Westview Press.

Donnithorne, Audrey. 1964. "China's Economic Planning and Industry". *The China Quarterly*. No.17.

Dore, R. 1996. "Confucianism. Economic Growth and Social Development". in Josef Kreiner. ed.. *The Impact of Traditional Thought on Present Day Japan*. Munchen: Ludicium Verlag.

Evans, Peter. 1995. *Embedded Autonomy: States & Industrial Transformation*. Princeton: Princeton University Press.

Evans, Peter. 2008. "In Search of the 21st Century Developmental State". *Center for Global Political Economy Working Paper* 4.

Fewsmith, Joseph. 2011. "Debating the 'China Model'". *China Leadership Monitor* 35:21.

Fewsmith, Joseph. 2016. *Dilemmas of Reform in China: Political Conflict and Economic Debate: Political Conflict and Economic Debate*. New York: Routledge.

Friedland, R. and R. R. Alford. 1991. "Bringing society back in: Symbols. practices. and institutional contradictions". in W. Powell. & P. J. DiMaggio eds.. *The New Institutionalism in Organizational Analysis*. Chicago: University of Chicago Press.

Fu, Diana. 2017. "Fragmented Control: Governing Contentious Labor Organizations in China". *Governance* Vol. 30 No.3.

Goleman, Merlie and Roderick MacFarquhar. 1999. "Dynamic Economy. Declining Party-State". in Merlie Goleman and Roderick MacFarquhar. eds.. *The Paradox of China's Post-Mao Reforms*. Mass: Harvard University Press.

Haggard, Stephan. 1990. *Pathways from the Periphery: The Politics of Growth in the Newly Industrializing Countries*. Ithaca. New York: Cornell University Press.

Haggard, Stephen and Cheng. Tun-jen. 1987. "State and Foreign Capital in the East Asian NICs". in F.C. Deyo ed. *The Political Economy of the New Asia Industrials*. Ithaca: Cornell University Press.

Hall, Peter A. 1986. *Governing the Economy: The Politics of State Intervention in Britain and France*. Oxford: Polity Press.

Hall, Peter A. 1992. "The movement from Keynesianism to monetarism: Institutional analysis and British economic policy in the 1970s. in Sven Steinmo". Kathleen Thelen and Frank Longstreth (eds). *Structuring Politics. Historical Institutionalism in Comparative Analysis*. Cambridge: Cambridge University Press.

Han, Jun. 2016. "The Emergence of Social Corporatism in China: Nonprofit Organizations. Private Foundations. and the State". *China Review*. Vol. 16 No.2.

Harding, Harry. 1987. "The Legacy of Mao Zedong". *China's Second Revolution: Reform After Mao*. Washington. DC: Brookings Institution.

Harding, Harry. 1991. "The Chinese state in crisis". John King Fairbank. Roderick MacFarquhar. and Denis Crispin Twitchett. eds. *The Cambridge History of China*. Cambridge: Cambridge University Press.

Hayashi, Shigeko. 2010. "The Developmental State In The Era Of Globalization: Beyond The Northeast Asian Model of Political Economy". *The Pacific Review* Vol. 23 No.1 .

Heilmann, Sebastian. and Lea Shih. 2013. "The rise of industrial policy in China. 1978-2012". *Harvard-Yenching Institute Working Paper Series*..

Holz, Carsten and Tim Zhu. 2003. "Assessment of the Current State of China's Economic Reforms". in Alvin So. (ed.). *China's Developmental Miracle: Origins. Transformations. and Challenges*. Armonk. N.Y.: M.E. Sharpe.

Ishihara, Kyoichi. 1993. *China's Conversion to a Market Economy*. Tokyo: Institute of Developing Economies.

March, James G. & Johan P. Olsen. 1984. "The New Institutionalism: Organizational Factor in Political Life". *The America Political Science Review*. Vol. 78. No. 3.

Jiang, Joseph P. L. 1987. *Confucianism and Modernization: A Symposium*. Taipei: Freedom Council.

Johnson, Chalmers. 1982. *MITI and the Japanese Miracle: The Growth of Industrial*

Policy, 1925-1975. Stanford: Stanford University Press.

Johnson, Chalmers. 1987. "Political institutions and economic performance: the government-business relationship in Japan, South Korea, and Taiwan". in Frederic C. Deyo (ed.). *The Political Economy of the New Asian Industrialism*. Ithaca: Cornell University Press.

Johnson, Chalmers. 1995. *Japan, Who Governs?: The Rise of the Developmental State*. New York: WW Norton.

Karen, Orren and Stephen Skowronek. 1994. "Beyond the Iconography of Order: Notes for a 'New Institutionalism'". in Lawrence C. Dodd and Calvin Jillson. (eds.). *The Dynamics of American Politics: Approaches and Interpretations*. Boulder: Westview Press.

Karen, Orren and Stephen Skowronek. 1996. "Institutions and Intercurrence: Theory Building in the Fullness of Time." *Nomos*. No.38.

Katznelson, Ira. 1997. "Structure and Configuration in Comparative Politics". in Mark Irving Lichbach and Alan Zuckerman. (eds.). *Comparative Politics: Rationality, Culture and Structure*. New York: Cambridge University Press.

Knight, John B.. 2014. "China as a developmental state". *The World Economy* 37:10.

Kornai, Janos. 1992. *The Socialist System*. Princeton: Princeton University Press.

Krasner, Stephen. 1984. "Approach to the State: Alternative Conceptions and Historical Dynamics". *Comparative Politics*. Vol. 16. No. 2.

Krasner, Stephen. 1986. "Sovereignty: An Institutional Perspective". *Comparative Political Studies*. Vol. 21. No. 1.

Krasner, Stephen. 1988. "Sovereignty: An Institutional Perspective." *Comparative Political Studies* No.21.

Lardy, Nicholas R.. 1987. "Economic Recovery and the 1st Five-Year Plan". in Roderick MacFarquhar and John K. Fairbank. (eds.). *The Cambridge History of China: The People's Republic, Part 1: The Emergence of Revolutionary China, 1949-1965*. Cambridge: Cambridge Univsity Press.

Lee, Hong Young. 1991. *From Revolutionary Cadres to Party Technocrats: The Changing Cadre System in Socialist China*. Berkeley: University of California Press.

Leftwich, Adrian. 1995. "Bringing Politics Back In: Towards a Model of the Developmental State". *Journal of Development Studies*. Vol.31. No.3.

Li, Cheng. 2001. *China's Leaders: The New Generation*. New York: Rowman & Littlefield Publishers, INC.

Li, Rebecca SK. 2016. "Changing Developmentalness of the State: The Case of China". *The Asian Developmental State*. New YorK: Palgrave Macmillan Press.

Lieberthal, K.. 1997. "The Great Leap Forward and the Split in the Yan'an Leadership. 1958-65". MacFarquhar. Roderick. ed. *The Politics of China: the eras of Mao and Deng.* Cambridge: Cambridge University Press.

Lieberthal, Kallgren. J.. Macfarquhar. R.. & Wakeman. F. 2016. *Perspectives on Modern China: Four Anniversaries.* New York: Routledge.

Lieberthal, Kenneth and Michel Oksenberg. 1988. *Policy Making in China Leaders. Structures. and Process.* Princeton: Princeton University Press.

Lieberthal, Kenneth. 1995. *Governing China: From Revolution Through Reform.* New York; W.W. Norton.

MacFarquhar, Roderick. 1990. "The Post-Confucian Challenge". *The Economist.* February.

MacFarquhar, Roderick. ed. 1993. *The Politics of China. 1949-1989.* Cambridge University Press.

MacFarquhar, Roderick. 1983. *The Origins of the Cultural Revolution: The Great Leap Forward 1958-1960.* New York: Columbia University Press.

Mahoney, James and Kathelen Thelen. eds. 2010. Explaining Institutional Change: Ambiguity. Agency. and Power. Cambridge: Cambridge University Press.

Meisner, Maurice. 1999. Mao's China and After: A History of the People's Republic. New York: The Free Press.

Naughton, Barry. 2007. "China' Transition: Predatory State or Developmental Auto cracy?"(http://www.fljs.org/content/china%E2%80%99s-transition-predatory-state-or-developmental-autocracy:검색일. 2015. 10. 23.)

Naughton, Berry. 1991. "The Pattern and Legacy of Economic Growth in the Mao Era". in Kenneth Liberthal eds.. *Perspectives on Modern China: Four Anniversaries.* Armonk. N.Y. : M.E. Sharpe.

Naughton, Berry. 1988. "The Third Front: Defence Industrialization in the Chinese Interior". *The China Quarterly.* No.115.

Oi, Jean C.. 1992. "Fiscal Reform and the Economic Foundations of Local State Corporatism in China". *World Politics.* Vol. 45 No.1.

Oi, Jean C.. 1995. "The role of the local state in China's transitional economy". *The China Quarterly.* No.144.

Okimoto, Daniel. 1989. *Between MITI and the Market: Japanese Industrial Policy for High Technology.* Stanford: Stanford University Press.

Orren, K.. & Skowronek. S.. 2004. *The Search for American Political Development.* New York: Cambridge University Press.

Pearson, Margaert M. 1994. "The Janus Face of Business Associations in China: Socialist Corporatism in Foreign Enterprise". *The Australian Journal of Chinese Affairs* 31.

Perkins, Dwight. 1975. "Growth and Changing Structure of China's Twentiety Century Economy" in Dwight Perkins (ed). *China's Modern Economy in Historical Perspective*. Stanford: Stanford University Press.

Peter, A. Hall and Rosemary C. R. Tayler. 1996. "Political Science and the Three New Institutionalism". *Political Studies*. Vol. 44(Dec. 1996).

Peters, B. Guy. Jon Pierre. and Desmond S. King. 2005. "The politics of path dependency: Political conflict in historical institutionalism". *Journal of Politics* 67:4.

Philip, Selznick. 1996. "Institutionalism 'Old' and 'New'". *Administrative Science Quarter ly* Vol. 41. No. 2

Pierson, Paul and Theda Skocpol. 2002. "Historical Institutionalism in Contemporary Political Science". in Ira Katznelson and Helen Milner. eds.. *Political Science: The State of the Discipline*. New York: W.W. Norton.

Pierson, Paul. 2000. "Increasing Returns. Path Dependence. and the Study of Politics". *American Political Science Review* 94:2.

Polanyi, Karl. 1991. *The Great Transformation: The Political and Economic Origins of Our Time* 박현수 역. 『거대한 변환: 우리시대의 정치적 경제적 기원』. 서울: 민음사.

Saich, Tony. 1992. "The Fourteenth Party Congress: A Progamme for Authoritarian Rule". *The China Quarterly*. No.132.

Sautman, Barry. 1992. "Sirens of the Strongman: Neo-Authoritarianism in Recent Chinese Political Theory". *The China Quarterly*. No.129.

Scott, Richard W.. 2001. Institutions and Organizations. Thousand Oaks: Sage Publications.

Shirk, Susan L.. 1993. *The Political Logic of Economic Reform in China*. Berkeley: University of California Press.

Skocpol, Theda. 1991. *Vision and Method in Historical Sociology*. 박영신 외 역. 『역사사회학의 방법과 전망』. 서울: 한국사회학연구소.

Skocpol, Theda. 1985. "Bringing the State Back In: Strategies of Analysis in Current Research". in Peter Evans. Dietrich Rueschemeyer. and Theda Skocpol. *Bringing the State Back In*. Cambridge: Cambridge University Press.

So, Alvin Y.. 2003. "Rethinking the Chinese Developmental Miracle". in Alvin Y. So (ed.) *China's Developmental. Miracle: Origins. Transformations. and Challenges*. Armonk.. N.Y.: M.E. Sharpe.

Solinger, Dorothy J.. 1980. "Socialist Goals and Capitalist Tendencies in Chinese Commerce. 1949-1952". *Modern China*. Vol. 6. No. 2.

Streeck, W.. and K. Thelen. 2005. "Introduction: Institutional Change in Advanced Political Economies". in W. Streek and K. Thelen. (eds) *Beyond Continuity*. Oxford: Oxford University Press.

Sun, Yan. 1995. *The Chinese Reassessment of Socialism. 1976-1992*. Princeton: Princeton Univ Press.

Teiwes, Frederick C.. 2016. *Politics at Mao's Court: Gao Gang and Party Factionalism in the Early 1950s*. New York: Routledge.

Teiwes, Frederick C.. 2017. *Revival: Politics and Purges in China (1980): Rectification and the Decline of Party Norms. 1950-65*. New York: Routledge.

Thelen, Kathleen and Sven Steimo. 1992. "Historical Institutionalism in Comparative Politics". Sven Steinmo. Kathleen Thelen and Frank Longstreth. (eds.). *Structuring Politics; Historical Institutionalism in Comparative Analysis*. Cambridge: Cambridge University Press.

Thelen, Kathleen. 2004. *How Institutions Evolve: The Political Economy of Skills in Germany. Britain. the United States. and Japan*. Cambridge: Cambridge University Press.

Tu, Wei-ming. 1996. "The Confucian Dimension in the East Asian Development Model". in Josef Kreiner. (ed.) *The Impact of Traditional Thought on Present Day Japan*. Munchen: Ludicium Verlag.

Yao, Yang. and Ho-Mou Wu. 2010. "Economic growth and income inequality in China over 30 years of reforms." *Reform and Development in China*. New York: Routledge.

Unger, Jonathan and Anita Chan. 1995. "China. Corporatism. and the East Asian Model". *The Australian Journal of Chinese Affairs* 33.

Wade, Roebrt. 2004. *Governing the Market: Economic Theory and the Role of Government in East Asian Industrialization*. Princeton: Princeton University Press.

Walder, Andrew G. 1994. "Corporate Organization and Local Government Property Rights". in Vedat Millor. (ed.). *Changing Political Economies: Privatization in Post-Communist and Reforming Communist States*. Boulder: Lynn Rienner Publishers.

Wang, Lixin and Joseph Fewsmith. 1995. "Bulwark of the Planned Economy: The Structure and Role of the State Planning Commission". in Carol Lee Hamrin and Suisheng Zhao. (eds.). *Decision-Making in Deng's China: Perspectives form Insiders*. Armonk. NY: M.E. Sharpe.

Weiss, Linda and John M. Hobson. 1995. *State and Economic Development: A Comparative Historical Analysis*. Cambridge: Polity Press.

Weiss, Linda. 2000. "Developmental States in Transition: Adapting.Dismantling. Innovating. not 'Normalizing'". *The Pacific Review* 13:1.

Wen, Xiaoyi. and Kevin Lin. 2015. "Restructuring China's State Corporatist Industrial Relations System: the Wenling experience". *Journal of Contemporary China*

24.
White, Gordon & Robert Wade. 1988. "Developmental State and Market in East Asia: An Introduction". Gordon White eds.. *Developmental State in East Asia*. Macmillan Press.
White, Li. 1988. "The Thirteenth Central Committee of the Chinese Communist Party: Mobilizers to Managers". *Asian Survey* 28:4.
Wong, Joseph. 2004. "The Adaptive Developmental State in East Asia". *Journal of East Asian Studies* 4:3.
Wong, Joseph. 2005. "Re-Making The Developmental State in Taiwan: The Challenges Of Biotechnology". *International Political Science Review* 26:2.
Woo-Cumings, Meredith. ed. 1999. *The Developmental State*. New Youk: Cornell University Press.
Wu, Yongping. 2004. "Rethinking the Taiwanese Developmental State". *The China Quarterly* 177.
Xia, Ming. 2000. *The Dual Developmental State: Development Strategy and Institutional Arrangements for China's Transition*. Aldershot. UK: Ashgate.
Xu, C.. 2011. "The Fundamental Institutions of Chinas Reforms and Development". *Journal of Economic Literature*. 49:4.
Zucker, Lynne G.. 1983. "Organizations as institutions". *Research in the Sociology of Organizations* 2:1.

〈국문 문헌〉
고성빈. 2006.「중국지식계의 담론에서 고찰한 정치체제변화의 전망」.『대한정치학회보』 제14집1호.
곽복선. 2014.「중국 산업정책의 변화양상과 특징에 대한 연구: 5개년 계획과 최근 산업발전계획을 중심으로」.『CHINA연구』 제17집.
국민호. 2007.「동아시아 발전과 아시아적 가치」.『사회사상과 문화』 15.
김남주. 1999.「개혁개방 이후 중국 산업정책의 변화과정과 변화요인」.『현대중국』 제3호.
김대환. 2002.「동북아 국가의 경제발전전략 비교: 중국 · 일본 · 한국을 중심으로」. 김내환 · 조희연.『동아시아 경제변화와 국가의 역할 전환: '발전 국가'의 성립. 진화. 위기. 재편에 대한 비교정치경제학적 분석』 서울: 한울아카데미.
김병국. 1988.「국가구조와 국가 능력: 한국과 멕시코의 대외불균형관리정책의 비교연구」.『한국과 국제정치』 제4권 제1호.
김병국. 1996.「개발국가: 제도와 정책」. 한배호 편.『한국현대정치론 2: 제3공화국의 형성. 정치과정. 정책』. 서울: 오름.
김선명. 2007.「신제도주의 이론과 행정에의 적응성 : 역사적 제도주의를 중심으로」.『한 · 독 사회과학논총』 제17권 제1호.
김시윤. 2010.「발전 국가의 탄력성과 연속성: 싱가포르의 사례」.『한국행정논집』 제22집 제4호.
김시윤. 2010.「연구논문: 국가유형과 국가 주도적 발전: 중국의 경제발전을 중심으로」.『정부학연구』 제16권 제2호.
김시윤 · 김정렬 · 김성훈. 2000.『정부와 기업』. 서울: 대영문화사.
김영진. 1996.「중국의 경제개혁과 '총공회'의 역할 : 코포라티즘의 시각에서」.『한국정치학회보』 제30집 제4호.
김용복. 2002.「일본과 한국의 산업정책 결정 과정 비교연구」.『정치비평』 통권7호.
김익수. 1997.「80년대 중국의 재정관리제도 개혁과 투자팽창」.『동북아경제연구』 제9권 제1호.
김창수. 1999.「중국 상해시 포동신구 개발의 현황」.『국제지역연구』 제3권 1호.
김형국.「중국자동차산업과 정책변화: 사회주의 발전 국가의 정책자율성과 구조적 한계」.『한국정치학회보』. 제36집 3호.
김형기. 2016.「동아시아 발전모델의 원형과 변형」.『경제발전연구』 22.
김희신. 1993.「항전 전 남경국민정부의 경제건설과 외자도입에 관한 일고찰」"『史叢』 제42집.
대한석유협회. 1999.「중국성규산업 재편과 석유공급」.『석유협회보』 7.
박종철. 1989. "한국과 대만의 수출산업화정책과 국가의 역할."『동아시아 발전의 정치경제』. 서울: 경남대극동문제연구소.
백승욱. 2003. "중국과 동아시아 발전모델." 한국산업사회연구회 편.『노동과 발전의 사회학』. 서울: 한울.
서상민. 2011.「시장경제 시기 중국 국가 역할」.『아태연구』 제18권 1호.
서상민. 2014.「중국 경제 관료 네트워크의 형성 과정 연구」.『중국과 중국학』 제22호.
서상민. 2015.「대약진운동 시기 중국 계획경제제도의 동학과 경제 관료: 역사적 제도주의 시각을 중심으로」.『한국동북아논총』 74.
서상민. 2016.「발전 국가" 성립과정에서 중국의 산업정책 결정 과정 분석: 정책수단과 행위자 동학을 중심으로」.『한국동북아논총』 21:3.
서재진 외. 1993.『사회주의 체제 개혁개방 사례 비교연구』. 서울: 민족통일연구원.
서진영. 1984.「모택동의 정치경제학과 4개 현대화 정책의 발전이론 비교」.『중국학논총』 1.
서진영. 1985.『중국혁명사』. 서울: 한울.
서진영. 1997.『중국현대정치론』. 서울: 나남.
서진영. 1991.「고뇌하는 중국적 사회주의」.『신동아』 별책부록(1991.1).
서진영. 2004.「중화인민공화국 헌법과 헌법개정안의 내용과 성격: 1982년 헌법과 4차례의 헌법개정안을 중심으로」.『동아시아연구』 제8호.
염재호. 1994.「국가정책과 신제도주의」.『사회비평』 제11권.
윤상우. 2005.「'발전 국가'를 준거로 한 중국 성장체제의 평가」.『한국사회학』 39:2.
윤휘탁. 2004.「중국 대약진운동 전후 사회주의 경제건설논쟁에서 드러나 현대사상(現代史像) : 반모진론(專)과 약진론(紅)의 길항관계를 중심으로」.『역사학보』 제182집.

은기수. 2009.「"아시아적 가족가치" 의 동아시아 사회 비교연구」.『한국사회학회 사회학대회 논문집』.
이경태. 1991.『산업정책의 이론과 실제』. 서울: 산업연구원.
이근 · 임경훈. 2001.「동아시아 모델에서 바라본 중국과 러시아의 이행경제」.『중국연구』 제90호.
이근 · 한동훈. 2002.『중국의 기업과 경제』. 서울: 박영사.
이기현. 2010.「중국 전환기 국가 성격에 대한 재고찰: 분권화된 약탈 국가이론의 관점에서」.『중소연구』 34:3.
이남주. 1999.「개혁개방 이후 중국 산업정책의 변화과정과 변화요인」.『현대중국』 제3호.
이병인. 2001.「공황과 남경정부의 면업통제정책」.『역사교육』 80.
이승환. 2001.「대만과 중국의 유교담론과 아시아적 가치」.『신아세아』 8.
이일영 · 장하준 외. 2001.「자유화와 산업정책의 변화: 동아시아 산업정책 비료연구 서설」.『동향과 전망』 47.
이정구. 2012.「중국 발전 국가론에 대한비판적 검토」.『아태연구』 19:2.
이정남. 2003.「체제전환기 중국의 사영기업가단체와 국가: 원저우지역 상회(商會)를 중심으로」.『현대중국연구』 제5권 1호.
이종찬. 2014.「제도 변화에 대한 이론적 고찰: 후기 신제도주의의 쟁점과 한계」.『한국정치학회보』 48:1.
이홍영. 1997.「등소평 사후(死後) 중국에서의 발전 국가」.『아세아연구』 40:2.
전병곤. 2001.「중국의 동아시아 발전모델 재인식: 동아시아 경제위기시기를 중심으로」.『중국연구』 27.
정재호 편. 2000.『중국 정치론: 영역. 쟁점. 방법 및 교류』. 서울: 나남.
조동성 · 이동현. 1996.「한 · 일 산업정책 비교연구: 정책수립과 실행 메커니즘을 중심으로」"『경제학연구』 제44집 제4호.
조성환. 2000.「개혁과 성장. 체제이행의 정치경제론: 중국적 탈사회주의 이행패턴의 분석을 중심으로」"『세계지역연구논총』 제15집.
조영남. 2000.『중국정치개혁과 전국인대: 개혁기구조와 역할의 변화』. 서울: 나남.
조현준. 2005.「중국 FDI정책의 목표: 전개. 성과 및 과제」.『국제지역연구』 제14권 3호.
주장환. 2005. "개혁개방기 중국 산업정책의 전개와 그 특징: 1989년과 1994년 산업정책을 중심으로." 『신아세아』 제12권 제3호.
쩡지엔밍. 2011.「중국 은행산업의 발전과 과제」. 김동수 편.『중국 금융시스템의 발전과 도전: 한국경제에 대한 정책적 함의』. 서울: 한국개발연구원.
하인섭. 2004.『제도분석: 이론과 쟁점』. 서울: 다산출판사.
한기조 · 서봉교. 2014.「중국(中國) 자동차부품산업(自動車部品産業)의 대일비교우위(對日比較優位) 분석(分析)」.『일본대학연구』 제43권.
한홍석. 2001.「중국 대기업의 성장과 시장경쟁: 가전산업의 사례를 중심으로」.『중소연구』 제25권 3집.

〈일문자료〉
ラヂオプレス 編. 2006.『中國組織別人名簿』. 東京: 財團法人ラヂオプレス.
國分良成. 1987. "第一次5個年計劃の經濟管療制とソ連モデル(1953-57): 國家計劃委員會中心として". 山極晃・毛里和子 編.『現代中國とソ連』. 東京: 日本國際硏究所
國分良成. 1991.「1980년の中國管療制と體制改革: 國家計劃委員會中心として」. 岡部達味・毛里和子 編.『改革開放時期の中國』. 東京: 日本國際硏究所.
祁建民. 2012.「互助組の結成から見る中國の國家権力と人間関係」.『東アジア評論』第4號.
渡邊一衡. 1986.「上海コミューンの希望と挫折」. 加加美光行.『現代中國のゆくえ: 文化革命の省察 II』. 東京: アジア經濟硏究所.
石島紀之. 1993.「南京正權の經濟建設について一試論」. 김세은 외 편역.『중국자본주의 논쟁사』. 서울: 고려원.
石島紀之. 2004.『重慶國民政府史の硏究』. 東京: 東京大學出版會.
宇野重昭 外. 이재선 역. 1989.『中華人民共和國』. 서울: 학민사.
中兼和津次. 2001.『中國經濟發展論』. 이일영・양문수 역.『중국의 경제발전론』. 서울: 나남.
天兒慧 外 編. 1999.『岩波現代中国事典』. 東京: 岩波書店.
太田勝洪 外編. 1985.『中國共産黨最新資料集』. 東京: 勁草書房.

〈인터넷자료〉
「人民日報」 www.people.com.cn
「百度百科」 http://baike.baidu.com
「서진영 교수의 중국정치 연구실」 http://suh-china.com/
「江澤民在中國共產黨第十四屆中央委員會第三次全體會議上的講話」 http://cpc.people.com.cn/GB/ 64162/64168/64567/65395/4441747.html(검색일: 2014. 5. 16.)
「國務院關於改進計劃管理體制的規定」http://cpc.people.com.cn/GB/64184/64186/66665/4493224. html(검색일: 2014. 3. 6.)
「農村人民公社工作條例」 http://cpc.people.com.cn/GB/64184/64186/66668/4493484.html (검색일: 2014. 4. 6.)
「關於一九六一年國民經濟計劃控制數字的報告」 http://cpc.people.com.cn/BIG5/64184/64186/66668/4493464.html(검색일: 2014. 3. 18.)
「中共中央關於建立社會主義市場經濟體制若幹問題的決定」 http://www.people.com.cn/GB/shizheng/252/5089/5106/5179/20010430/456592.html(검색일: 2014. 5. 16.)
「華國鋒在第二次全國農業學大寨會議上的講話」.『中國文化大革命文庫(The Chinese Cultural Revolution Database)』 https://ccradb.appspot.com/post/3245(검색일: 2015. 04. 03.)
「新版人民日報圖文數據庫 1946~2010」 국민대학교 중국인문사회연구소 DB
「中國文化大革命文庫」 (The Chinese Cultural Revolution Database) https://ccradb.appspot.com

| 영문초록 abstract |

Chinese Politics and Planning Economic Bureaucracy

by Seo, sang-min
HK Reseach Professor, CIRC Kookmin University

he State Planning Commission(SPC, 國家計劃委員會) was established along with the establishment of China's socialist regime in accordance with the Soviet-style institutional model. Thus, its economic authority was strong enough to be called the 'Economic Cabinet', and its coverage was also wide. The chief and vice-president and members of the early SPC were also made up of experts in the Soviet-style economic development model, which focused on Northeast China such as Chen Yun(陳雲), Li Puchun(李富春) and Xue Muqiao(薛暮橋). However, the power and role were greatly reduced during the Great Leap Forward Movement to seek Chinese-style development models in the Soviet-style development strategy, but it was restored through the control period and drastically reduced once again due to the simplification of the overall central government organization during the Cultural Revolution period. Although it has undergone a restoration process with the end of the Cultural Revolution, it has never been abolished or merged, and has coordinated the economic plans of China's socialist economic system for more than 20 years before its opening and economic policies.

Although the role of the SPC in the reform and opening period has shown a tendency to continue to shrink as the market begins to be introduced as a mechanism for resource distribution, it has repeatedly changed its role without being abolished or incorporated into other economic management bodies. The main reason for the continuity of the organization was that the SPC had the symbolism of 'socialism', and second, the organization itself was composed of the best economic experts at the time and continued to secure expertise through the recruitment of experts, and thirdly, China's political relations with the economy were continuously functioning in the process of overheating and cooling, because of its key role in the 'comprehensive balance' of the national economy.

On the other hand, it shows discontinuity in function and role. During the transition from Mao Zedong(毛澤東) to Deng Xiaoping(鄧小平), the SPC led the 'new breakthrough' policy of heavy industry priority development under Hua Guofeng(華國峰)'s leadership in order to revive the economy, and later played the role of economic management based on Chen Yun's "Birdcage Economy Theory"(鳥籠經濟論) and gradually changed its major role to a macroeconomic system using market mechanisms since 1992. With the emergence of the Jiang Zemin(江澤民) regime, the application of "the East Asian Development State model" will be attempted as a model for Chinese economic development, and the SPC will shift to its role as a "pilot agency" in the process. The SPC was replaced by a comprehensive economic management organization that was responsible for economic policies, including macroeconomic control and industrial policy development, as well as medium to long term planning that had been in charge of in the past. In the process of changing China's role, China's SPC showed a certain "path-dependence" from the establishment of a new country until 1997, when reform and openness intensified, before switching to a national plan that had a different personality and role than before in 1998 and 2003. As a policy tool used by the SPC in the process, microeconomic management has centered on the causes and regulations such as map planning and market coordination, macroeconomic control and industrial policy, rather than direct intervention through policy means and indirect intervention through policy means. The use of such measures is being reinforced by 'the National Development and Reform Commission' (NDRC, 國家發展和改革委員會) through 'the State Development Planning Commission' (SD PC, 國家發展計劃委員會). Despite these changes in policy measures, the functions related to the establishment of mid- to long-term economic and social development strategies, which were originally one of the roles of the SPC, have been handed over to the 'State Economic and Trade Commission'(SETC, 國家經濟貿易委員會), but the NDRC has pushed forward. Meanwhile, the SPC, which was one of the key means of planning, modification and cross-sector policy coordination, is still holding it by changing its name. This may be a Chinese characteristic of the leading organization in that the planning system under the planned economy remains in its form under the market economy.

According to the head of the SPC for "Reform and Opening" and the personnel composition of the deputy head, the percentage of experts and education level were higher than that of any other institution or ministry. However, the proportion of leaders from Northeast China, which accounted for the majority of the SPC during the planned economic period, gradually decreased and the proportion of experts and market economy experts who accumulated economic performance in coastal areas such as the Special Economic Zones(SEZ), increased. At the same time, the proportion of appointing vice presidents through internal promotion is also gradually decreasing, and it can be seen that deputy directors of the SPC are focusing on macro-regulation and party relations. With regard to the impact of the SPC, the degree of political status and influence of the SPC can be estimated since the launch of the SPC, in that a total of eight directors have been appointed to the post of Ma Kai(馬凱), except to both Chen Jinhua(陳錦華) and Ma Kai, six of them have been selected as deputy prime ministers. In particular, since the head or deputy head of the SPC has traditionally held the same position as the secretary or head of the CPC Central Leading Group for Financial and Economic, the highest policy-making organization related to economic policies, the agency's influence and ability to coordinate policies is greater than any other ministry or committee within the State Council of China.

As mentioned above, the SPC focused on the role of the state in the process of economic development in China during the period of 'Reform and Opening'. There are three main characteristics of a developing country in China. First, it is based on stronger autonomy than that of other East Asian countries. This is linked to China's peculiarity of the party-state system. In this regard, the leadership of the party and the state-run organization in the economic and industrial policy-making process is much stronger than that of other countries. Second, there is no characteristic that can measure coagulation among bureaucrats due to specific school links or regional connections. Instead, it is observed that there is a constant tension between the former and former officials of the SETC as a rival organization of the SPC, which was established by Prime Minister Zhu Rongji(朱鎔基) since 1998. Third, like the SPC, the NDRC is also forming a nationwide policy network. This means that even though the economic management system during the planned economic period is being implemented into a market economy, the sub-organizations are shaped like cobwebs, from municipalities to provincial government and businesses company. Therefore, it is understood that China's developing countries are characterized by structural conditions associated with "pilot agency" in the "theory of Development State".

In this book, we wanted to identify the change in the role of the state since the establishment of the new China. In particular, the government plans to define the SPC after 1992 as a "pilot agency" of China's developing countries, and identify the continuity and separation of the system from the time it was established to the process of changing its functions and roles from the time it was established to the point of conflict and compromise between the market and the plan. Through this, we could see that China's economic development since its "Refom and Opening" was due to its leading role in the SPC, which was formed in a historical and structural context different from other countries. However, the cause of economic performance is not limited to the role of the state as an actor. A more obvious reason could also be found in the strategy and leadership of the Communist Party of China, which has achieved a successful transition from a planned economy to a market economy but still maintains a party system and effectively guides the national economic development. Although the CPC has solidified its party system and blocked the growth of its rival political forces, the economic performance is certainly worthy of appraisement in that it has secured legitimacy and brought political stability to the CPC. However, there will be plenty of differences on whether the economic development during the reform and opening period had a positive impact on China's political development, if not immediate.

If it is assumed that Chinese politics was 'stable' despite such and such political policy conflicts and power struggles within the party leadership since the opening of the reform, it is responsible for the structural characteristics of Chinese politics. That is, China's socialist state has long maintained political and ideological control over the opposition through a powerful state organization based on coercion, and its repressive functions have remained intact for quite some time even after the "Refom and Opening", binding on the political activities of civil society and political society. As a result, the government has maintained relatively stable politics without enough political confusion to bring about confusion in the political system of the party regime except for the 'Tiananmen incident'(天安門事件) in 1989. However, the coercive state apparatus and ideological controls are not always effective for political stability. The structural inflexibility of the political system makes be slow to respond to economic and social demands and political opinions. Therefore, it may be very important to maintain political stability to increase responsiveness to the needs of civil society by making the system flexible. The CPChina overcame the 'trust of confidence' crisis on Chinese socialism under the Communist Party's one-party rule that began to sprout in the course of economic development by drastically transforming it into a market economy, and exercised the flexibility to absorb the economic benefits of civil society that grew through economic development and the 'Three Representatives Theory'(三個代表論).

These new political forces since late 1990 demand political stability through the maintenance of the party-state system rather than political liberalization and democratization, which was consistent with the Communist Party's interests. The emergence of a competitive party that could bring about political instability has been blocked, and at the same time acted as an acceptable factor for the CPC. This has provided the leadership of the CPC with the basis and logic to limit political freedom and democratization through the ideas of 'Economic Development First' rather than political democratization. So instead of sacrificing the political liberalization and democratization that the rival political forces could create, the CPC tried to soften the inner party and the party-state system by continuously changing its role and reforming its political system. Although it has not been smooth, it can be assessed that the party has enhanced its capabilities by reducing its role and authority from direct control to indirect control through the reform of the political system, while conducting a generational shift with young and professional executive political elite or filling the party with high-ranking elite.

The CPC's efforts and role in promoting political stability in this economic development process, as well as its active role as a 'Development State', will continue for some time to come. That's why China, with its extensive national territory, is still on the road to development, and there are still political and economic issues that can be solved by developing national policy packages. And even though it is closely coupled between planned and economic heritage and national development elements, it has failed to completely clean up the legacy of the past, including state and business relations, and central and local relations. Thus, just as East Asian countries have achieved economic growth and political democratization through the process of democratization, the prospect that China will follow a 'Development Dtate' seems meaningless. These are the very limitations of this book and the trajectory of a future search. On the other hand, this book will be meaningful in that it has found that the "developmental state theory" applied in the case of China not only analyzes the economic development process and factors of the later 'capitalist state', but also the possibility of expanding its analysis target to the 'socialist state' that experienced the planned economic system, and may or may not be useful in analyzing China's economic growth can be applied in the process of reform and opening of North Korea in the future.

ARI Monograph Series 36
Chinese Politics and Planning Economic Bureaucracy

First Published 2019
by The Asiatic Research Institute at Korea University
145 Anam-ro, Seongbuk-gu, Seoul 136-701, Korea
www.asiaticresearch.org

아연동북아총서 36
현대중국정치와 경제계획관료

1판1쇄 | 2019년 5월 6일

저자 | 서상민
펴낸이 | 이종화
펴낸 곳 | 아연출판부
등록 | 2000년 5월 24일 제6-376호
주소 | 서울시 성북구 안암로 145 고려대학교 아세아문제연구소(136-701)
전화 | 02-3290-1600 팩스 | 02-923-4661
홈페이지 | www.asiaticresearch.org

값 16,000원

ISBN 978-11-89273-10-1 94300
ISBN 978-89-90769-29-9 (세트)

이 도서의 국립중앙도서관 출판시도서목록(CIP)은 e-CIP 홈페이지(http://www.nl.go.kr/ecip)에서
이용하실 수 있습니다(CIP제어번호: CIP2019016581)